全国高等院校财务会计"专业+证书"改革创新示范规划教材

会计电算化

（1+X系列教材）

主　编　郑　敏
主　审　王淑平
副主编　高新光
　　　　刘　娜
参　编　姜志超

中国商业出版社

图书在版编目(CIP)数据

会计电算化／郑敏主编． －－北京：中国商业出版社，2021.1

1＋X 系列教材

ISBN 978－7－5208－1511－6

Ⅰ．①会… Ⅱ．①郑… Ⅲ．①会计电算化－教材 Ⅳ．①F232

中国版本图书馆 CIP 数据核字(2020)第 252304 号

责任编辑：李 飞　蔡 凯

中国商业出版社出版发行
010－63180647　www.c－cbook.com
(100053　北京广安门内报国寺 1 号)
新华书店经销
炫彩(天津)印刷有限责任公司印刷

*

787 毫米×1092 毫米　16 开　17.5 印张　(彩色)　329 千字
2021 年 1 月第 1 版　2021 年 1 月第 1 次印刷
定价：68.00 元

*　　*　　*

(如有印装质量问题可更换)

前　言

为贯彻落实《关于在院校实施"学历证书+若干职业技能等级证书"制度试点方案》(教职成【2019】6号)有关精神,在校实施"教师、教材、教学"改革,黑龙江商业职业学院会计系特推出适用"1+X"证书的教材。本系列教材先期共有4个分册:《新编基础会计》《财务会计》《企业纳税实务》《会计电算化》。教材内容紧扣工作实际与"X"证书需求,能同时满足工作岗位、工作领域、技术技能三个方面要求,可以实现专业教育与"X"证书培训同步进行。本系列教材是黑龙江商业职业学院会计系"教材"改革的验证成果,也是黑龙江商业职业学院会计系实施"三教"改革,推动课堂革命的关键所在。

本书是在基于"1+X"证书制度下,融入了"X"职业技能等级证书相关内容,结合教师、教材、教法改革编写而成,体系完整、注重实践、充分体现"1+X"证书内容。

本教材由黑龙江商业职业学院会计系教师郑敏主编,黑龙江商业职业学院教师高新光、黑龙江商业学院教师刘娜担任副主编、黑龙江商业职业学院教师姜志超参编,具体分工如下:郑敏编写第一章、第三章中第一部分、第四章,姜志超编写第二章,刘娜编写第三章中第二部分,高新光编写第三章中第三部分,由黑龙江商业职业学院教师王淑平担任主审。

本书完成只是我们在基于"1+X"证书制度下进行"三教改革"阶段性的探索总结,在编写过程中难免存在不足,我们期待着听取同行的意见和建议,并在以后的编写过程中不断改进。

目 录

第一章　企业背景资料 ……………………………………………………… (1)
　　一、企业概况 …………………………………………………………… (1)
　　　　(一)基本情况 ……………………………………………………… (1)
　　　　(二)企业会计制度 ………………………………………………… (2)
　　　　(三)账簿组织程序设计 …………………………………………… (3)
　　　　(四)基础数据 ……………………………………………………… (3)
　　二、期初数据 …………………………………………………………… (8)
　　　　(一)科目期初余额(表1—15) …………………………………… (8)
　　　　(二)固定资产系统基础数据(表1—17和表1—18) …………… (19)
　　　　(三)薪资管理系统基础数据 ……………………………………… (20)
　　　　(四)应收款管理系统期初数据(表1—19和表1—20) ………… (21)
　　　　(五)应付款管理系统期初数据(表1—21和表1—22) ………… (21)
　　　　(六)采购系统期初数据 …………………………………………… (21)

第二章　日常经济业务 ……………………………………………………… (23)

第三章　操作指导 …………………………………………………………… (77)

第一部分　建账及系统初始设置操作指导 ………………………………… (77)
　　一、建账 ………………………………………………………………… (77)
　　手工方式下 ……………………………………………………………… (77)
　　　　(一)准备工作 ……………………………………………………… (77)
　　　　(二)开立账簿 ……………………………………………………… (77)
　　　　(三)设计计算时用表格 …………………………………………… (78)
　　会计信息化下 …………………………………………………………… (78)
　　　　(一)增加操作员 …………………………………………………… (78)
　　　　(二)创建账套 ……………………………………………………… (80)
　　　　(三)系统启用 ……………………………………………………… (82)
　　　　(四)财务分工 ……………………………………………………… (83)
　　　　(五)账套管理 ……………………………………………………… (85)

二、基础档案设置 ·· (86)
    (一)机构人员 ·· (87)
    (二)客商信息 ·· (88)
    (三)存货 ··· (91)
    (四)财务 ··· (93)
    (五)收付结算 ·· (99)
    (六)业务 ·· (100)
    (七)单据设置 ··· (103)

三、子系统初始化设置 ··· (105)
    (一)应收款管理 ·· (105)
    (二)应付款管理 ·· (108)
    (三)固定资产管理 ··· (111)
    (四)薪资管理 ··· (115)
    (五)总账管理 ··· (119)
    (六)销售管理 ··· (122)
    (七)采购管理 ··· (123)
    (八)库存管理 ··· (125)
    (九)存库核算管理 ··· (126)

第二部分　日常业务操作指导 ·· (130)

第三部分　期末处理操作 ··· (211)
  (一)结账处理 ··· (211)
  (二)报表编制 ··· (212)

第四章　实训资料 ·· (215)

一、账套信息 ··· (215)
    (一)账套信息 ··· (215)
    (二)操作员及其权限 ··· (216)

二、基础信息设置 ··· (216)
    (一)机构人员设置 ··· (216)
    (二)客商信息 ··· (217)
    (三)财务信息设置 ··· (219)
    (四)收付结算信息设置 ·· (221)
    (五)存货信息设置 ··· (221)
    (六)业务信息设置 ··· (223)
    (七)单据设置 ··· (224)

三、各系统初始化设置 ··· (224)
　　(一)应收款管理初始设置 ··· (224)
　　(二)应付款管理初始设置 ··· (226)
　　(三)总账初始设置 ·· (227)
　　(四)采购管理初始设置 ·· (229)
　　(五)销售管理初始设置 ·· (230)
　　(六)库存管理初始设置 ·· (230)
　　(七)存货核算初始设置 ·· (230)
四、经济业务 ··· (231)
　　(一)普通采购业务 ··· (231)
　　(二)普通销售业务处理 ·· (243)

第一章 企业背景资料

一、企业概况

(一)基本情况

国家税务总局决定,自2019年4月1日起对增值税税率进行调整。辽宁远东伟业公司领导层决定借此契机,从手工会计业务处理转换为会计核算软件处理,企业的基本情况如下:

名称:辽宁远东伟业公司

性质:有限责任公司

地址:沈阳市铁西区重工南街306号

邮政编码:110000

电话:024-86794611

开户银行:沈阳工商银行重工街支行

账户:6222 0204 5886

社会信用代码:91 2102 1456 4621 235A

企业法人代表:刘远东

辽宁远东伟业公司是一般纳税人,主要生产豪华、风尚两种座椅,销往全国各地。生产所耗主要材料为工程塑料等三种。该企业注册资金为800万元,全厂拥有资产总额为1190多万元,其中固定资产有700多万元。辽宁远东伟业公司设有行政部、采购部、销售部、财务部、库管部、制造车间、辅助车间等部门。制造车间下设生产车间、组装车间,顺序加工生产产品。辅助车间下设用电和维修两个车间。用电车间辅助全厂的电力供应及电器维修,维修车间负责对全厂机器设备维修。该厂设有产成品库、原材料库和周转材料库,不设半成品仓库。

(二) 企业会计制度

1.记账方法采用借贷记账法。

2.会计科目使用财政部统一规定的会计科目名称。

3.库存现金限额为5000元。

4.坏账损失采用备抵法转销,坏账准备采用"应收账款余额百分比法",提取率为0.3%。

5.存货(原材料、周转材料、库存商品等)按实际成本核算,存货出库采用加权平均法。周转材料的摊销采用一次摊销法。

6.辅助生产费用(含辅助车间的制造费用)在辅助生产成本账户的借方归集,并按辅助车间设置明细账。其分配方法按受益对象采用直接分配法。

7.制造费用按生产工时在本车间不同产品之间进行分配。

8.产品成本计算采用品种法,原材料在生产开始时一次投入。生产费用在完工产品和在产品之间的分配采用约当产量比例法。

9.固定资产折旧采用年限平均法。

10.无形资产摊销采用直线法。摊销年限:专利权15年、非专利技术10年。

11.企业应支付的养老保险金、医疗保险金、失业保险金、住房公积金、工会经费分别按工资总额的20%、10%、1%、10%、2%的比例计提。

12.职工福利费按实际发生额计入"应付职工薪酬——福利费"账户的借方,月末按人员所属部门补提。补提后该明细账无余额。

13.职工教育经费不需计提,实际发生时,直接计入"管理费用"账户。

14.长期股权投资,按成本法核算。

15.税费的计算。

(1)增值税,本企业为增值税一般纳税人,按基本税率13%计算缴纳。

(2)城市维护建设税按增值税的7%计算缴纳。

(3)教育费附加按增值税的3%计算缴纳。

(4)所得税按应纳税所得额的25%计算缴纳。税法规定按月预缴,年终汇算清缴。假设该企业月末计提所得税。

16.该企业采用账结法计算每月利润总额和净利润,假设该企业月末对净利润进行分配,并结清除了"未分配利润"账户以外所有"利润分配"的明细账户。

17.利润分配比例,法定盈余公积金按净利润的10%计提。任意盈余公积金按净利润的5%计提。以计提公积金后所剩利润的60%按投资者出资比例分配。

18.公司未实施新金融类会计准则和新收入准则。

19.存货核算方式:暂估方式为"月初回冲",委托代销成本核算方式为"发出商品核算"。

(三)账簿组织程序设计

该企业采用科目汇总表核算形式,记账凭证采用通用格式,按实际业务顺序编号。分别开设总账、日记账和明细账。总账、日记账、往来款项明细账采用三栏式账页;存货类、固定资产等采用数量金额式明细账;增值税、基本生产成本等采用多栏式明细账;管理费用、制造费用、财务费用等也采用多栏式明细账。

(四)基础数据

1. 部门档案(表1-1)

表1-1

部门档案

部门编码	部门名称	部门属性
1	行政部	
2	财务部	
3	销售部	
4	采购部	
5	库管部	
6	制造车间	
601	生产车间	
602	组装车间	
7	辅助车间	
701	维修车间	
702	用电车间	

2. 职员档案(表1-2)

表1-2

职员档案

人员编码	姓名	部门名称	人员类别	性别	开户银行	银行卡号	备注
101	刘远东	行政部	管理人员	男	沈阳工商银行重工街支行	6222013301201365878	企业法人代表
102	李娜	行政部	管理人员	女	沈阳工商银行重工街支行	6222013301201365879	
201	陈伟业	财务部	管理人员	男	沈阳工商银行重工街支行	6222013301201365880	财务部长
202	王雪	财务部	管理人员	女	沈阳工商银行重工街支行	6222013301201365881	出纳员
203	蒋万良	财务部	管理人员	男	沈阳工商银行重工街支行	6222013301201365882	会计人员
204	马云	财务部	管理人员	男	沈阳工商银行重工街支行	6222013301201365883	会计人员
205	李菲	财务部	管理人员	女	沈阳工商银行重工街支行	6222013301201365884	会计人员
301	张健	销售部	销售人员	男	沈阳工商银行重工街支行	6222013301201365885	
302	李旭	销售部	销售人员	男	沈阳工商银行重工街支行	6222013301201365886	
303	潘浩	销售部	销售人员	男	沈阳工商银行重工街支行	6222013301201365887	
401	杨远	采购部	管理人员	男	沈阳工商银行重工街支行	6222013301201365888	
402	邹云飞	采购部	管理人员	男	沈阳工商银行重工街支行	6222013301201365889	
403	王抚远	采购部	管理人员	男	沈阳工商银行重工街支行	6222013301201365890	
501	谢东	库管部	管理人员	男	沈阳工商银行重工街支行	6222013301201365891	
502	朴金朝	库管部	管理人员	男	沈阳工商银行重工街支行	6222013301201365892	
601	郝强	生产车间	车间管理人员	男	沈阳工商银行重工街支行	6222013301201365893	
602	郑伟	生产车间	车间管理人员	男	沈阳工商银行重工街支行	6222013301201365894	
603	乔东	生产车间	生产人员	男	沈阳工商银行重工街支行	6222013301201365895	
604	赵萧河	生产车间	生产人员	男	沈阳工商银行重工街支行	6222013301201365896	

续表

人员编码	姓名	部门名称	人员类别	性别	开户银行	银行卡号	备注
701	马萧	组装车间	车间管理人员	男	沈阳工商银行重工街支行	6222013301201365898	
702	郭刚	组装车间	车间管理人员	男	沈阳工商银行重工街支行	6222013301201365899	
703	于志云	组装车间	生产人员	男	沈阳工商银行重工街支行	6222013301201365900	
704	孙胜	组装车间	生产人员	男	沈阳工商银行重工街支行	6222013301201365901	
801	于世友	维修车间	车间管理人员	男	沈阳工商银行重工街支行	6222013301201365902	
802	李江	维修车间	车间管理人员	男	沈阳工商银行重工街支行	6222013301201365903	
803	陈晓明	维修车间	生产人员	男	沈阳工商银行重工街支行	6222013301201365904	
804	吕方亮	维修车间	生产人员	男	沈阳工商银行重工街支行	6222013301201365905	
901	安泰	用电车间	车间管理人员	男	沈阳工商银行重工街支行	6222013301201365906	
902	姚波	用电车间	车间管理人员	男	沈阳工商银行重工街支行	6222013301201365907	
903	董世	用电车间	生产人员	男	沈阳工商银行重工街支行	6222013301201365908	
904	钱俊杰	用电车间	生产人员	男	沈阳工商银行重工街支行	6222013301201365909	

3.人员类别

在"在职人员"类别下增加管理人员、销售人员、车间管理人员、生产人员四个类别。

4.供应商档案(表1-3)

表1-3

供应商档案

供应商编码	供应商名称	供应商简称	开户银行	税务登记号
1	广东大友电器公司	广东大友	工行深圳市罗湖支行	91560725661233568M
2	山东鹏翔公司	山东鹏翔	工行青岛滨海支行	91534778890612345N
3	吉林恒丰公司	吉林恒丰	建行前进大街支行	91635465865255644A
4	泰安路达公司	山东路达	工行泰安市泰山路支行	91123820012756896B
5	沈阳大华运输公司	沈阳大华	工行沈阳市保工街支行	92191145246306876B
6	沈阳绿洲汽车贸易公司	绿洲汽车	工商银行南六马路分理处	91110106445783566A
7	明珠大酒店	明珠酒店	工行重工街支行	91110484746583567B
8	辽宁祥云包装物公司	祥云包装	工行南大街分理处	91114589798769832A

5.客户档案(表1-4)

表1-4

客户档案

客户编码	客户名称	客户简称	开户银行	开户银行账号	税务登记号
1	上海建国通用设备公司	上海建国	建行浦东支行	21035851825587	9121036363946599A
2	上海永康公司	上海永康	建行浦东支行	21012751801456	9111036252546587A
3	北京顺联公司	北京顺联	工商银行科技园分理处	9394751801456	91560725661233568B
4	天津润丰公司	天津润丰	建设银行河东支行	121035851825633	9121016363946523P
5	辽宁永旭公司	辽宁永旭	工行南沙街支行	26234078457832	91230107845356778G

6.计量单位组与计量单位(表1－5和表1－6)

表1－5

计量单位组		
计量单位组编号	计量单位组名称	计量单位组类别
1	无换算关系组	无换算率

表1－6

计量单位		
计量单位编号	计量单位名称	所属计量单位组名称
1	千克	无换算关系组
2	把	无换算关系组
3	个	无换算关系组
4	千米	无换算关系组
5	台	无换算关系组

7.存货档案(表1－7)

表1－7

存货分类	
分类编码	分类名称
1	原材料
2	库存商品
3	周转材料
9	无分类

存货档案				
存货编码	存货名称	计量单位组名称	主计量单位名称	属性
1	工程塑料	无换算关系组	千克	外购、生产耗用
2	塑胶	无换算关系组	千克	外购、生产耗用
3	着色剂	无换算关系组	千克	"外购、生产耗用、内销、外销"
4	风尚座椅	无换算关系组	把	内销、外销、自制
5	豪华座椅	无换算关系组	把	内销、外销、自制
6	包装箱	无换算关系组	个	外购、生产耗用
7	液压顶	无换算关系组	台	外购
8	货车	无换算关系组	台	外购
9	运输费	无换算关系组	千米	应税劳务

8.会计科目

参阅期初数据中的科目期初余额表。

9.凭证类别

设一类记账凭证,无限制科目。

10.结算方式(表1-8)

表1-8

结算方式

结算方式编码	结算方式名称	票据管理
1	支票	否
101	现金支票	否
102	转账支票	否
2	汇票	否
201	商业承兑汇票	否
202	银行承兑汇票	否
3	汇兑	否
301	电汇	否
302	信汇	否
4	委托收款	否
5	托收承付	否

11.项目目录(表1-9)

表1-9

项目目录

项S大类	生产成本	核算科目
项目分类	自行开发项目	风尚座椅	生产成本——基本生产成本——直接材料 生产成本——基本生产成本——燃料动力 生产成本——基本生产成本——直接人工 生产成本——基本生产成本——制造费用
		豪华座椅	生产成本——基本生产成本——直接材料 生产成本——基本生产成本——燃料动力 生产成本——基本生产成本——直接人工 生产成本——基本生产成本——制造费用

12.仓库档案(表1-10)

表1-10

仓库档案

仓库编码	仓库名称	计价方式
1	原材料库	移动平均法
2	产成品库	移动平均法
3	周转材料库	移动平均法
4	资产库	移动平均法

13.收发类别(表1-11)

表1-11

收发类别

收发类别编码	收发类别名称	收发标志	收发类别编码	收发类别名称	收发标志
1	正常入库	收	3	正常出库	发
11	采购入库	收	31	销售出库	发
12	产成品入库	收	32	领料出库	发
13	调拨入库	收	33	调拨出库	发
2	非正常入库	收	4	非正常出库	发
21	盘盈入库	收	41	盘亏出库	发
22	其他入库	收	42	其他出库	发

14.采购类型(表1-12)

表1-12

采购类型

采购类型编码	采购类型名称	入库类别	是否默认值
1	普通采购	采购入库	是
2	资产采购	采购入库	是

15.销售类型(表1-13)

表1-13

销售类型

销售类型编码	销售类型名称	出库类别	是否默认值
1	普通销售	销售出库	是
2	受托代销	销售出库	否

16.单位开户银行(表1-14)

表1-14

单位开户银行

编码	银行账号	开户银行	是所属银行编码
011	622202045886	沈阳工商银行重工街支行	1

二、期初数据

(一)科目期初余额(表 1-15)

表 1-15

科目余额表							
科目名称	辅助帐类型	受控系统	银行账	日记账	方向	数量核算	期初余额
库存现金(1001)				Y	借		5,000.00
银行存款(1002)			Y	Y	借		386,807.00
工行存款(100201)			Y	Y	借		386,807.00
中行存款(100202)			Y	Y	借		
存放中央银行款项(1003)					借		
存放同业(1011)					借		
其他货币资金(1012)					借		
外埠存款(101201)					借		
银行本票存款(101202)					借		
银行汇票存款(101203)					借		
信用卡存款(101204)					借		
信用证保证金存款(101205)					借		
存出投资款(101206)					借		
结算备付金(1021)					借		
存出保证金(1031)					借		
交易性金融资产(1101)					借		500,000.00
本金(110101)					借		500,000.00
股票(11010101)					借		500,000.00
债券(11010102)					借		
基金(11010103)					借		
权证(11010104)					借		
其他(11010105)					借		
公允价值变动(110102)					借		
股票(11010201)					借		
债券(11010202)					借		
基金(11010203)					借		
权证(11010204)					借		
其他(11010205)					借		
买入返售金融资产(1111)					借		
应收票据(1121)	客户往来	应收系统			借		200,000.00

续表（一）

科目余额表							
科目名称	辅助帐类型	受控系统	银行账	日记账	方向	数量核算	期初余额
银行承兑汇票(112101)	客户往来	应收系统			借		200,000.00
商业承兑汇票(112102)	客户往来	应收系统			借		
应收账款(1122)	客户往来	应收系统			借		216,000.00
预付账款(1123)	供应商往来	应付系统			借		
*指定现金科目为"库存现金"、银行科目为"银行存款"							
科目名称	辅助帐类型	受控系统	银行账	日记账	方向	数量核算	期初余额
应收股利(1131)					借		
应收利息(1132)					借		
应收代位追偿款(1201)					借		
应收分保账款(1211)					借		
应收分保合同准备金(1212)					借		
其他应收款(1221)					借		56,000.00
保险公司(122101)					借		56,000.00
应收个人款(122102)	个人往来				借		
应收单位款(122103)	客户往来				借		
坏账准备(1231)					贷		5,000.00
贴现资产(1301)					借		
拆出资金(1302)					借		
贷款(1303)					借		
贷款损失准备(1304)					贷		
代理兑付证券(1311)					借		
代理业务资产(1321)					借		
材料采购(1401)					借		
在途物资(1402)					借		
工程塑料(140201)					借		
	数量核算					千克	
塑胶(140202)					借		
	数量核算					千克	
着色剂(140203)					借		
	数量核算					千克	
包装箱(140204)					借		
	数量核算					个	
原材料(1403)					借		674,000.00
工程塑料(140301)					借		102,000.00

续表(二)

科目余额表							
科目名称	辅助帐类型	受控系统	银行账	日记账	方向	数量核算	期初余额
	数量核算					千克	4,000.00
塑胶(140302)					借		365,000.00
	数量核算					千克	5,000.00
着色剂(140303)					借		207,000.00
	数量核算					千克	15,000.00
材料成本差异(1404)					借		
库存商品(1405)					借		797,094.00
风尚座椅(140501)					借		367,198.00
	项目核算 数量核算					把	1,300.00
豪华座椅(140502)					借		429,896.00
	项目核算 数量核算					把	1,700.00
发出商品(1406)					借		
风尚座椅(140601)					借		
	数量核算					把	
豪华座椅(140602)					借		
	数量核算					把	
商品进销差价(1407)					贷		
委托加工物资(1408)					借		
周转材料(1411)					借		500.00
包装箱(141101)					借		500.00
	数量核算					个	40.00
消耗性生物资产(1421)					借		
贵金属(1431)					借		
抵债资产(1441)					借		
损余物资(1451)					借		
融资租赁资产(1461)					借		
存货跌价准备(1471)					贷		
持有待售资产(1481)					借		
持有待售资产减值准备(1482)					贷		
持有至到期投资(1501)					借		600,000.00
投资成本(150101)					借		600,000.00
溢价折价(150102)					借		
应计利息(150103)					借		

续表(三)

科目余额表							
科目名称	辅助帐类型	受控系统	银行账	日记账	方向	数量核算	期初余额
持有至到期投资减值准备(1502)					贷		
可供出售金融资产(1503)					借		
成本(150301)					借		
公允价值变动(150302)					借		
应计利息(150303)					借		
利息调整(150304)					借		
长期股权投资(1511)					借		1,400,000.00
成本(151101)					借		1,400,000.00
权益变动(151102)					借		
其他权益变动(151103)					借		
长期股权投资减值准备(1512)					贷		
投资性房地产(1521)					借		
成本(152101)					借		
公允价值变动(152102)					借		
长期应收款(1531)					借		
未实现融资收益(1532)					贷		
存出资本保证金(1541)					借		
固定资产(1601)					借		7,179,670.00
累计折旧(1602)					贷		2,753,270.00
固定资产减值准备(1603)					贷		
在建工程(1604)					借		290,000.00
办公楼(160401)					借		290,000.00
工程物资(1605)					借		
固定资产清理(1606)					借		
未担保余值(1611)					借		
生产性生物资产(1621)					借		
生产性生物资产累计折旧(1622)					贷		
公益性生物资产(1623)					借		
油气资产(1631)					借		
累计折耗(1632)					贷		
无形资产(1701)					借		175,000.00
专利权(170101)					借		85,000.00
专有技术(170102)					借		90,000.00
累计摊销(1702)					贷		31,500.00

续表（四）

科目余额表							
科目名称	辅助帐类型	受控系统	银行账	日记账	方向	数量核算	期初余额
无形资产减值准备(1703)					贷		
商誉(1711)					借		
长期待摊费用(1801)					借		
递延所得税资产(1811)					借		
独立账户资产(1821)					借		
待处理财产损溢(1901)					借		
待处理流动资产损溢(190101)					借		
待处理固定资产损溢(190102)					借		
短期借款(2001)					贷		100,000.00
存入保证金(2002)					贷		
拆入资金(2003)					贷		
向中央银行借款(2004)					贷		
吸收存款(2011)					贷		
同业存放(2012)					贷		
贴现负债(2021)					贷		
交易性金融负债(2101)					贷		
成本(210101)					贷		
公允价值变动(210102)					贷		
卖出回购金融资产款(2111)					借		
应付票据(2201)	供应商往来	应付系统			贷		150,000.00
银行承兑汇票(220101)	供应商往来	应付系统			贷		
商业承兑汇票(220102)	供应商往来	应付系统			贷		150,000.00
应付账款(2202)					贷		961,400.00
一般应付账款(220201)	供应商往来	应付系统			贷		941,400.00
暂估应付款(220202)	供应商往来				贷		20,000.00
预收账款(2203)					贷		
预收款(220301)	客户往来	应收系统			贷		
销售定金(220302)	客户往来				贷		
应付职工薪酬(2211)					贷		338,400.00
工资(221101)					贷		240,000.00
职工福利(221102)					贷		
货币性福利(22110201)					贷		
非货币性福利(22110202)					贷		
养老保险(221103)					贷		47,259.00

续表（五）

科目余额表							
科目名称	辅助帐类型	受控系统	银行账	日记账	方向	数量核算	期初余额
企业部分（22110301）					贷		33,756.43
个人部分（22110302）					贷		13,502.57
医疗保险（221104）					贷		16,878.22
企业部分（22110401）					贷		13,502.57
个人部分（22110402）					贷		3,375.65
失业保险（221105）					贷		5,063.47
企业部分（22110501）					贷		3,375.65
个人部分（22110502）					贷		1,687.82
工伤保险（221106）					贷		843.91
生育保险（221107）					贷		1,350.26
住房公积金（221108）					贷		27,005.14
企业部分（22110801）					贷		13,502.57
个人部分（22110802）					贷		13,502.57
工会经费221109）					贷		
职工教育经费（221110）					贷		
应交税费（2221）					贷		41,000.00
应交增值税（222101）					贷		
进项税额（22210101）					贷		
进项税额转出（22210102）					贷		
销项税额（22210103）					贷		
已交税金（22210104）					借		
出口退税（22210105）					贷		
销项税额抵减（22210106）					贷		
转出未交增值税（22210107）					借		
减免税额（22210108）					借		
出口抵减内销产品应纳税额（22210109）					借		
转出多交增值税（22210110）					贷		
未交增值税（222102）					贷		37,000.00
预交增值税（222103）					贷		
待抵扣进项税额（222104）					贷		
待认证进项税额（222105）					贷		
待转销项税额（222106）					贷		
转让金融商品增值税（222107）					贷		

续表(六)

科目余额表							
科目名称	辅助帐类型	受控系统	银行账	日记账	方向	数量核算	期初余额
代扣代交增值税(222108)					贷		
简易计税(222109)					贷		
增值税留抵税额(222110)					贷		
应交企业所得税(222111)					贷		
应交个人所得税(222112)					贷		
应交城市维护建设税(222113)					贷		2,800.00
应交教育费附加(222114)					贷		1,200.00
应交地方教育费附加(222115)					贷		
应交印花税(222116)					贷		
应付利息(2231)					贷		
应付股利(2232)					贷		
国家投资利润(223201)					贷		
单位投资利润(223202)					贷		
个人投资利润(223203)					贷		
杨远东(22320301)					贷		
陈伟业(22320302)					贷		
其他应付款(2241)					贷		
个人往来(224101)					贷		
单位往来(224102)					贷		
持有待售负债(2245)					贷		
应付保单红利(2251)					贷		
应付分保账款(2261)					贷		
代理买卖证券款(2311)					贷		
代理承销证券款(2312)					贷		
代理兑付证券款(2313)					贷		
受托代销商品款(2314)	供应商往来				贷		
递延收益(2401)					贷		
长期借款(2501)					贷		
应付债券(2502)					贷		
债券本金(250201)					贷		
债券利息(250202)					贷		
未到期责任准备金(2601)					贷		
保险责任准备金(2602)					贷		
保户储金(2611)					贷		

续表（七）

科目余额表							
科目名称	辅助帐类型	受控系统	银行账	日记账	方向	数量核算	期初余额
独立账户负债(2621)					借		
长期应付款(2701)					贷		
未确认融资费用(2702)					借		
专项应付款(2711)					贷		
预计负债(2801)					贷		
递延所得税负债(2901)					贷		
清算资金往来(3001)					借		
货币兑换(3002)					借		
衍生工具(3101)					借		
套期工具(3201)					借		
被套期项目(3202)					借		
实收资本(4001)					贷		8,000,000.00
辽宁远东博达投资有限公司(400101)					贷		7,000,000.00
刘远东(400102)					贷		600,000.00
陈伟业(400103)					贷		400,000.00
资本公积(4002)					贷		178,900.00
资本溢价(400201)					贷		
股本溢价(400202)					贷		
其他资本公积(400203)					贷		178,900.00
其他综合收益(4003)					贷		
盈余公积(4101)					贷		100,205.00
法定盈余公积(410101)					贷		100,205.00
任意盈余公积(410102)					贷		
法定公益金(410103)					贷		
储备基金(410104)					贷		
企业发展袪金(410105)					贷		
未分配利润(410106)					贷		
一般风险准备(4102)					贷		
本年利润(4103)					贷		
利润分配(4104)					贷		90,000.00
提取法定盈余公积(410401)					贷		
提取任意盈余公积(410402)					贷		
应付现金股利或利润(410403)					贷		

续表(八)

科目余额表							
科目名称	辅助帐类型	受控系统	银行账	日记账	方向	数量核算	期初余额
转作股本的股利(410404)					贷		
盈余公积补亏(410405)					贷		
未分配利润(410406)					贷		90,000.00
库存股(4201)					借		
生产成本(5001)					借		269,604.00
基本生产成本(500101)	项目核算				借		269,604.00
直接材料(50010101)	项目核算				借		196,444.00
燃料动力(50010102)	项目核算				借		3,230.00
直接人工(50010103)	项目核算				借		41,451.00
制造费用(50010104)	项目核算				借		28,479.00
辅助生产车间(500102)					借		
机修车间(50010201)					借		
供电车间(50010202)					借		
制造费用(5101)					借		
工资(510101)					借		
社会保险费(510102)					借		
折旧费(510103)					借		
水电费(510104)					借		
住房公积金(510105)					借		
福利费(510106)					借		
机器修理(510107)					借		
其他(510108)					借		
劳务成本(5201)					借		
研发支出(5301)					借		
费用化支出(530101)					借		
资本化支出(530102)					借		
工程施工(5401)					借		
工程结算(5402)					贷		
机械作业(5403)					借		
主营业务收入(6001)					贷		
风尚座椅(600101)	项目核算 数量核算				贷		
						把	
豪华座椅(600102)	项目核算 数量核算				贷		

续表（九）

科目余额表							
科目名称	辅助帐类型	受控系统	银行账	日记账	方向	数量核算	期初余额
						把	
利息收入(6011)					贷		
手续费及佣金收入(6021)					贷		
保费收入(6031)					贷		
租赁收入(6041)					贷		
其他业务收入(6051)					贷		
销售材料(605101)					贷		
汇兑损益(6061)					贷		
公允价值变动损益(6101)					贷		
投资收益(6111)					贷		
资产处置损益(6115)					贷		
其他收益(6117)					贷		
摊回保险责任准备金(6201)					贷		
摊回赔付支出(6202)					贷		
摊回分保费用(6203)					贷		
营业外收入(6301)					贷		
罚款收入(630101)					贷		
清理收入(630102)					贷		
主营业务成本(6401)					借		
风尚座椅(640101)	项目核算 数量核算				借		
						把	
豪华座椅(640102)	项目核算 数量核算				借		
						把	
其他业务成本(6402)					借		
税金及附加(6403)					借		
利息支出(6411)					借		
手续费及佣金支出(6421)					借		
提取未到期责任准备金(6501)					借		
转让无形资产(650102)					借		
租金收入(650103)					借		
提取保险责任准备金(6502)					借		
赔付支出(6511)					借		
保单红利支出(6521)					借		

续表（十）

科目余额表							
科目名称	辅助帐类型	受控系统	银行账	日记账	方向	数量核算	期初余额
退保金(6531)					借		
分出保费(6541)					借		
分保费用(6542)					借		
销售费用(6601)					借		
职工薪酬(660101)					借		
折旧费(660102)					借		
包装费(660103)					借		
广告促销费(660104)					借		
差旅费(660105)					借		
其他(660106)					借		
手续费(660107)					借		
管理费用(6602)					借		
职工薪酬(660201)	部门核算				借		
折旧费(660202)	部门核算				借		
办公费(660203)	部门核算				借		
业务招待费(660204)	部门核算				借		
差旅费(660205)	部门核算				借		
房租费(660206)	部门核算				借		
印花税(660207)	部门核算				借		
维修费(660208)	部门核算				借		
无形资产摊销(660209)	部门核算				借		
其他(660210)	部门核算				借		
财务费用(6603)					借		
利息收入(660301)					借		
利息支出(660302)					借		
现金折扣(660303)					借		
汇兑损益(660304)					借		
勘探费用(6604)					借		
资产减值损失(6701)					借		
营业外支出(6711)					借		
债务重组损失(671101)					借		
盘亏支出(671102)					借		
捐赠支出(671103)					借		
处理非流动资产损溢(671104)					借		

续表(十一)

科目余额表							
科目名称	辅助帐类型	受控系统	银行账	日记账	方向	数量核算	期初余额
罚款支出(671105)					借		
所得税费用(6801)					借		
当期所得税费用(680101)					借		
递延所得税费用(680102)					借		
以前年度损益调整(6901)					借		

期初在产品成本资料如表1-16所示。

表1-16

期初在产品成本资料				单位:元
项目	直接材料	燃料动力	直接人工	制造费用
风尚座椅	106 704	1 750	17 637.4	16 272.5
豪华座椅	89 740	1 480	23 813.6	12 206.5

(二)固定资产系统基础数据(表1-17和表1-18)

表1-17

资产类别			
编码	类别名称	折旧年限	净残值率
1	房屋类	30年	3%
2	机器设备	20年或15年	3%
3	办公设备	60年	3%
4	运输设备	10年	3%

表1-18

固定资产卡片							单位:元
名称	类别	增加方式	使用年限	开始使用日期	原值	累计折扣	使用部门
办公楼	1	直接购入	30	2004.10.25	267,000.00	132,000.00	5个管理部门均摊
生产车间厂房	1	在建工程转入	30	2006.12.06	867,500.00	375,700.00	生产车间
组装车间厂房	1	在建工程转入	30	2007.01.13	589,300.00	255,360.00	组装车间
维修车间厂房	1	在建工程转入	30	2008.10.28	476,950.00	174,880.00	维修车间
用电车间厂房	1	在建工程转入	30	2007.11.28	627,800.00	251,200.00	用电车间
WJ-16数控机床	2	直接购入	20	2006.08.12	658,000.00	427,000.00	生产车间
TB500数控铣床	2	直接购入	20	2006.09.17	673,200.00	437,500.00	生产车间
自动化装配系统	2	直接购入	30	2006.05.23	1,121,000.00	547,725.00	组装车间
SDW稳压器	2	直接购入	15	2017.10.16	367,000.00	36,600.00	用电车间

续表

固定资产卡片							单位:元
名称	类别	增加方式	使用年限	开始使用日期	原值	累计折扣	使用部门
BMD防爆配电箱	2	直接购入	15	2018.10.16	258,000.00	11,400.00	用电车间
CW-18平面磨床	2	直接购入	15	2018.12.15	543,600.00	21,140.00	维修车间
QT2摇臂钻床	2	直接购入	15	2016.11.10	475,820.00	39,650.00	维修车间
HP复印机	3	直接购入	5	2018.06.15	12,000.00	2,000.00	行政部
佳能打印机	3	直接购入	5	2018.06.15	2,300.00	380.00	行政部
联想扬天电脑	3	直接购入	5	2018.06.15	5,200.00	860.00	行政部
金杯货车	4	直接购入	10	2017.07.15	85,000.00	14,875.00	销售部
解放货车	4	直接购入	10	2017.09.12	150,000.00	25,000.00	采购部

注:①所有固定资产的净残值率均为3%。
②办公楼由厂办、财务部、销售部、采购部、库管部5个部门共用,发生的折旧费由5个部门各分摊20%。

(三)薪资管理系统基础数据

1.核算单个工资类别,代扣个人所得税,不进行扣零处理。

2.工资项目:基本工资、奖励工资、交通补贴、请假扣款、请假天数、养老保险金、医疗保险金、失业保险金、住房公积金、应发合计、本月计税收入、上月累计应纳税收入、本月累计应纳税收入、上月累计已扣税额、代扣税、扣款合计、实发合计。

3.计算公式:请假扣款=请假天数×20

养老保险金=应发工资×8%

医疗保险金=应发工资×2%+3

失业保险金=应发工资×0.2%

住房公积金=应发工资×12%

应发工资=基本工资+奖励工资+交通补贴

应发合计=基本工资+奖励工资+交通补贴+上月累计已扣税额

本月累计应纳税收入=上月累计应纳税收入+本月计税收入

扣款合计=养老保险金+医疗保险金+失业保险金+住房公积金+请假扣款+代扣税

实发合计=应发合计-扣款合计

交通补贴:管理人员、销售人员按每月150元发放,其他人员按每月100元发放。

*注:此处计提的是个人承担的部分。

4.扣缴个人所得税设置:基数为5000,执行2019年个人所得税政策。

(四)应收款管理系统期初数据(表1-19和表1-20)

表1-19

应收账款账户   单位：元

日期	客户	发票号	摘要	方向	期初余额
2019/4/3	上海永康公司	35782069	销售商品	借	100,000.00
2019/4/10	北京顺联公司	45875614	销售商品	借	113,000.00
2019/4/25	天津润丰公司	61452946	销售商品	借	3,000.00
合计					216,000.00

表1-20

应收票据账户

收到/签发日期	客户	摘要	方向	期初余额	票据编号	到期日	单据类型	承兑银行
2018/12/19	上海建国通用设备公司	销售商品	借	200,000.00	1	2019/6/19	银行承兑	建行浦东支行
合计				200,000.00				

(五)应付款管理系统期初数据(表1-21和表1-22)

表1-21

应付账款账户   单位：元

日期	供应商	发票号	摘要	方向	金额
2019/4/27	广东大友电器公司	54641832	采购原材料	贷	438,000.00
2019/4/27	山东鹏翔公司	54982143	采购原材料	贷	503,400.00
2019/4/30	广东大友电器公司	54982145	采购原材料	贷	20,000.00
合计					961,400.00

表1-22

应付票据账户

日期	供应商	摘要	方向	期初余额	票据编号	签发日	到期日	单据类型
2019/4/21	广东大友电器公司	采购原材料	贷	150,000.00	1	2019/4/20	2019/5/4	商业承兑汇票
合计				150,000.00				

(六)采购系统期初数据

2019年4月15日，收到广东大友电器公司发来的工程塑料800千克，商品已经验收入库，但发票尚未收到，按暂估价25元入账。

2019年4月23日，销售部向上海永康公司出售风尚座椅200把，报价290元，由产成品仓库发货，该发货单尚未开具发票。

1.原材料期初明细资料(表1-23)

表1-23

原材料期初明细账			
材料名称	数量/千克	单价/元	金额/元
工程塑料	4,000.00	25.50	102,000.00
塑胶	5,000.00	73.00	365,000.00
着色剂	15,000.00	13.80	207,000.00

2.库存商品期初明细资料(表1-24)

表1-24

库存商品期初明细账			
产成品名称	数量/把	单价/元	金额/元
风尚座椅	1,300.00	282.46	367,198.00
豪华座椅	1,700.00	252.88	429,896.00

3.周转材料期初明细资料(表1-25)

表1-25

周转材料期初明细账			
产成品名称	数量/个	单价/元	金额/元
包装箱	40.00	12.50	500.00

第二章 日常经济业务

5月1日

1. 月初冲回上月暂估入库的广东大友电器公司发来的工程塑料800千克。

凭证编号 1－1

入库单

2019年5月1日　　　　　　　　　　　　　　　编号：00001

单位：广东大友电器公司　　　　　　　　　　　仓库：原材料库

序号	货物名称	规格	单位	数量	单价	金额	备注
1	工程塑料		千克	800	25	20,000.00	冲回上月暂估入库
合计（人民币）大写：贰万元整					小写：¥20,000.00		

记账：　　　主管：　　　保管员：　　　经手人：

第一联：仓储部

2.销售给天津润丰公司风尚座椅。

凭证编号 2-1

出库单							
2019年5月1日							编号:00001
单位:天津润丰公司							仓库:产成品库
序号	货物名称	规格	单位	数量	单价	金额	备注
1	风尚座椅		把	80	420	33,600.00	
合计(人民币)大写			叁万叁仟陆佰元整		小写:¥33,600.00		
记账:		主管:		保管员:		经手人:	

第一联:仓储部

凭证编号 2-2

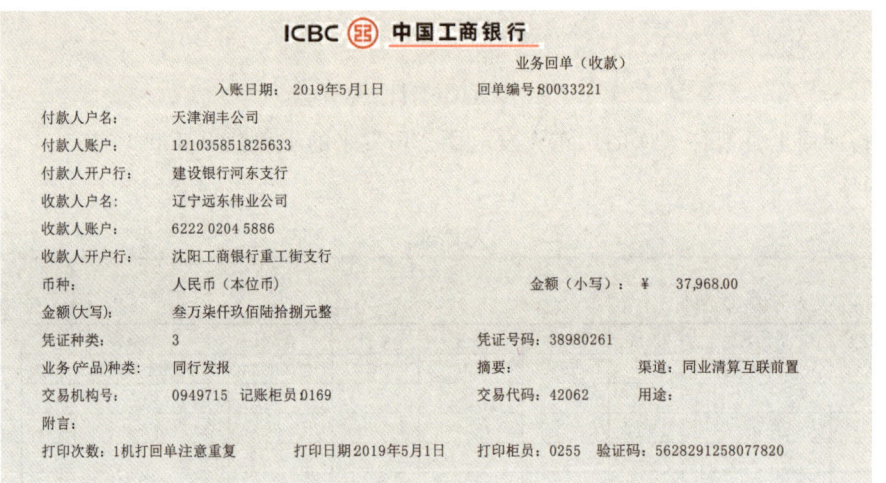

凭证编号 2-3

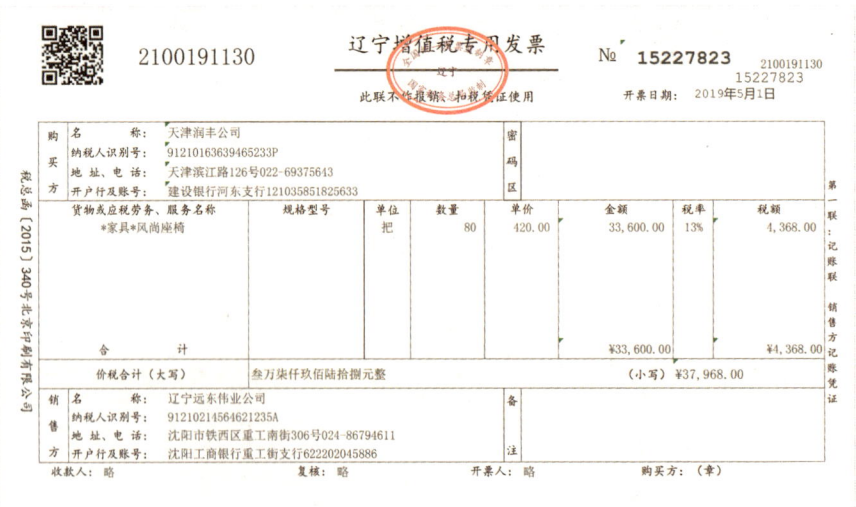

3. 从山东鹏翔购入液压顶，供维修车间使用。

凭证编号 3－1

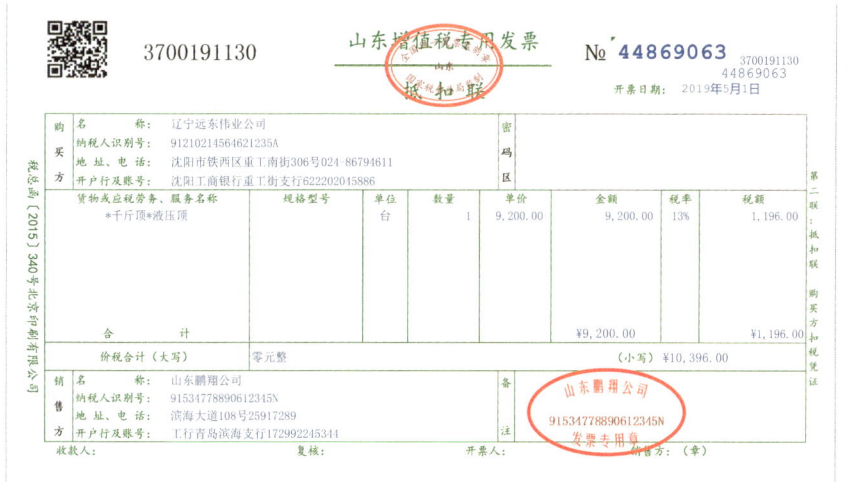

凭证编号 3－2

凭证编号 3－3

辽宁远东伟业固定资产卡片

使用单位：维修车间

名称	液压顶	原值价值	9200	备注
单位	台	使用年限	10年	
数量	1	折旧方法	平均年限法	
预计残率	3%	预计残值		

凭证编号 3-4

5月2日

4.购买原材料。

凭证编号 4-1

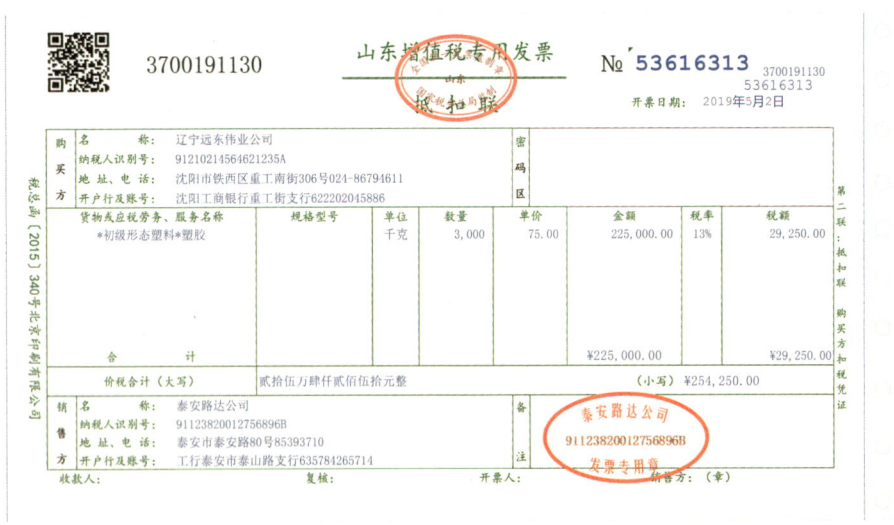

凭证编号 4-2

凭证编号 4-3

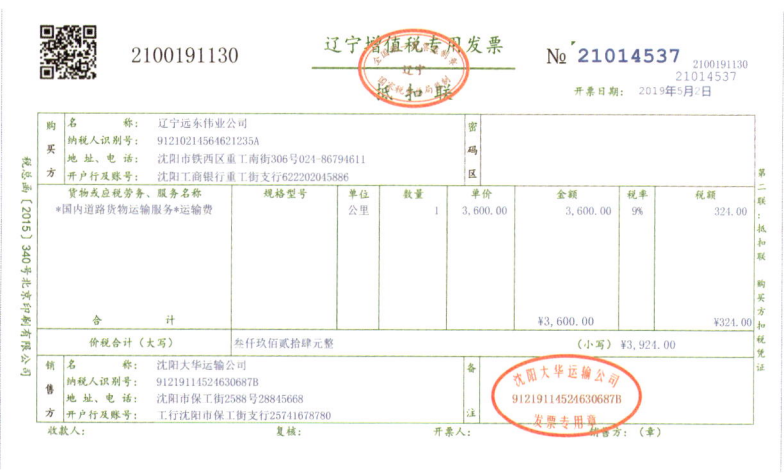

凭证编号 4-4

凭证编号 4-5

ICBC 中国工商银行
业务委托书 回执

委托人全称	辽宁远东伟业公司
委托人账号	沈阳工商银行重工街支行 622202045886
收款人全称	泰安路达公司
收款人账号	工行泰安市泰山路支行 635784265714
金额	贰拾伍万捌仟壹佰柒拾肆元整 ¥ 258,174.00
委托日期	2019年5月2日

此联为银行受理通知书。若委托人申请汇票或本票业务，应凭此联领取汇票或本票。

5. 向银行借入 3 年期的借款。

凭证编号 5-1

借款凭证第四联（回单）

2019年5月2日　　　No.62782510

借款单位名称	辽宁远东伟业公司	贷款户账号	754578996236
		存款户账号	622202045886

借款金额	人民币（大写）	伍拾万元整	金额 亿千百十万千百十元角分 ¥ 5 0 0 0 0 0 0 0
借款用途	设备更新改造	约定偿还日期	2022年5月2日

上列借款已核准发放并已转入你单位账户　备注：
银行盖章

6.提取备用金。

凭证编号 6-1

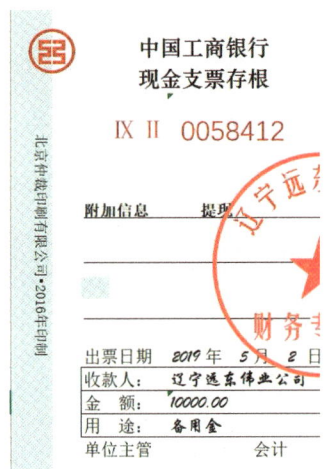

7.预借差旅费。

凭证编号 7-1

员工借款单

单号：0001号			2019年5月2日		
借款部门	采购部	姓名	杨远	员工ID	401（非正式员工不可借款）
借款事由	出差借款	具体事项：	采购原材料		
借款金额（大写）	人民币陆仟元整		银行付讫	¥	6,000.00
借款人签章		部门负责人签章		主管会计签章	
财务经理签章		总经理签章		注意事项： 一、前账不清，后账不借。 二、严格遵守借款额度制度。 三、请于10个工作日内清理结算本次借款。	

8.领用原材料。

凭证编号 8-1

出库单

2019年5月2日　　　　编号：00002

单位：生产车间							仓库：原材料库
序号	货物名称	规格	单位	数量	单价	金额	备注
1	工程塑料		千克	2000			风尚座椅
2	塑胶		千克	800			风尚座椅
3	着色剂		千克	8500			风尚座椅
合计（人民币）大写：					小写：¥ -		
记账：		主管：		保管员：		经手人：	

第一联：仓储部

5月3日

9.支付电话费。

凭证编号 9－1

辽宁增值税专用发票 No 45958965

2100191130
45958965
开票日期：2019年5月3日

购买方	名　称：	辽宁远东伟业公司
	纳税人识别号：	91210214564621235A
	地址、电话：	沈阳市铁西区重工南街306号024-86794611
	开户行及账号：	沈阳工商银行重工街支行622202045886

货物或应税劳务、服务名称	规格型号	单位	数量	单价	金额	税率	税额
*语音通话服务*通信服务费			1	4,800.00	4,800.00		0.00
合　　计					¥4,800.00		¥0.00

价税合计（大写）　肆仟捌佰元整　　　　　（小写）¥4,800.00

销售方	名　称：	中国移动通信集团辽宁有限公司沈阳分公司
	纳税人识别号：	910105658654154024
	地址、电话：	沈阳市沈河区十一纬路128号22873263
	开户行及账号：	中国工商银行铁西支行722221018256

收款人：　　　　　复核：　　　　　开票人：　　　　　销售方：（章）

凭证编号 9－2

中国工商银行转账支票存根

Ⅸ Ⅱ 0058413

附加信息

出票日期 2019年 5月 3日
收款人：中国移动通信集团辽宁有限公司沈阳分公司
金　额：4800.00
用　途：通信费
单位主管　　　　会计

凭证编号 9-3

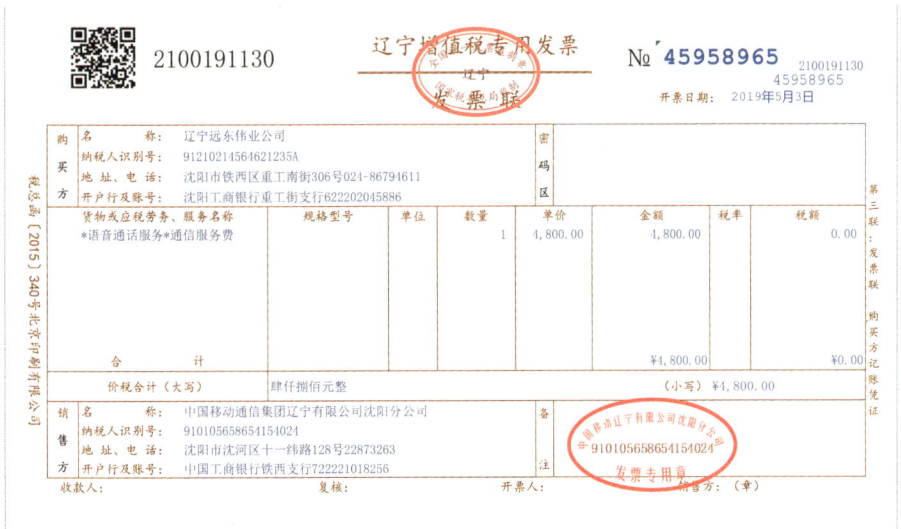

10.本月从泰安路达公司购入的塑胶验收入库。

凭证编号 10-1

入库单							
2019年5月3日							编号：00002
单位：泰安路达公司						仓库：原材料库	
序号	货物名称	规格	单位	数量	单价	金额	备注
1	塑胶		千克	3,000	75	225,000.00	风尚座椅
合计（人民币）大写			贰拾贰万伍仟元整		小写	￥225,000.00	
记账		主管		保管员		经手人	

第一联：仓储部

11.投出专利权。

凭证编号 11-1

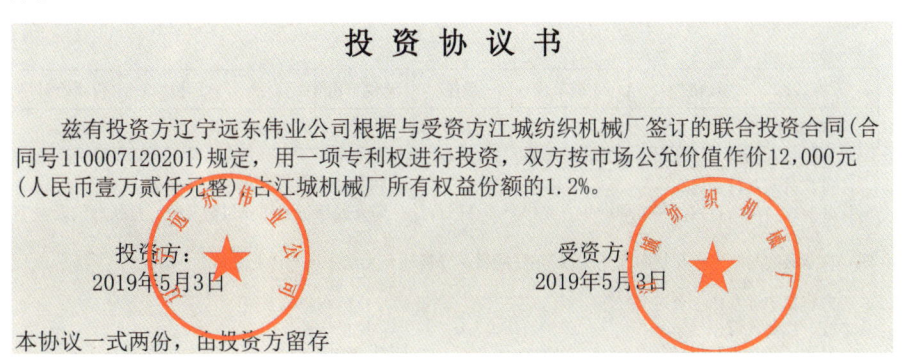

凭证编号 11－2

无形资产投资转移单
2019年5月3日

投资单位：江城纺织机械厂			
投出单位：辽宁远东伟业公司			
转移原因	对外投资	账面价值	15,000
资产名称	专利权	累计摊销	3,000
投出单位：辽宁远东伟业公司		接受单位：江城纺织机械厂	
财务科长：陈伟业		财务科长：李帆	
总经理：刘远东		总经理：郝霞	

12.领用材料。

凭证编号 12－1

领用材料出库单
2019年5月3日
编号：00003

单位：生产车间　　　　　　　　　　　　　　仓库：原材料库

序号	货物名称	规格	单位	数量	单价	金额	备注
1	工程塑料		千克	1500			豪华座椅
2	塑胶		千克	600			豪华座椅
	合计（人民币）大写：				小写：		
记账：	主管：		保管员：		经手人：		

第一联：仓储部

>>>------>>>------>>>------>>>------>>>------>>>------>>>------>>>------>>>

5月4日

13.和山东鹏翔公司签订购销合同。

凭证编号 13－1

购销合同

卖方：山东鹏翔公司
买方：辽宁远东伟业公司

为保护双方的合法权益，买卖双方根据《中华人民共和国合同法》的有关规定，经协商一致同意签订本合同，共同遵守。

一、货物名称、数量及金额

货物名称	规格型号	计量单位	数量	无税单价	金额	税率	价税合计
工程塑料		千克	2000	25	50000	13%	56500

二、合同总金额：人民币伍万陆仟伍佰元整（￥56 500.00）
三、付款时间及付款方式：
交货并验收合格当日内，买方即向卖方支付全部合同价款，即人民币伍万陆仟伍佰元整。付款方式为电汇。
四、交货时间与地点：交货时间为2019年5月10日，交货地点为辽宁远东伟业公司。

买方：辽宁远东伟业公司　　　　　　　　卖方：山东鹏翔公司
授权代表　　　　　　　　　　　　　　　授权代表
日期：2019年5月4日　　　　　　　　　　日期：2019年5月4日

14.接受辽宁新泰公司投资。

凭证编号 14－1

固定资产投资联营转移单

投出单位：辽宁新泰公司
接受单位：辽宁远东伟业公司　　2019年5月4日　　　转移单号：006
转移原因：联营投资　　　　　　评估价：　　　　　　　　　　115,000.00

名称及型号	单位	数量	预计使用年限	已使用年限	原值	已提折旧	净值
QB-67机床	台	1	20.00	5	158,000.00	39,000.00	119,000.00
投出单位：		辽宁新泰公司		接受单位：		辽宁远东伟业公司	
财务科科长				财务科科长			
设备科科长				设备科科长			

凭证编号 14－2

联营投资协议书

兹有投资方辽宁新泰公司根据与受资方辽宁远东伟业公司签订的投资合同（合同号110007120304）规定，以一台QB-67机床进行投资，双方按市场公允价值作价119,000.00元，占辽宁远东伟业公司所有权益份额 119,000.00元。

投资方：辽宁新泰公司　　　　　　受资方：辽宁远东伟业公司
　　　　2019年5月4日　　　　　　　　　　2019年5月4日

本协议一式两份，由投资方留存

凭证编号 14－3

固定资产卡片

使用单位：生产车间

名称	QB-67机床	原值价值	119,000.00	备注
单位	台	使用年限	15年	
数量	1	折旧方法	平均年限法	
预计残率	3%	预计残值		

15.商业承兑汇票。

凭证编号 15-1

16.签订销售合同,并已发出第一批货。

凭证编号 16-1

购销合同

卖方: 辽宁远东伟业公司
买方: 北京顺联公司

为保护双方的合法权益,买卖双方根据《中华人民共和国合同法》的有关规定,经协商一致同意签订本合同,共同遵守。

一、货物名称、数量及金额

货物名称	规格型号	计量单位	数量	无税单价	金额	税率	价税合计
豪华座椅		把	600	380	228000	13%	257640

二、合同总金额:人民币贰拾伍万柒仟陆佰肆拾元整(¥257640.00)
三、付款时间及付款方式:
卖方采用分批次发货、分次收款方式向买方发货和收取货款。签订合同当日卖方向买方首批发出300把产品,买方向卖方首付合同总额的50%,即人民币壹拾贰万捌仟捌佰贰拾元整(128820.00)。其余50%货款在第二次交货时交付。
四、交货时间与地点:第二次交货时间为2019年5月11日,交货地点为北京顺联公司。
五、发运方式与运输费用承担方式,由卖方发货,运输费用买方承担。

卖方: 辽宁远东伟业公司   买方: 北京顺联公司
授权代表: 授权代表:
日期: 2019年5月4日   日期: 2019年5月4日

凭证编号 16－2

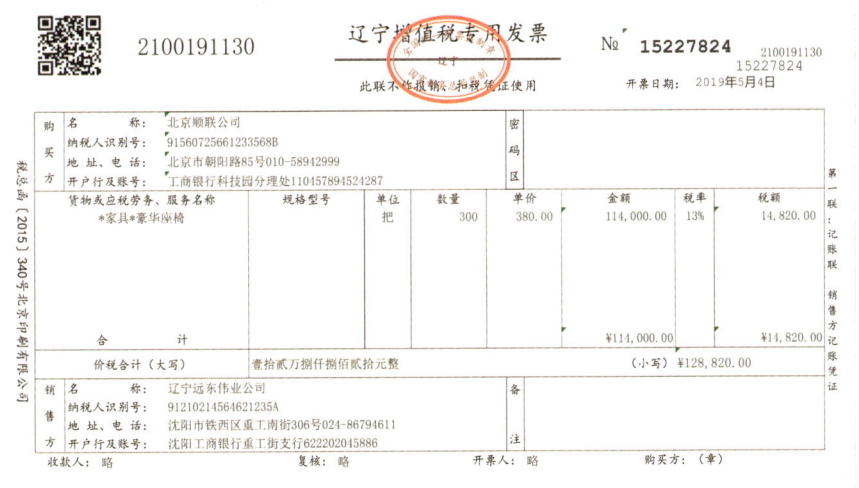

凭证编号 16－3

凭证编号 16－4

5月5日

17. 收回货款。

凭证编号 17－1

```
中国工商银行
业务回单（收款）
入账日期：2019年5月5日    回单编号：00045782
付款人户名：    北京顺联公司
付款人账户：    110457894524287
付款人开户行：  工商银行科技园分理处
收款人户名：    辽宁远东伟业公司
收款人账户：    6222 0204 5886
收款人开户行：  沈阳工商银行重工街支行
币种：          人民币（本位币）         金额（小写）：￥113,000.00
金额（大写）：  壹拾壹万叁仟元整
凭证种类：      1                        凭证号码：99559862
业务(产品)种类：同行发报                 摘要：            渠道：同业清算互联前置
交易机构号：    0625814  记账柜员：0309  交易代码：42062   用途：
附言：
打印次数：1机打回单注意重复  打印日期：2019年5月5日  打印柜员：0255  验证码：5628291258077820
```

18. 收到保险公司赔款。

凭证编号 18－1

```
中国工商银行 进账单（收账通知）
2019年5月5日
出票人  全称：平安保险公司沈阳分公司        收款人  全称：辽宁远东伟业公司
        账号：3843844891458                        账号：6222 0204 5886
        开户银行：工商银行皇姑分理处              开户银行：沈阳工商银行重工街支行
金额  人民币（大写）：伍万陆仟元整         ￥56000.00
票据种类：转支    票据张数：1
票据号码：0056427
备注：
（沈阳工商银行重工街支行 2019年05月05日 转讫）
收款人开户银行签章
```

19. 偿还贷款。

凭证编号 19－1

```
偿还贷款凭证（第一联）
2019年5月5日
借款单位名称：辽宁远东伟业公司   贷款账号：82267804   结算账号：210114604630475
还款金额（大写）：伍万元整                             ￥50000.00
贷款种类：短期贷款   借出日期：2018年11月   约定还款日期：2019年5月5日
上列款项已由本单位账户内偿还到期贷款
此致
借款单位盖章                                           记账员：
（沈阳工商银行重工街支行 2019年05月05日 转讫）
```

20.支付修理费。

凭证编号 20-1

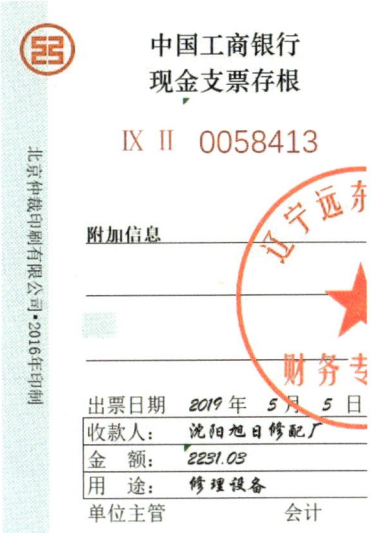

凭证编号 20-2

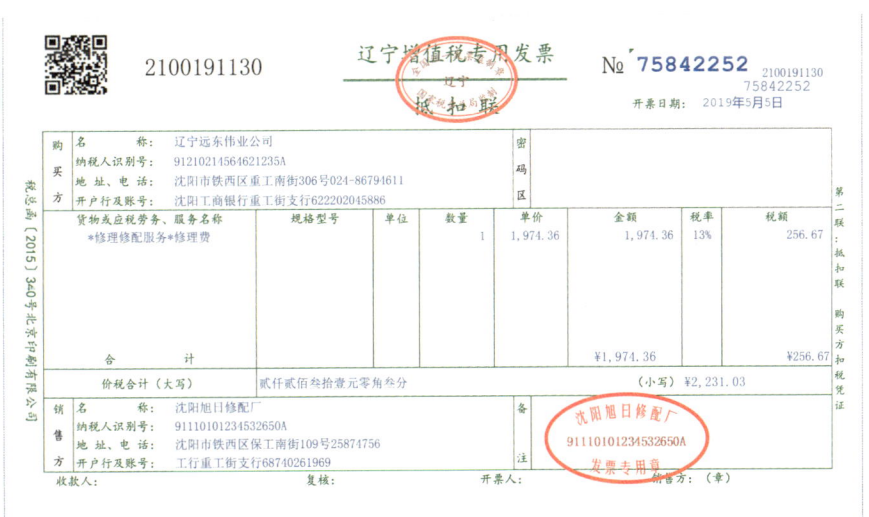

凭证编号 20-3

辽宁增值税专用发票 № 75842252
2100191130
发票联
开票日期：2019年5月5日

购买方
名称：辽宁远东伟业公司
纳税人识别号：91210214564621235A
地址、电话：沈阳市铁西区重工街306号024-86794611
开户行及账号：沈阳工商银行重工街支行622202045886

货物或应税劳务、服务名称	规格型号	单位	数量	单价	金额	税率	税额
*修理修配服务*修理费			1	1,974.36	1,974.36	13%	256.67
合　　计					¥1,974.36		¥256.67

价税合计（大写）　贰仟贰佰叁拾壹元零角叁分　（小写）¥2,231.03

销售方
名称：沈阳旭日修配厂
纳税人识别号：91110101234532650A
地址、电话：沈阳市铁西区保工南街109号25874756
开户行及账号：工行重工街支行68740261969

备注：沈阳旭日修配厂 91110101234532650A 发票专用章

收款人：　复核：　开票人：　销售方：（章）

---

21. 领用原材料。

凭证编号 21-1

出　库　单
2019年5月5日　　　编号：00005
单位：组装车间　　　仓库：原材料库

序号	货物名称	规格	单位	数量	单价	金额	备注
1	塑胶		千克	800			风尚座椅
合计（人民币）大写：				小写：¥ —			

记账：　主管：　保管员：　经手人：

第一联：仓储部

5月6日

22. 5月2日验收入库的泰安路达公司采购的塑胶，发现其中50千克有质量问题，进行退货处理。

凭证编号 22-1

出　库　单
2019年5月6日　　　编号：00006
单位：泰安路达公司　　　仓库：原材料库

序号	货物名称	规格	单位	数量	单价	金额	备注
1	塑胶		千克	50	75	3,750.00	质量问题，退货处理
合计（人民币）大写：叁仟柒佰伍拾元整				小写：¥ 3,750.00			

记账：　主管：　保管员：　经手人：

第一联：仓储部

凭证编号 22－2

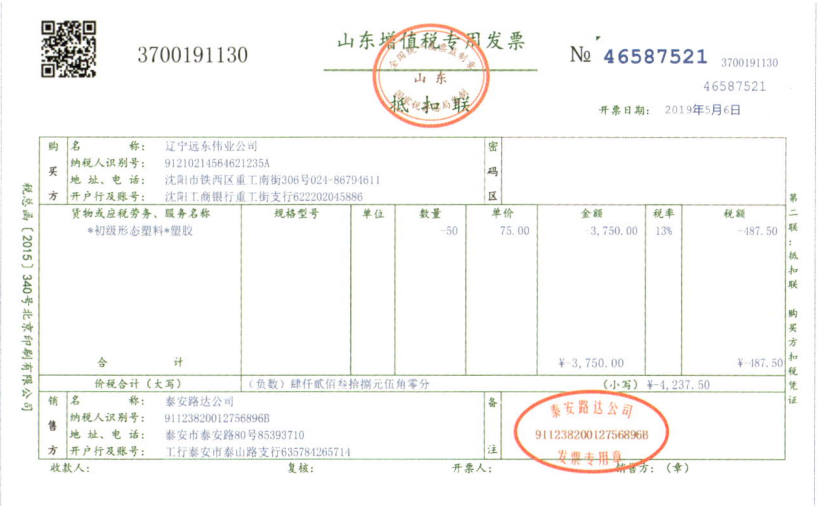

凭证编号 22－3

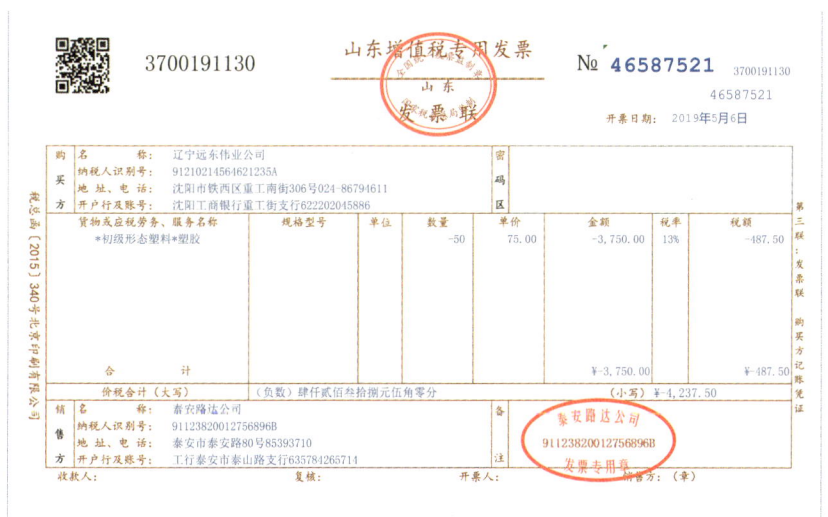

凭证编号 22－4

23.支付水费。

凭证编号 23-1

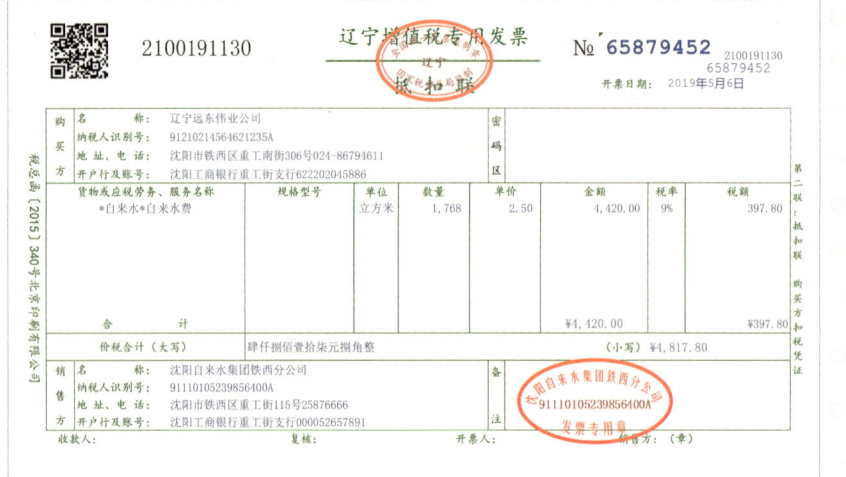

凭证编号 23-2

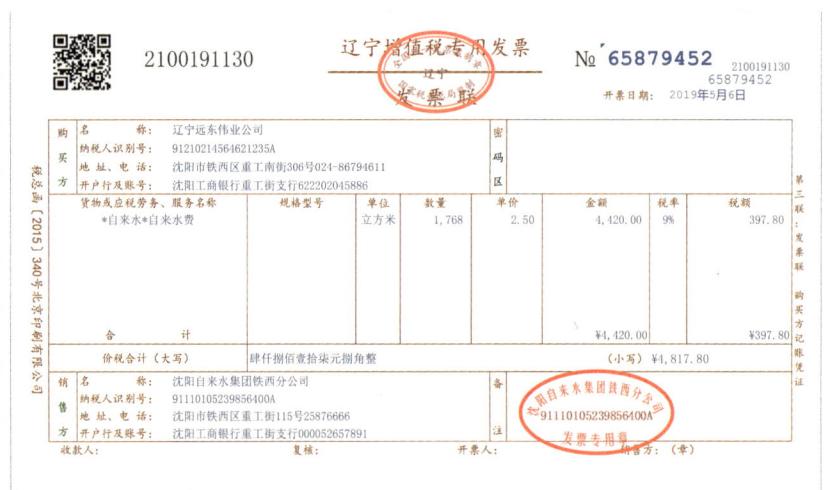

凭证编号 23-3

用水量记录				
使用部门	单价/元	用水量/立方米	分配率	分配额/立方米
加工车间	2.5	792	1	792
装配车间	2.5	484	1	484
供电车间	2.5	244	1	244
维修车间	2.5	96	1	96
管理部门	2.5	152	1	152
合计:		1768		1768

凭证编号 23-4

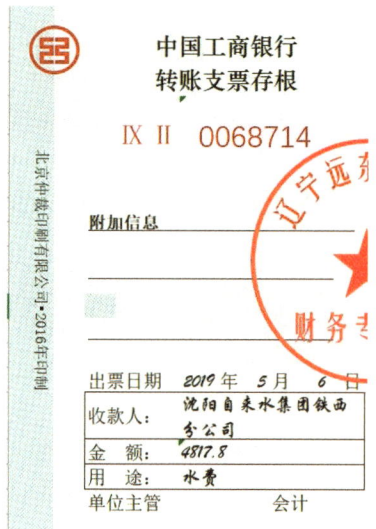

5月7日

24.销售风尚座椅。

凭证编号 24-1

购销合同

卖方：辽宁远东伟业公司
买方：上海永康公司

为保护双方的合法权益，买卖双方根据《中华人民共和国合同法》的有关规定，经协商一致同意签订本合同，共同遵守。

一、货物名称、数量及金额

货物名称	规格型号	计量单位	数量	无税单价	金额	税率	价税合计
风尚座椅		把	200	400	80,000	13%	90,400

二、合同总金额：人民币九万零肆佰元整（¥90,400.00）
三、付款时间及付款方式：
货到验收合格即付清全部货款。
四、交货时间与地点：合同签订当日发货，买方自提。
五、发运方式与运输费用承担方式：由卖方发货，运输费用买方承担。

卖方：辽宁远东伟业公司
授权代表：
日期：2019年5月7日

买方：上海永康公司
授权代表：
日期：2019年5月7日

凭证编号 24－2

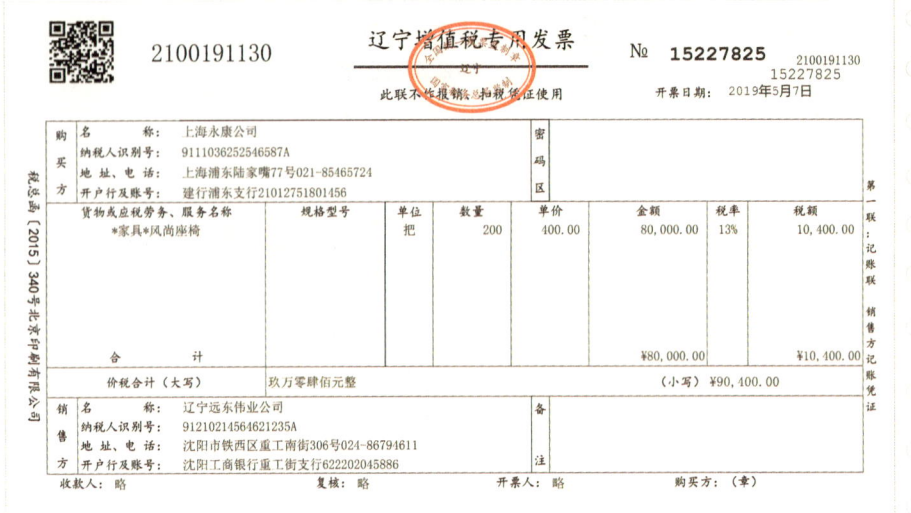

凭证编号 24－3

5月8日

25.缴纳上月税款。

凭证编号 25－1

26.购入货车。

凭证编号 26－1

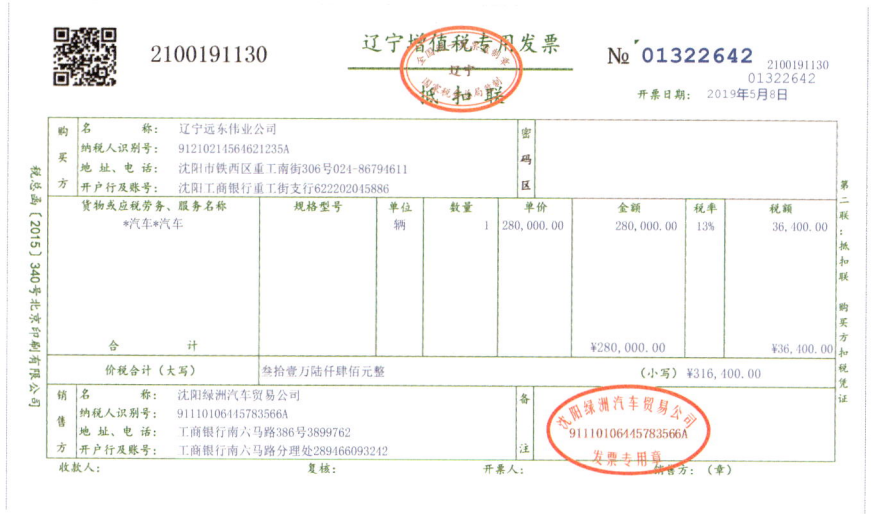

凭证编号 26－2

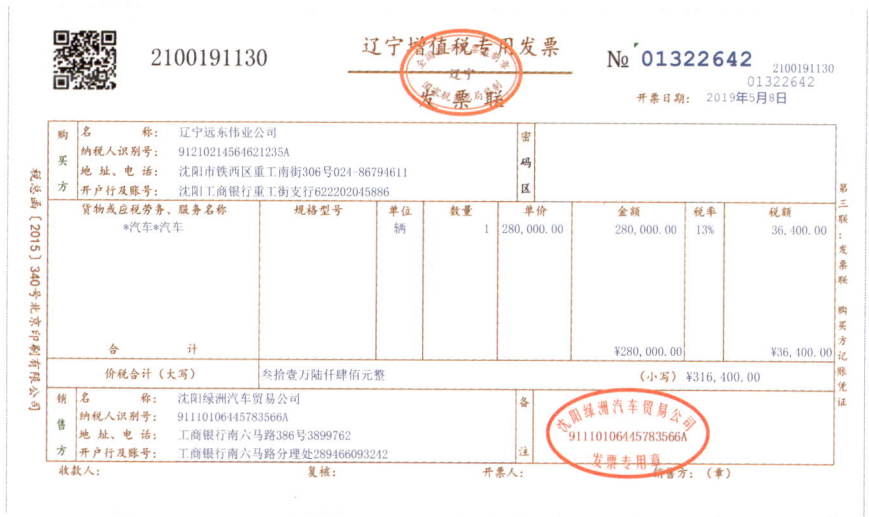

会计电算化

凭证编号 26－3

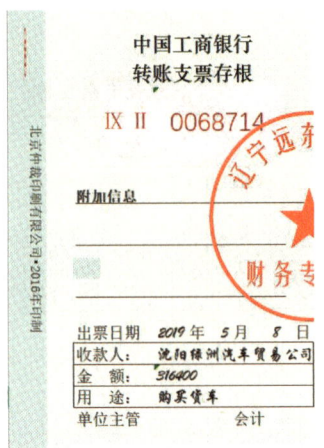

凭证编号 26－4

固定资产卡片				
使用单位：销售科				
名称	货车	原值价值	280,000.00	备注
单位	辆	使用年限	10年	
数量	1	折旧方法	平均年限法	
预计残率	3%	预计残值	8400	

27.支付业务招待费。

凭证编号 27－1

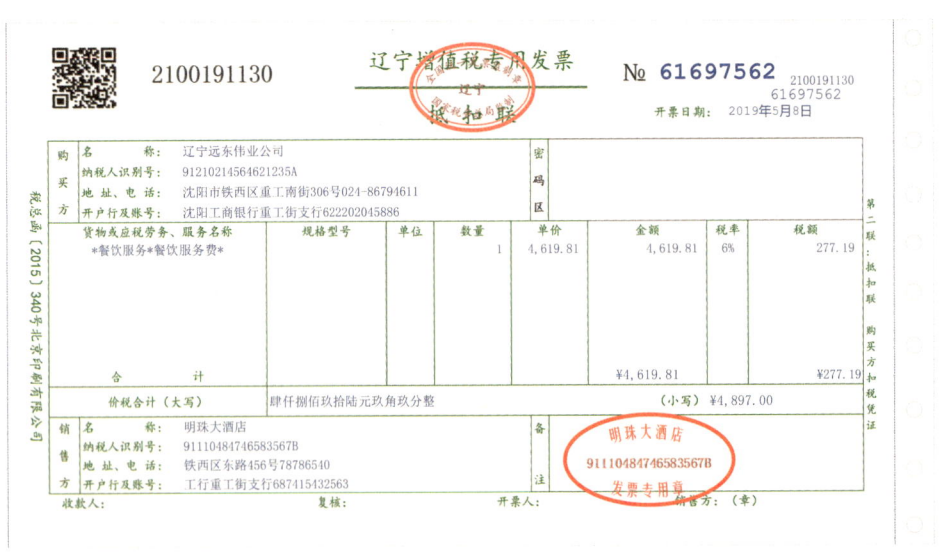

凭证编号 27-2

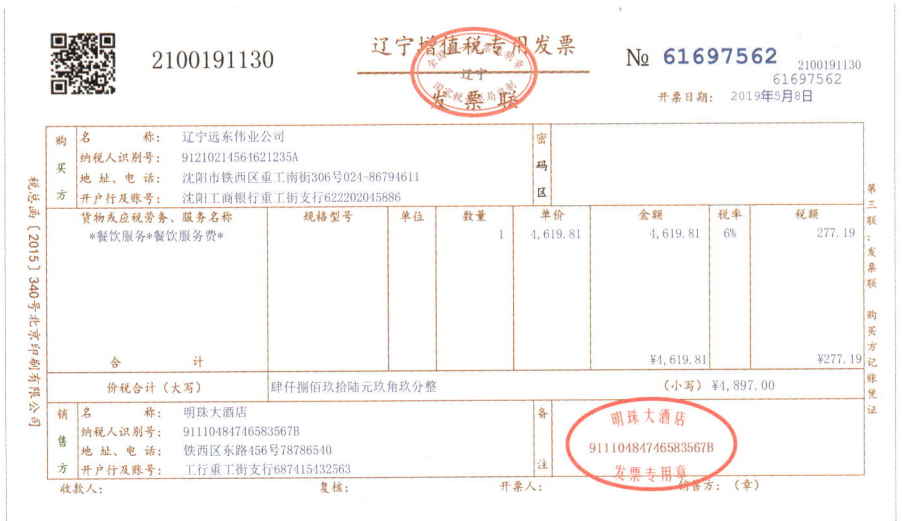

28.购买包装物。

凭证编号 28-1

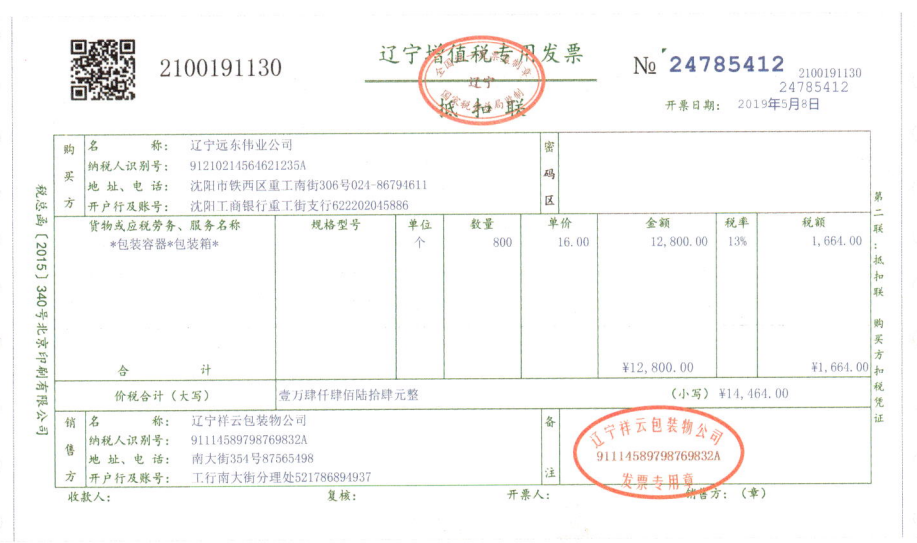

凭证编号 28-2

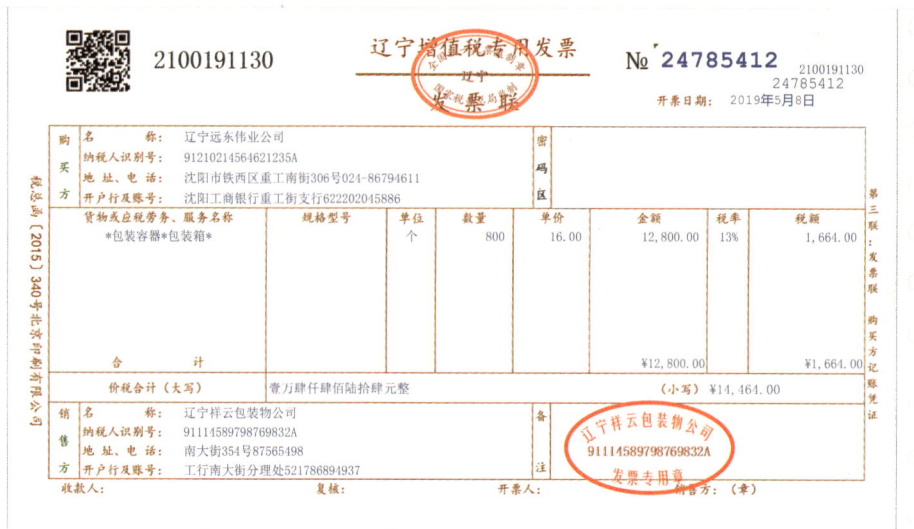

凭证编号 28-3

序号	货物名称	规格	单位	数量	单价	金额	备注
1	包装箱		个	800	16	12,800.00	

入库单
2019年5月8日
单位：辽宁祥云包装物公司　　仓库：周转材料库　　编号：00003
合计（人民币）大写：壹万贰仟捌佰元整　　小写：¥ 12,800.00

凭证编号 28-4

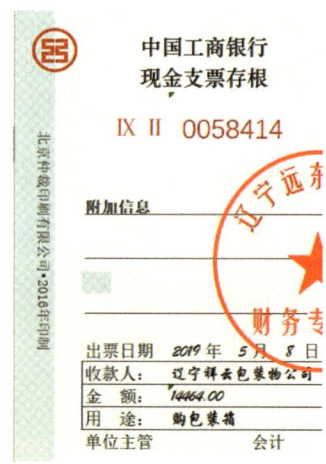

29.收到上月广东大友电器公司购入的工程塑料发票,并支付货款。

凭证编号 29－1

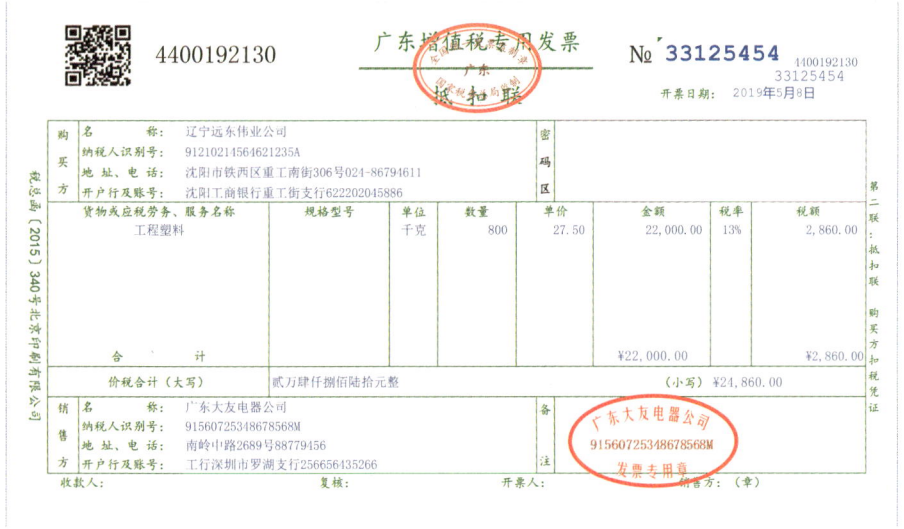

凭证编号 29－2

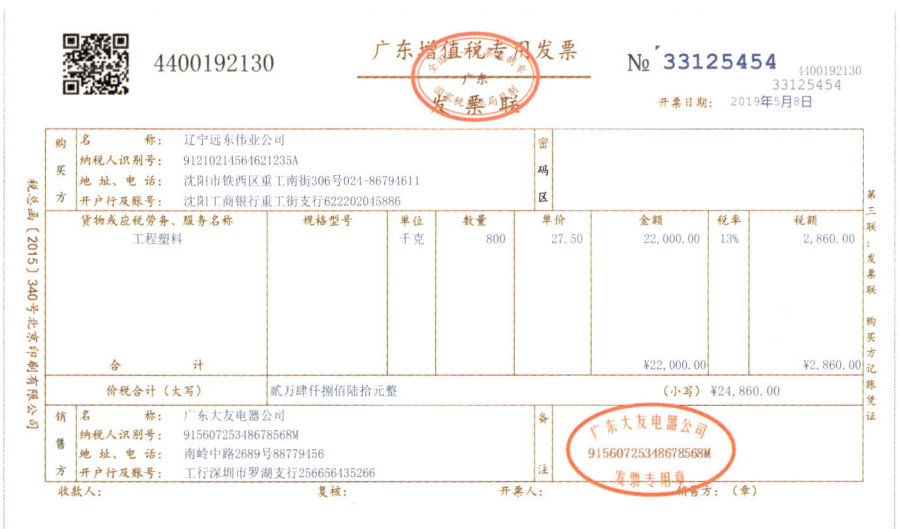

凭证编号 29-3

5月9日

30. 9日自山东鹏翔公司订购的工程塑料到货。

凭证编号 30-1

凭证编号 30－2

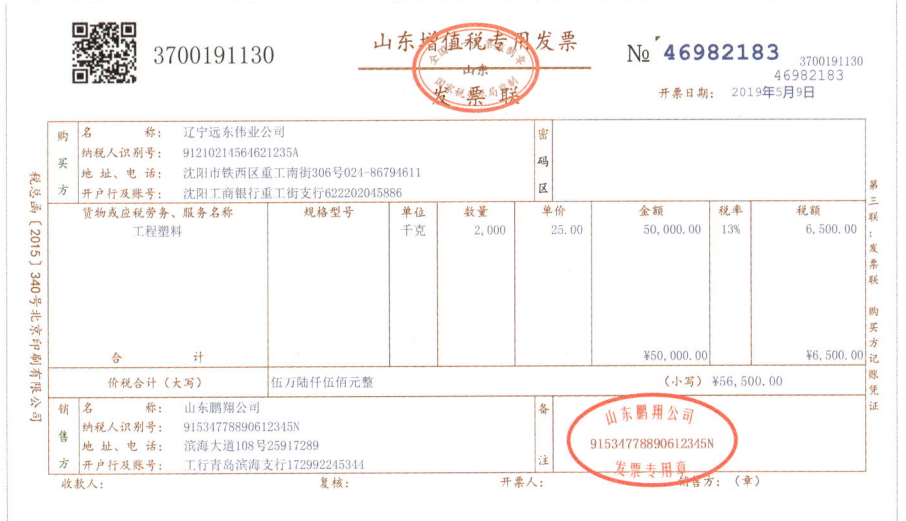

凭证编号 30－3

凭证编号 30—4

入库单

2019年5月9日　　　　　　　　　　　　　　　　　　编号：00004

单位：山东鹏翔公司　　　　　　　　　　　　　　　仓库：原材料库

序号	货物名称	规格	单位	数量	单价	金额	备注
1	工程塑料		千克	2,000	25	50,000.00	

合计（人民币）大写：伍万元整　　　　小写：¥ 50,000.00

记账：　　　主管：　　　　　保管员：　　　　　经手人：

第一联：仓储部

31.领用原材料。

凭证编号 31—1

出库单

2019年5月9日　　　　　　　　　　　　　　　　　　编号：00008

单位：生产车间　　　　　　　　　　　　　　　　　仓库：原材料库

序号	货物名称	规格	单位	数量	单价	金额	备注
1	工程塑料		千克	1500		—	豪华座椅

凭证编号 31—2

出库单

2019年5月9日　　　　　　　　　　　　　　　　　　编号：00009

单位：维修车间　　　　　　　　　　　　　　　　　仓库：原材料库

序号	货物名称	规格	单位	数量	单价	金额	备注
1	工程塑料		千克	1000		—	

合计（人民币）大写：零元整　　　　小写：¥ —

记账：　　　主管：　　　　　保管员：　　　　　经手人：

第一联：仓储部

5月11日

32.预付货款。

凭证编号 32-1

33. 11日与北京顺联公司签订的购销合同,第二批货物发货。

凭证编号 33-1

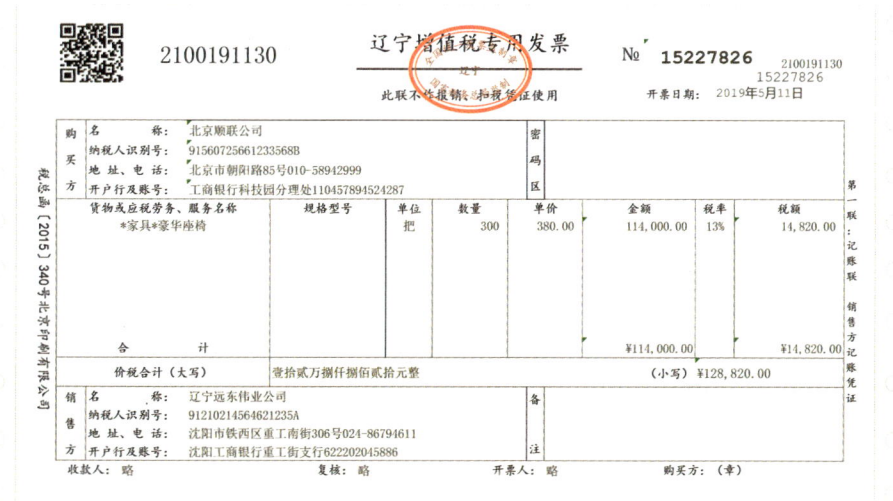

凭证编号 33－2

出 库 单

2019年5月11日　　　　　　　　　　　　　　编号：00010

单位：北京顺联公司　　　　　　　　　　　　　仓库：产成品库

序号	货物名称	规格	单位	数量	单价	金额	备注
1	豪华座椅		把	300	380	114,000.00	
合计（人民币）大写：壹拾壹万肆仟元整					小写：¥ 114,000.00		

记账：　　　　　主管：　　　　　保管员：　　　　　经手人：

第一联：仓储部

凭证编号 33－3

ICBC 中国工商银行

业务回单（收款）

入账日期：2019年5月11日　　　回单编号 80033221

付款人户名：	北京顺联公司
付款人账户：	110457894524287
付款人开户行：	工商银行科技园分理处
收款人户名：	辽宁远东伟业公司
收款人账户：	6222 0204 5886
收款人开户行：	沈阳工商银行重工街支行
币种：	人民币（本位币）　　　　　金额（小写）：¥ 128,820.00
金额(大写)：	壹拾贰万捌仟捌佰贰拾元整
凭证种类：	2　　　　　　　　　　　凭证号码：64345582
业务(产品)种类：	同行发报　　　　　摘要：　　　渠道：同业清算互联前置
交易机构号：	0949715　记账柜员：0213　交易代码：42062　用途：
附言：	
打印次数：1机打回单注意重复　　打印日期：2019年5月11日　打印柜员：0255　验证码：5628291258077820

5月12日

34.收到7日销货上海永康公司所欠货款。

凭证编号 34－1

中国工商银行 业务回单（收款）	
入账日期：2019年5月12日	回单编号：000878638
付款人户名：上海永康公司	
付款人账户：21012751801456	
付款人开户行：建行浦东支行	
收款人户名：辽宁远东伟业公司	
收款人账户：6222 0204 5886	
收款人开户行：沈阳工商银行重工街支行	
币种：人民币（本位币）	金额（小写）：¥ 90,400.00
金额（大写）：玖万零肆佰元整	
凭证种类：3	凭证号码：15783082
业务(产品)种类：同行发报	摘要： 渠道：同业清算互联前置
交易机构号：0287912 记账柜员：0245	交易代码：42062 用途：
附言：	
打印次数：1机打回单注意重复	打印日期：2019年5月12日 打印柜员：0345 验证码：5628291258077820

35.预收货款。

凭证编号 35－1

中国工商银行 业务回单（收款）	
入账日期：2019年5月12日	回单编号：000878639
付款人户名：上海永康公司	
付款人账户：21012751801456	
付款人开户行：建行浦东支行	
收款人户名：辽宁远东伟业公司	
收款人账户：6222 0204 5886	
收款人开户行：沈阳工商银行重工街支行	
币种：人民币（本位币）	金额（小写）：¥ 60,000.00
金额（大写）：陆万元整	
凭证种类：3	凭证号码：15783082
业务(产品)种类：同行发报	摘要： 渠道：同业清算互联前置
交易机构号：0287912 记账柜员：0245	交易代码：42062 用途：
附言：	
打印次数：1机打回单注意重复	打印日期：2019年5月12日 打印柜员：0345 验证码：5628291258077821

5月13日

36.收到本月初上海永康公司所欠货款十万元。

凭证编号36－1

中国工商银行 ICBC

业务回单（收款）

入账日期：2019年5月13日　　　　回单编号：000878655

付款人户名：	上海永康公司
付款人账户：	21012751801456
付款人开户行：	建行浦东支行
收款人户名：	辽宁远东伟业公司
收款人账户：	6222 0204 5886
收款人开户行：	沈阳工商银行重工街支行
币种：	人民币（本位币）　　　　金额（小写）：¥ 100,000.00
金额（大写）：	壹拾万元整
凭证种类：	9　　　　凭证号码：14673982
业务(产品)种类：	同行发报　　摘要：　　渠道：同业清算互联前置
交易机构号：	0287912 记账柜员：0245　　交易代码：42062　　用途：
附言：	
打印次数：1机打回单注意重复　　打印日期：2019年5月13日　　打印柜员：0345 验证码：5628291258077845

37.办公楼竣工投入使用。

凭证编号37－1

固定资产竣工交接单

2019年5月13日

城建单位：中建四局沈阳分公司				使用单位：		辽宁远东伟业公司	
名称及型号	单位	数量	原始价值	已提折旧	预计使用年限	原安装成本	新安装成本
办公楼	幢	1	290,000.00		50年		
			竣工日期	支付价格			
			2019.05.13	290,000.00			

凭证编号37－2

固定资产卡片

使用单位：管理部门

名称	办公楼	原值价值	290,000.00	备注
单位	栋	使用年限	50年	行政部、财务部、销售部、采购部、库管部公用，折旧均摊
数量	1	折旧方法	平均年限法	
预计残率	3%	预计残值	50,000.00	

5月15日

38.缴纳上月印花税。

凭证编号 38－1

印花税票报销专用凭证					
购买单位：辽宁远东伟业公司			2019年5月15日		
税 目	计税依据	税率		应纳税额	税款所属期
产权证许可证照	11本			55	全年
加工承揽合同	290000	0.05%		145	全年
合计				200	
单位负责人：	财务负责人：	办税人：	税务机关受理日期：		税务审核人：

39.上海永康退货。

凭证编号 39－1

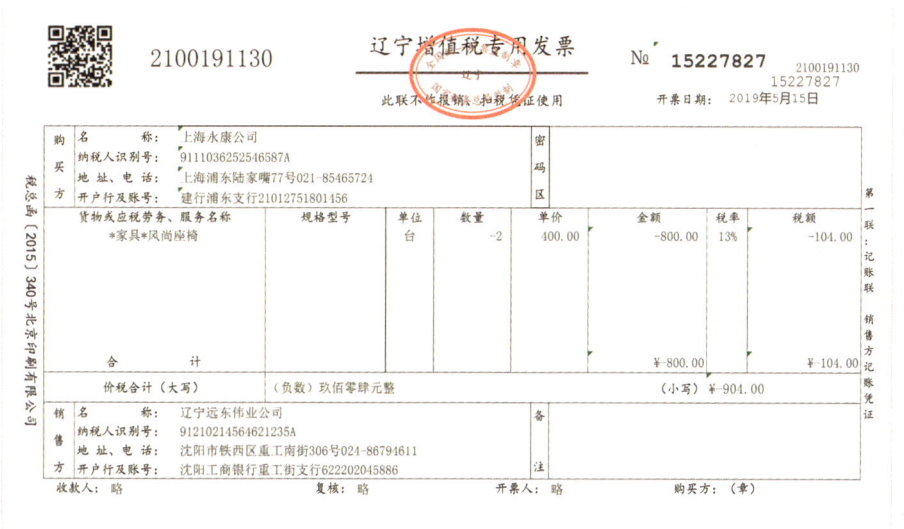

凭证编号 39－2

入库单							
		2019年5月15日					编号：00005
单位：上海永康公司							仓库：产成品库
序号	货物名称	规格	单位	数量	单价	金额	备注
1	风尚座椅		把	2	400	800.00	退货
合计（人民币）大写			捌佰元整		小写 ¥	800.00	
记账：		主管：		保管员：		经手人：	

凭证编号 39－3

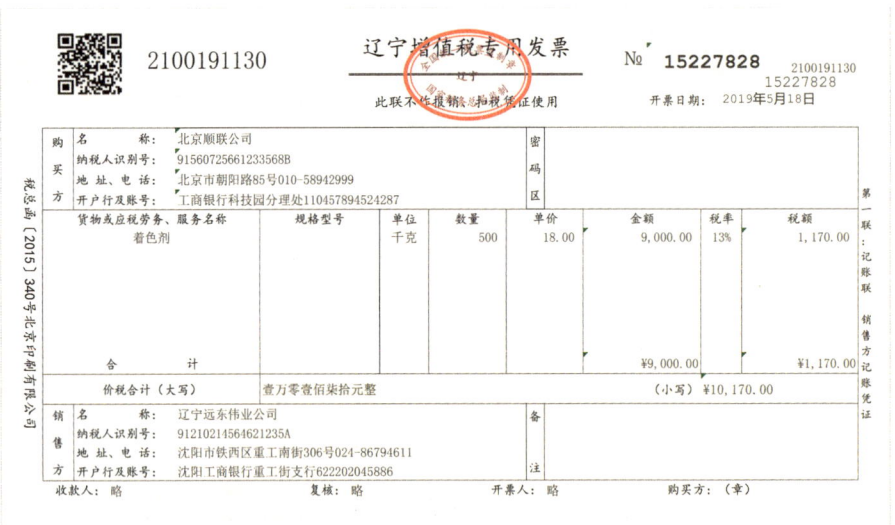

----->>>------>>>------>>>------>>>------>>>------>>>------>>>------>>>------>>>------>>>------>>>------>>>

5月18日

40.出售原材料。

凭证编号 40－1

凭证编号 40－2

出库单
2019年5月18日　　　　　　　　　　　　　编号：00011
单位：北京顺联公司　　　　　　　　　　　　仓库：原材料库

序号	货物名称	规格	单位	数量	单价	金额	备注
1	着色剂		千克	500	18	9,000.00	
	合计（人民币）大写：	玖仟元整			小写：¥	9,000.00	

记账：　　　　主管：　　　　保管员：　　　　经手人：

第一联：仓储部

凭证编号 40－3

中国工商银行 ICBC

业务回单（收款）

入账日期：2019年5月18日　　　　回单编号：80033221

付款人户名：　北京顺联公司
付款人账户：　110457894524287
付款人开户行：工商银行科技园分理处
收款人户名：　辽宁远东伟业公司
收款人账户：　6222 0204 5886
收款人开户行：沈阳工商银行重工街支行
币种：　　　人民币（本位币）　　　　　　金额（小写）：¥ 10,170.00
金额（大写）：壹万零壹佰柒拾元整
凭证种类：　8　　　　　　　　　　　　　凭证号码：9674582
业务(产品)种类：同行发报　　　　　　　摘要：　　　　渠道：同业清算互联前置
交易机构号：0949715　记账柜员：0443　交易代码：42062　用途：
附言：
打印次数：1机打回单注意重复　　　打印日期：2019年5月18日　打印柜员：0255　验证码：7728291257566899

5月19日

41.票据贴现。

凭证编号 41－1

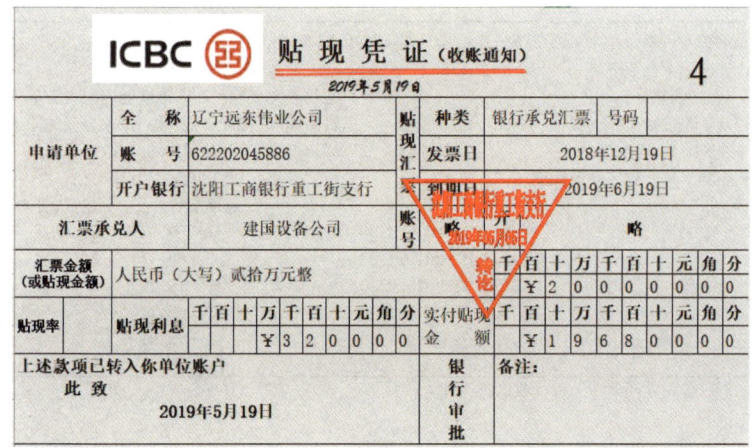

42.支付所欠货款。

凭证编号 42-1

43.缴纳养老保险及住房公积金。

凭证编号 43-1

中国工商银行沈阳市铁西支行	电子缴税付款凭证		
转账日期：2019年5月19日			凭证字号：05345687
纳税人全称及纳税人识别号：辽宁远东伟业公司91210214564621235A			
付款人全称：辽宁远东伟业公司			
付款人账号：622202045886		征收机关名称：沈阳市铁西国家税务局	
付款人开户银行：工行重工街支行		收缴国库（银行）名称：国家金库沈阳市铁西支库	
小写（合计）金额：¥98400.00		缴款书交易流水号：965012479	
大写（合计）金额：玖万捌仟肆佰元整		税票号码：12719910504…	
税种名称	所属时间		实缴金额
基本养老保险	2019.4.01-2019.4.30		47,259.00
失业保险	2019.4.01-2019.4.30		5,063.47
医疗保险	2019.4.01-2019.4.30		16,878.22
住房公积金	2019.4.01-2019.4.30		27,005.14
工伤保险	2019.4.01-2019.4.30		843.91
生育保险	2019.4.01-2019.4.30		1,350.26
第二联：作付款回单（无银行收讫章无效）		复核	记账

44.支付工资。

凭证编号 44－1

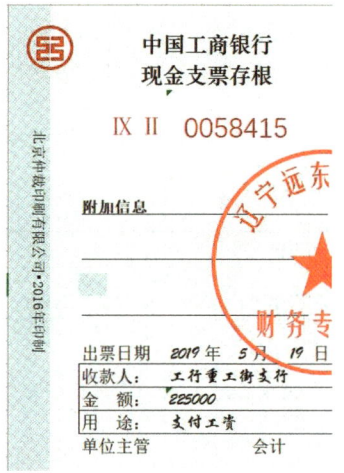

代扣款项不列明细。

凭证编号 44－2

工资结算汇总表
2019年5月19日

项目		应付工资	代扣款项	代扣个人所得税	实发工资
生产车间	生产人员	100,000	6,250		93,750
	管理人员	20,000	1,250		18,750
组装车间	生产人员	40,000	2,500		37,500
	管理人员	8,000	500		7,500
维修车间		16,000	1,200		14,800
用电车间		18,400	900		17,500
管理部门		37,600	2,400		35,200
合计		240,000	15,000		225,000

>>

5月22日

45.库房盘点出现盘亏。

凭证编号 45－1

材料盘盈盘亏报告单
2019年5月22日

编号	品名规格	单位	账面数量	实存数量	盘盈		盘亏		原因
					数量	金额	数量	金额	
1	着色剂	千克	5,000	4,950			50		库管失责

保管部门	清查小组	审批部门

部门负责人：　　　保管：　　　清点人：

46.签订委托代销合同。

凭证编号 46－1

委托代销合同

委托方：辽宁远东伟业公司
受托方：辽宁永旭公司

为保护双方的合法权益，买卖双方根据《中华人民共和国合同法》的有关规定，经协商一致同意签订本合同，共同遵守。

一、货物名称、数量及金额

货物名称	规格型号	计量单位	数量	无税单价	金额	税率	价税合计
豪华座椅		把	500	350	175,000	13%	197,750

二、委托代销方式：
采用视同买断的方式由委托方委托受托方代销货物，即受托方将代销的货物销售后，委托方按合同双方约定的价格收取销货代销货物的货款，代销货物的实际售价由受托方自行确定，代销货物的实际售价与合同双方约定的价格之间的差额归受托方所有。
三、合同总金额：人民币壹拾玖万柒仟柒佰伍拾元整（¥197,750.00）
四、付款时间及付款方式：根据代销货物的销售情况，每月月底结算一次货款，付款方式转账支票。
五、交货时间与地点：交货时间为签订合同的当日，交货地点为辽宁永旭公司。
六、发运方式与运输费用负担方式：由卖方发货，运费由受托方承担。

委托方：辽宁远东伟业公司
授权代表：
日期：2019年5月22日

受托方：辽宁永旭公司
授权代表：
日期：2019年5月22日

凭证编号 46－2

出库单

2019年5月22日 编号：00012

单位：辽宁永旭公司 仓库：产成品库

序号	货物名称	规格	单位	数量	单价	金额	备注
1	豪华座椅		把	500	350	175,000.00	委托代销

合计（人民币）大写：壹拾柒万伍仟元整 小写：¥175,000.00

记账： 主管： 保管员： 经手人：

第一联：仓储部

5月23日

47.批准盘亏。

凭证编号 47－1

材料盘盈盘亏报告单

2019年5月23日

编号	品名规格	单位	账面数量	实存数量	盘盈 数量	盘盈 金额	盘亏 数量	盘亏 金额	原因
	着色剂	千克	5,000	4,950			50	779.7	

保管部门 清查小组 审批部门 同意

部门负责人： 保管： 清点人：

凭证编号 47-2

纳税人资产损失税前扣除申报表

企业名称：（盖章）辽宁远东伟业公司

品名	损失	损失数量	账面价值	残值金额	责任人赔偿	保险赔偿	财政审批表	计税扣除金额
着色剂	保管人过失		779.7					779.7
合计			779.7					779.7

主管税务机关审核意见：

经办人：李丽娜

科长：陈伟业
2019年5月23日

法定代表人：　　　　财务负责人：　　　　联系电话：

说明：1.企业申报时按品名各栏分别列出，另附报表损失主要原因书面说明，有关损失的有效证明材料。
　　　2.本表填报一式四份，经规定程序和权限报批后，有关地税相关各留一份，退还企业一份以备查。

凭证编号 47-3

税 前 扣 除 审 批 表

企业名称：（盖章）辽宁远东伟业公司　2019年5月23日

利润总额		预计应纳税所得额		
扣除项目审批表				
项目	本年已核销（列支）	审核批准扣除金额	纳税调整金额	备注
1.固定资产 其中：盘亏 　　　报废				
2.流动资产 其中：盘亏 　　　报废	779.70	779.70		
3.其他损失				
合计		779.70		
区地税局	市地税局：			
2019年5月20日	同意 2019年5月23日			

》》》》》》》》》》》》》》》》》》》》》》》》》》》》

5月24日

48.发生坏账。

凭证编号 48-1

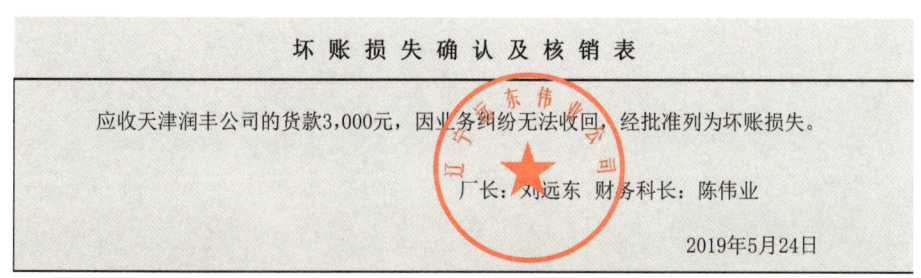

坏账损失确认及核销表

应收天津润丰公司的货款3,000元，因业务纠纷无法收回，经批准列为坏账损失。

厂长：刘远东　财务科长：陈伟业

2019年5月24日

49.发原材料着色剂支援灾区。

凭证编号 49－1

出 库 单

2019年5月24日 编号：00013

单位：行政部 仓库：原材料库

序号	货物名称	规格	单位	数量	单价	金额	备注
1	着色剂		千克	600			支援灾区

合计（人民币）大写：零元整   小写：¥ －

记账：   主管：   保管员：   经手人：

第一联：仓储部

50.收到吉林恒丰公司发来的原材料，发票未到，暂估入库。

凭证编号 50－1

入 库 单

2019年5月24日 编号：00006

单位：吉林恒丰公司 仓库：原材料库

序号	货物名称	规格	单位	数量	单价	金额	备注
1	工程塑料		千克	1,500	25	37,500.00	

合计（人民币）大写：叁万柒仟伍佰元整   小写：¥ 37,500.00

记账：   主管：   保管员：   经手人：

第一联：仓储部

5月25日

51.计提折旧。

凭证编号 51-1

固定资产折旧计算表
2019年5月25日

卡片编号	资产编号	资产名称	原值	计提原值	本月计提折旧额	本年折旧	累计折旧	减值准备	净值
00001	01001	办公楼	267,000.00	267,000.00	720.90	720.90	133,441.80	-	133,558.20
00002	01002	生产车间厂房	867,500.00	867,500.00	2,342.25	2,342.25	353,267.70	-	514,232.30
00003	01602001	组装车间厂房	589,300.00	589,300.00	1,591.11	1,591.11	258,542.20	-	330,757.80
00004	01701001	维修车间厂房	476,950.00	476,950.00	1,287.77	1,287.77	177,455.50	-	299,494.50
00005	01702001	用电车间厂房	627,800.00	627,800.00	1,695.06	1,695.06	254,590.10	-	373,209.90
00006	02601001	WJ-16数控机床	658,000.00	658,000.00	2,632.00	2,632.00	432,264.00	-	225,736.00
00007	02601002	TB500数控铣床	673,200.00	673,200.00	2,692.80	2,692.80	442,885.60	-	230,314.40
00008	02602001	自动化装配系统	1,121,000.00	1,121,000.00	3,026.70	3,026.70	553,778.40	-	567,221.60
00009	02602001	SDW稳压器	367,000.00	367,000.00	1,981.80	1,981.80	40,563.60	-	326,436.40
00010	02702002	BMD防爆配电箱	258,000.00	258,000.00	1,393.20	1,393.20	14,186.40	-	243,813.60
00011	02701001	CW-18平面磨床	543,600.00	543,600.00	2,935.44	2,935.44	27,010.88	-	516,589.12
00012	02701002	QT2摇臂钻床	475,820.00	475,820.00	2,569.43	2,569.43	44,788.86	-	431,031.14
00013	031001	HP复印机	12,000.00	12,000.00	194.40	194.40	2,388.80	-	9,611.20
00014	031002	佳能打印机	2,300.00	2,300.00	37.26	37.26	454.52	-	1,845.48
00015	031003	联想扬天电脑	5,200.00	5,200.00	84.24	84.24	1,037.57	-	4,162.43
00016	043001	金杯货车	85,000.00	85,000.00	688.50	688.50	16,271.83	-	68,728.17
00017	044001	解放货车	150,000.00	150,000.00	1,215.00	1,215.00	27,430.00	-	122,570.00
00018	02701003	液压顶	9,200.00	-	-	-	-	-	9,200.00
00019	02601003	QB-67smys	119,000.00	-	-	-	-	-	119,000.00
00020	043002	货车	280,000.00	-	-	-	-	-	280,000.00
00021	011001	2#办公楼	290,000.00	-	-	-	-	-	290,000.00
合计			7,877,870.00	7,179,670.00	27,087.86	27,087.86	2,780,357.76	-	5,097,512.24

5月26日

52.支付辅助生产车间修理费。

凭证编号 52-1

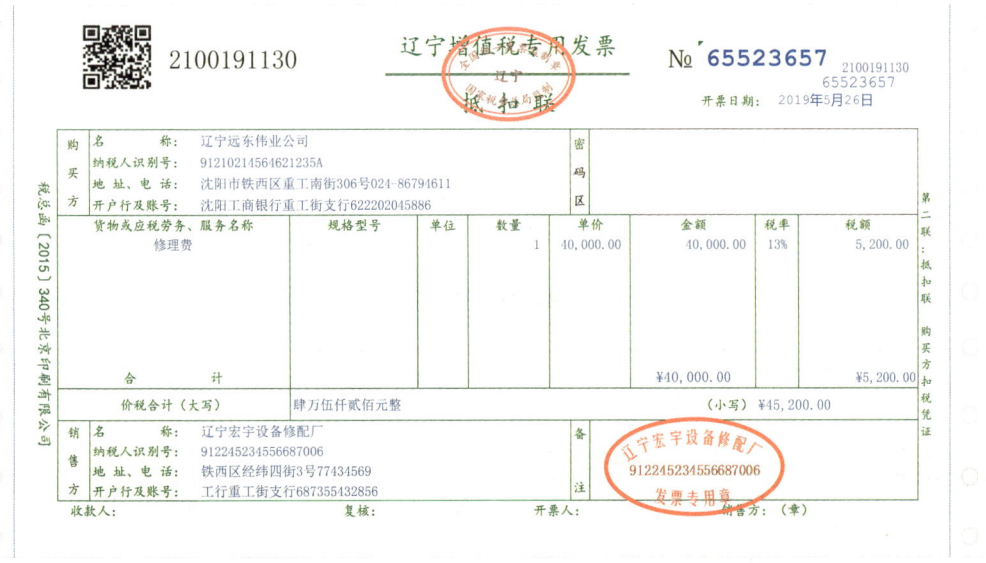

凭证编号 52-2

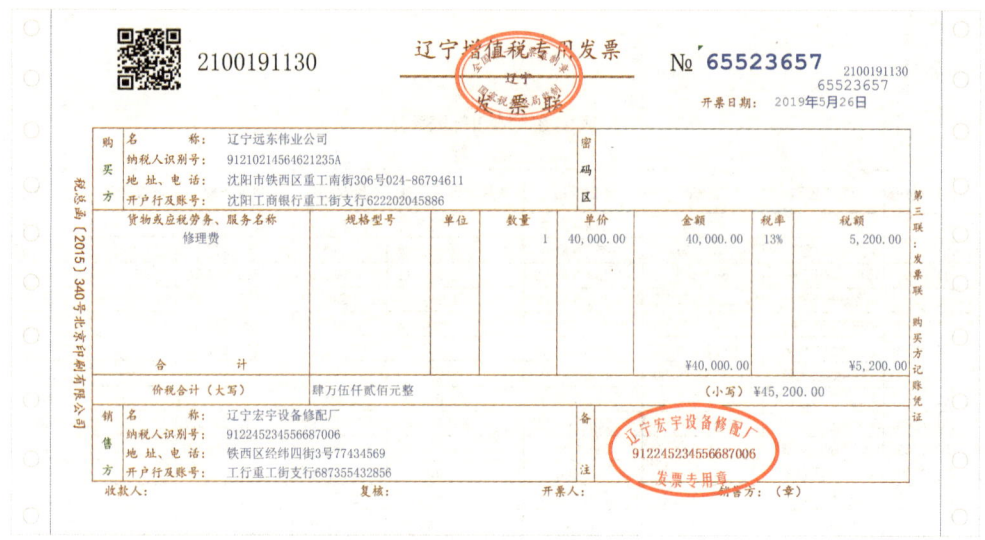

凭证编号 52-3

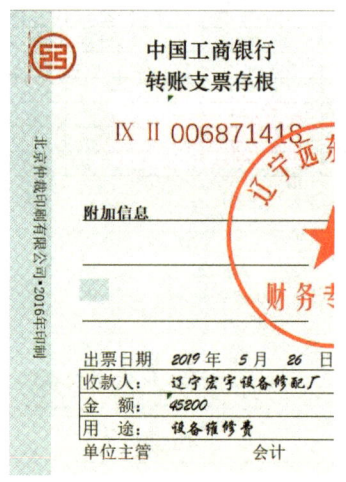

53.损毁固定资产。

凭证编号 53-1

固定资产清理单
2019年5月26日　　　　　编号：

固定资产名称	编号	规格型号		开始使用时间	
金杯货车	043001			2017.7	
报废单编号及批准时间		原因		交通肇事报废	
固定资产原值	85,000	已提折旧		16,271.83	
开始清理时间		完成清理时间			
清理费用与收入					
清理费用				清理收入	
时间	凭证	项目	金额	时间	凭证	项目	金额
2019.5.26	现金	清理费用	400	2019.5.26	支票	变价收入	2,300.00

凭证编号 53-2

固定资产报废审批单

2019年5月26日　　　　　　　　　　　　　　　　　　　　　　　　编号：002

编号	名称	单位	数量	预计使用年限	已使用年限	原始价值	已提折旧额	报废原因
1	金杯汽车	台	1	10		85,000	16,271.83	车祸报废
处理意见	使用部门 无法使用 签章	技术鉴定小组 同意报废 签章		固定资产管理部门 同意报废 签章		主管部门审批 同意报废 签章		

凭证编号 53-3

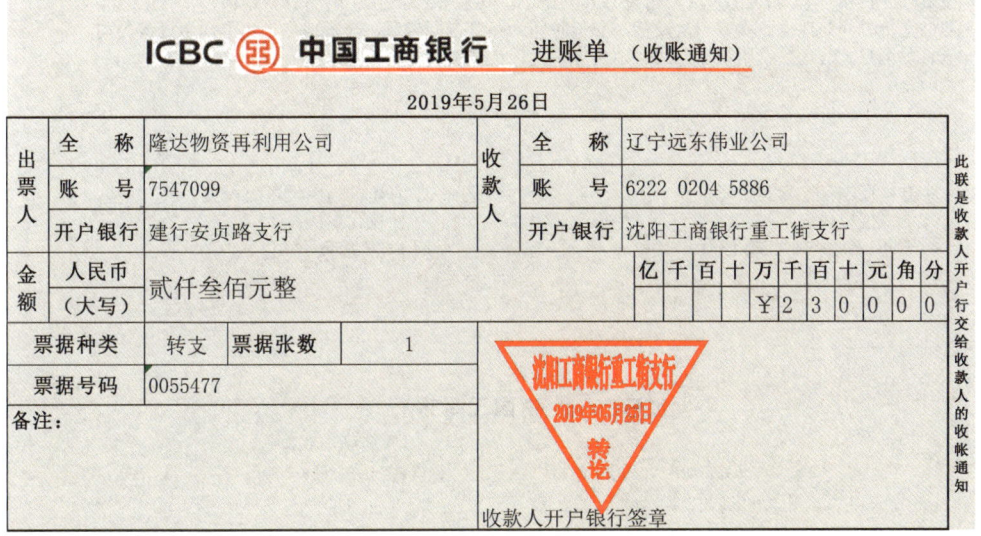

54. 对外捐赠电脑。

凭证编号 54-1

固定资产捐赠交接单

捐赠单位：辽宁远东伟业公司
接收单位：铁岭市裕家乡小学　　2019年5月26日

捐赠原因			支持偏远地区基础教育				
名称型号规格	单位	数量	预计使用年数	已使用年数	原值	已提折旧	净值
电脑	台	1	5		5,200	1,037.57	4,162.43
捐赠单位签章				接受单位签章			
经办：				经办：			

55.向上海建国通用销售豪华座椅,对方分期付款,发货时收到第一笔货款。

凭证编号 55—1

购销合同

卖方: 辽宁远东伟业公司
买方: 上海建国通用设备公司

为保护双方的合法权益,买卖双方根据《中华人民共和国合同法》的有关规定,经协商一致同意签订本合同,共同遵守。

一、货物名称、数量及金额

货物名称	规格型号	计量单位	数量	无税单价	金额	税率	价税合计
豪华座椅		把	500	380	190,000	13%	214,700

二、合同总金额:人民币贰拾壹万肆仟柒佰元整(¥214,700.00)
三、付款时间及付款方式:
发货时支付第一笔200台的货款,付款方式为电汇。其余货款于2019年7月28日结清。
四、交货时间与地点:卖方一次发货,交货时间为签订合同当日,交货地点为建国通用设备公司。
五、发运方式与运输费用承担方式,由卖方发货,运输费用买方承担。

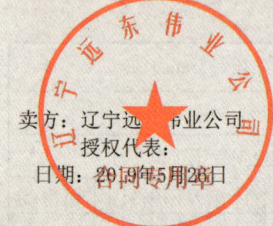
卖方: 辽宁远东伟业公司
授权代表:
日期: 2019年5月26日

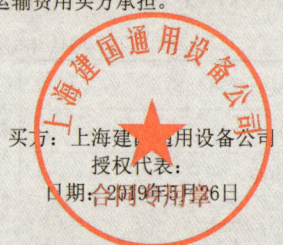
买方: 上海建国通用设备公司
授权代表:
日期: 2019年5月26日

凭证编号 55—2

ICBC 中国工商银行

业务回单(收款)

入账日期: 2019年5月26日   回单编号:01542678

付款人户名:	上海建国通用设备公司
付款人账户:	21035218825545
付款人开户行:	建行浦东支行
收款人户名:	辽宁远东伟业公司
收款人账户:	6222 0204 5886
收款人开户行:	沈阳工商银行重工街支行
币种:	人民币(本位币)	金额(小写): ¥ 85,880.00
金额(大写):	捌万伍仟捌佰捌拾元整
凭证种类:	7	凭证号码:9454381
业务(产品)种类:	同业发报	摘要:	渠道:同业清算互联前置
交易机构号:	0041642	交易代码:42062	用途:
附言:			
打印次数:1 机打回单注意重复	打印日期:2019年5月26日	打印柜员:0069	验证码:2788291445756679

凭证编号 55—3

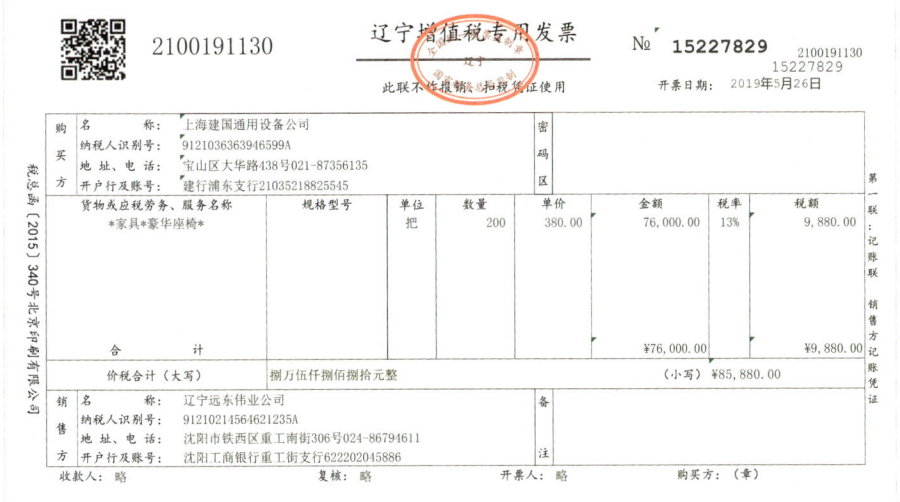

凭证编号 55—4

			出 库 单				
			2019年5月26日			编号：00014	
单位：上海建国通用设备公司						仓库：产成品库	
序号	货物名称	规格	单位	数量	单价	金额	备注
1	豪华座椅		把	500	380	190,000.00	分期付款
合计（人民币）大写：壹拾玖万元整					小写：¥190,000.00		
记账：		主管：		保管员：		经手人：	

第一联：仓储部

5月27日

56. 向天津润丰公司销售风尚座椅。

凭证编号 56－1

辽宁增值税专用发票
2100191130　　№ 15227830
开票日期：2019年5月27日

购买方	名称	天津润丰公司
	纳税人识别号	91210163639465233P
	地址、电话	天津滨江路126号022-69375643
	开户行及账号	建设银行河东支行121035851825633

货物或应税劳务、服务名称	规格型号	单位	数量	单价	金额	税率	税额
*家具*风尚座椅*		把	450	430.00	193,500.00	13%	25,155.00
合　计					¥193,500.00		¥25,155.00

价税合计（大写）：贰拾壹万捌仟陆佰伍拾伍元整　　（小写）¥218,655.00

销售方	名称	辽宁远东伟业公司
	纳税人识别号	91210214564621235A
	地址、电话	沈阳市铁西区重工南街306号024-86794611
	开户行及账号	沈阳工商银行重工街支行622202045886

收款人：略　　复核：略　　开票人：略　　购买方：（章）

凭证编号 56－2

出库单

2019年5月27日　　编号：00015

单位：天津润丰公司　　仓库：产成品库

序号	货物名称	规格	单位	数量	单价	金额	备注
1	风尚座椅		把	450	430	193,500.00	

合计（人民币）大写：壹拾玖万叁仟伍佰元整　　小写：¥193,500.00

记账：　主管：　保管员：　经手人：

---

57. 分配工资。

凭证编号 57－1

产品生产工时资料

2019年5月27日

产品	加工车间/小时	装配车间/小时
风尚座椅	15,000	16,000
豪华座椅	8,275	12,500

凭证编号 57-2

2019年5月工资表

单位：元

人员编号	姓名	扣款合计	实发合计	代扣税	基本工资	奖励工资	交通补贴	病假扣款	养老保险金	医疗保险金	失业保险金	公积金	病假天数	本月累计税收入	上月累计已扣税额	上月累计应纳税收入	本月累计应纳税收入
101	刘远东	3,021.52	8,350.61	527.42	5,300.00	5,300.00	150.00	60.00	876.00	231.00	21.90	1,314.00	3	3,516.10	421.95	14,064.20	17,580.30
102	雷德	3,573.13	8,750.20	1,059.33	6,050.00	5,200.00	150.00	-	912.00	231.00	22.80	1,368.00	0	3,866.20	923.33	30,778.00	34,644.20
201	雨海业	6,007.42	6,609.19	3,418.12	6,200.00	5,300.00	150.00	-	932.00	236.00	23.30	1,398.00	0	4,060.70	966.61	32,220.50	36,281.20
202	王茴	3,037.52	7,784.24	787.88	5,310.00	4,600.00	150.00	-	809.80	205.40	20.24	1,214.40	0	2,870.36	701.76	23,392.40	26,262.76
203	蒋万美	3,129.58	7,950.27	851.10	5,490.00	4,700.00	150.00	-	827.20	209.80	20.68	1,240.80	0	3,041.52	759.85	24,661.80	27,703.32
204	马中	3,880.22	8,221.94	901.82	5,750.00	4,800.00	150.00	-	856.00	217.00	21.40	1,284.00	0	3,321.60	802.16	26,739.00	30,060.60
205	蒋静	3,997.38	8,433.25	956.82	5,830.00	5,200.00	150.00	-	878.40	222.60	21.96	1,317.60	0	3,539.44	850.63	28,354.60	31,894.04
301	张宜	3,573.13	8,750.20	1,059.33	6,050.00	5,200.00	150.00	-	912.00	231.00	22.80	1,368.00	0	3,866.20	923.33	30,778.00	34,644.20
302	章引	3,301.14	8,259.68	911.64	5,700.00	4,900.00	150.00	-	860.00	218.00	21.50	1,290.00	0	3,560.50	810.82	27,027.50	30,588.00
303	陈洁	2,610.71	7,014.50	587.51	4,850.00	4,100.00	150.00	-	728.00	185.00	18.20	1,092.00	0	2,076.80	525.21	17,507.00	19,583.80
401	张远	2,998.02	7,600.85	730.96	5,280.00	4,500.00	150.00	40.00	794.40	201.60	19.86	1,191.60	2	2,722.54	668.87	22,296.10	25,018.64
402	郑启飞	2,786.46	7,131.44	670.02	5,170.00	4,200.00	150.00	-	761.60	193.40	19.04	1,142.40	0	2,405.56	597.90	19,930.40	22,335.96
403	王既远	2,840.86	7,429.55	695.56	5,200.00	4,300.00	100.00	-	772.00	196.00	19.30	1,158.00	0	2,504.70	620.41	20,680.50	23,185.20
501	谢尔	2,443.34	6,712.62	508.94	4,690.00	3,860.00	100.00	20.00	696.00	177.00	17.40	1,044.00	1	1,765.60	455.96	15,199.00	16,964.60
502	朴金娜	2,700.93	7,065.04	611.09	4,970.00	4,100.00	100.00	-	737.60	187.40	18.44	1,106.40	0	2,170.16	545.97	18,199.40	20,369.56
601	胡健	2,899.44	7,535.21	723.06	5,190.00	4,500.00	100.00	40.00	783.20	198.80	19.58	1,174.80	2	2,613.62	644.63	21,488.30	24,101.92
602	郑晴	2,682.36	7,089.95	607.16	4,900.00	4,200.00	100.00	-	736.00	187.00	18.40	1,104.00	0	2,154.60	542.51	18,084.00	20,238.60
603	乔乐	2,916.18	7,565.99	730.92	5,230.00	4,500.00	100.00	-	786.40	199.60	19.66	1,179.60	0	2,644.74	651.37	21,719.10	24,363.84
604	包康玛	3,070.08	7,786.88	793.78	5,450.00	4,600.00	100.00	20.00	812.00	206.00	20.30	1,218.00	1	2,893.70	706.96	23,565.50	26,459.20
701	马骞	2,706.96	7,188.06	632.70	5,030.00	4,200.00	100.00	20.00	746.40	189.60	18.66	1,119.60	2	2,255.74	565.02	18,884.10	21,099.84
702	郭刚	2,350.36	6,488.87	455.90	4,350.00	3,800.00	100.00	-	674.40	171.60	16.86	1,011.60	0	1,555.54	409.23	13,641.10	15,196.64
703	于丰甘	3,008.23	7,731.42	774.13	5,350.00	4,600.00	100.00	-	804.00	204.00	20.10	1,206.00	0	2,815.90	689.63	22,988.50	25,804.40
704	孙姚	2,393.13	6,622.06	485.37	4,680.00	3,800.00	100.00	60.00	686.40	174.60	17.16	1,029.60	3	1,672.84	435.19	14,506.00	16,178.84
801	于宝文	2,742.21	7,285.98	647.97	5,120.00	4,200.00	100.00	-	783.60	191.40	18.84	1,130.40	0	2,325.76	578.19	19,273.40	21,599.16
802	柴江	2,984.54	7,520.49	734.84	5,250.00	4,500.00	100.00	-	788.00	199.00	19.70	1,182.00	0	2,660.30	655.03	21,834.50	24,494.80
803	陈博胜	2,980.57	6,999.43	479.47	4,550.00	3,900.00	100.00	-	664.00	169.00	17.10	1,026.00	0	1,648.90	430.00	14,333.50	15,982.40
804	吕泠光	2,736.25	7,240.89	646.43	5,100.00	4,200.00	100.00	-	732.00	191.00	18.80	1,128.00	0	2,310.20	577.14	19,238.00	21,548.20
901	宋静	2,694.40	7,165.42	626.80	4,900.00	4,300.00	100.00	-	744.00	189.00	18.60	1,116.00	0	2,232.40	559.82	18,661.00	20,893.40
902	阅波	2,840.86	7,429.55	695.56	5,150.00	4,400.00	100.00	-	772.00	196.00	19.30	1,158.00	0	2,504.70	620.41	20,680.50	23,185.20
903	董世	3,096.10	7,889.90	815.58	5,560.00	4,600.00	100.00	-	820.80	208.20	20.52	1,231.20	0	2,979.28	726.00	24,200.20	27,179.48
904	钱逸杰	2,803.20	7,361.63	677.88	5,160.00	4,300.00	100.00	-	764.80	194.20	19.12	1,147.20	0	2,434.68	604.83	24,161.20	22,595.88
合计		92,976.23	232,734.71	24,764.51	163,050.00	138,860.00	3,850.00	240.00	24,460.80	6,308.20	611.52	36,691.20	12	82,788.28	19,950.94	665,038.10	747,826.38

凭证编号 57-3

工资汇总表
2019年5月27日

部门名称	人员类别	应发合计/元
行政部	管理人员	23,695.26
财务部	管理人员	57,851.01
销售部	销售人员	33,509.36
采购部	管理人员	30,987.18
库管部	管理人员	18,921.93
生产车间	车间管理人员	20,177.16
生产车间	生产人员	21,338.53
组装车间	车间管理人员	18,734.25
组装车间	生产人员	19,754.84
维修车间	车间管理人员	20,503.22
维修车间	生产人员	18,957.14
用电车间	车间管理人员	20,130.23
用电车间	生产人员	21,150.83

58.计提三险一金。

凭证编号 58-1

三险一金计提表
2019年5月27日

应借账户		工资总额	养老保险 20%	医疗保险 10%	失业保险 1%	住房公积金 10%
生产成本——基本生产成本	风尚座椅					
	豪华座椅					
生产成本——辅助生产成本	维修车间					
	用电车间					
制造费用						
管理费用						
销售费用						
合计						

59.计提工会经费。

凭证编号 59-1

工会经费计提表
2019年5月27日

应借账户		工资总额	工会经费2%
生产成本——基本生产成本	风尚座椅		
	豪华座椅		
生产成本——辅助生产成本	维修车间		
	用电车间		
制造费用			
管理费用			
销售费用			
合计			

5月28日

60.结算委托代销。

凭证编号 60-1

辽宁增值税专用发票　　No 15227831

开票日期：2019年5月28日

购买方	名　称：辽宁永旭公司 纳税人识别号：912301078453567780G 地　址、电话：大连市南沙街26号63574565 开户行及账号：工行南沙街支行26234078457832

货物或应税劳务、服务名称	规格型号	单位	数量	单价	金额	税率	税额
*家具*豪华座椅*		把	150	350.00	52,500.00	13%	6,825.00
合　　计					¥52,500.00		¥6,825.00

价税合计（大写）　伍万玖仟叁佰贰拾伍元整　　（小写）¥59,325.00

销售方	名　称：辽宁远东伟业公司 纳税人识别号：91210214564621235A 地　址、电话：沈阳市铁西区重工街306号024-86794611 开户行及账号：沈阳工商银行重工街支行622202045886

收款人：略　　复核：略　　开票人：略　　购买方：（章）

凭证编号 60-2

中国工商银行 进账单（收账通知）

2019年5月28日

出票人	全　称	辽宁永旭公司	收款人	全　称	辽宁远东伟业公司
	账　号	26234078457832		账　号	6222 0204 5886
	开户银行	工行南沙街支行		开户银行	沈阳工商银行重工街支行

金额	人民币（大写）	伍万玖仟叁佰贰拾伍元整	亿 千 百 十 万 千 百 十 元 角 分
			5 9 3 2 5 0 0

票据种类	转支	票据张数	1
票据号码	0165479		
备注：			

收款人开户银行签章（沈阳工商银行重工街支行 2019年05月28日 转讫）

凭证编号 60-3

商品代销清单
2019年5月28日

委托方			辽宁远东伟业公司		受托方	辽宁永旭公司	
账号					账号		
开户银行					开户银行		
代销货物	货物名称	规格型号	计量单位	数量	单价（不含税）		
	豪华座椅		把	500	350		
价税合计			（大写）壹拾玖万柒仟柒佰伍拾元整			（小写）¥197,750.00	
代销方式			视同买断				
代销结算时间			根据代销业务销售情况于月底结算一次货款				
代销款结算方式			转账支票				
本月代销货物销售情况	货物名称	规格型号	计量单位	数量	单价（不含税）	金额（不含税）	
	豪华座椅		把	150	350	52,500	
价税合计			（大写）伍万玖仟叁佰贰拾伍元整			（小写）¥59,325.00	
本月代销款结算金额			（大写）伍万玖仟叁佰贰拾伍元整			（小写）¥59,325.00	

61.向北京顺联公司销售风尚座椅。（分三个月三次发货）

凭证编号 61-1

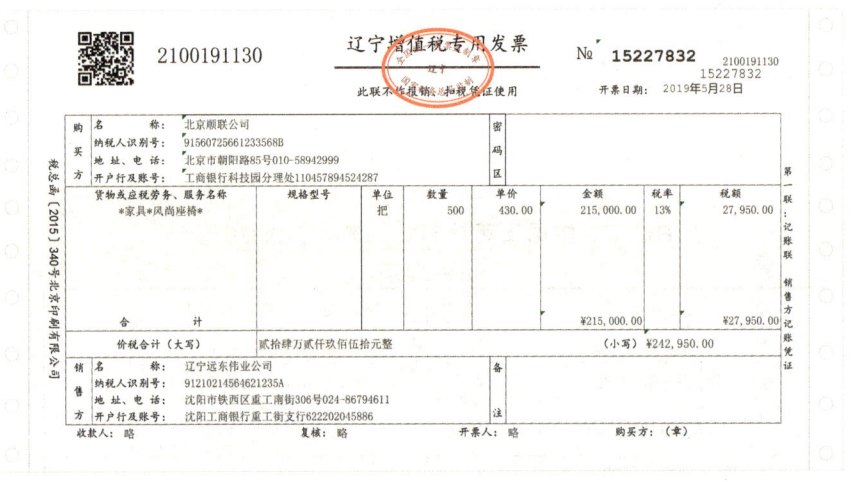

------>>>------>>>------>>>------>>>------>>>------>>>------>>>

5月31日

62.计提坏账准备。

坏账准备计提计算单
2019年5月

应收账款余额	计提比例	计提额
	3%	

------>>>------>>>------>>>------>>>------>>>------>>>------>>>

63.计算本月应交税金。

城建税和教育费附加计算表
2019年5月31日

项 目	计提基础	提取比例	提取金额
城建税			
教育费附加			
合计			

64.分配辅助生产费用。

工时资料
2019年5月

	维修车间	用电车间	风尚座椅	豪华座椅	生产车间	组装车间	管理部门
维修工时		225			1,100	1,200	350
用电工时	650		2,900	2,300	7,800	6,500	1,150

65.分配制造费用。

产品生产工时资料
2019年5月

项 目	生产车间	组装车间
风尚座椅	55,000	1,850
豪华座椅	49,500	1,200

66.完工产品入库。

风尚座椅 完工产量:1,600 在产品:640 完工程度:50%

豪华座椅 完工产量:1,200 在产品:240 完工程度:60%

凭证编号 66-1

产品生产成本计算单

2019年5月31日

完工产量:
产品:风尚座椅　　　　　　　　在产品:　　　　　　　　完工程度:

摘要	直接材料	直接人工	燃料动力	制造费用	合计
期初在产品成本					
本月发生费用					
费用合计					
约当产量					
单位成本					
结转完工产品成本					
月末在产品成本					

凭证编号 66-2

产品生产成本计算单

2019年5月31日

完工产量:
产品:豪华座椅　　　　　　　　在产品:　　　　　　　　完工程度:

摘要	直接材料	直接人工	燃料动力	制造费用	合计
期初在产品成本					
本月发生费用					
费用合计					
约当产量					
单位成本					
结转完工产品成本					
月末在产品成本					

67.摊销无形资产。

无形资产摊销表

2019年5月31日

名称	期末账面原值	月摊销额
专利权	70,000.00	648.00
专有技术		

68.结转期间损益。

损益类账户发生额表
2019年5月31日

账户名称	借方累计发生额	贷方累计发生额

69.计提结转所得税。

所得税计算表
2019年5月31日

项　目	金　额
利润总额	
应交所得税	
税后利润	
提取法定盈余公积	
提取盈余公积	
分配股利	

70.结转本年利润、提取公积金、分配利润、结转未分配利润。

利润分配计算表
2019年5月31日

项　目	金　额
净利润	
提取法定盈余公积	
提取盈余公积	
分配股利	

第三章 操作指导

第一部分　建账及系统初始设置操作指导

一、建账

手工方式下

(一) 准备工作

设计好会计制度，根据企业会计核算的规模，选择好账务处理程序。做好人员分工和岗位职责。

(二) 开立账簿

(1) 开立现金日记账和银行存款日记账。这两种账簿是企业必须具备的。

(2) 开立总分类账。企业可根据业务量的多少购买一本或几本总分类账，会计人员应估计每一种业务的业务量大小，将每一种业务所涉及的会计科目用口取纸分开。为了登记方便，总账账页最好按资产、负债、所有者权益、收入、费用的顺序来分页，在口取纸选择上也可将资产、负债、所有者权益、收入、费用按不同颜色区分开，并在口取纸上写明每一种业务的会计科目名称，以便在登记时能够及时找到应登记的账页。

(3) 开立明细分类账。根据企业自身管理需要和外界各部门对企业信息资料需要来设置明细分类账。

在日常会计核算中，所涉及的会计科目如果在建账时没有预先开立账户，可以随时根据需要开立。

(三)设计计算时用表格

如材料费用分配表、领料单、工资费用计算表、折旧费用分配表、废品损失计算表、辅助生产费用分配表、产品成本计算单等相关成本计算表格。

会计信息化下

会计信息化环境下建账的过程比较复杂,和手工会计相比也存在很大的不同。需要设置的项目多,一旦设置完成,可以一劳永逸,在后续的日常业务处理中会显示出手工会计处理方式无法比拟的优势。具体过程和操作步骤如下:

(一)增加操作员

用户编码	用户名	权限
201	陈伟业	账套主管

说明:操作员数据是通过阅读企业概况提炼整理出来的,参阅基础数据中的人员档案。

操作步骤:

1.在"开始"菜单中选择"所有程序",找到"用友 ERP－U8V10.1",选择"系统服务"下的系统管理命令,启动"系统管理"。

2.选择系统菜单中的"注册"命令,以系统管理员"admin"的身份注册。系统默认密码为空,账套为"default"。

3.选择"权限"下的"用户"命令,进入用户管理窗口。

4.单击工具栏上的"增加"按钮,打开增加用户对话框,按上面的资料输入操作员。输入完毕后单击"确定"按钮并退出。

循环此操作可增加其他操作员。

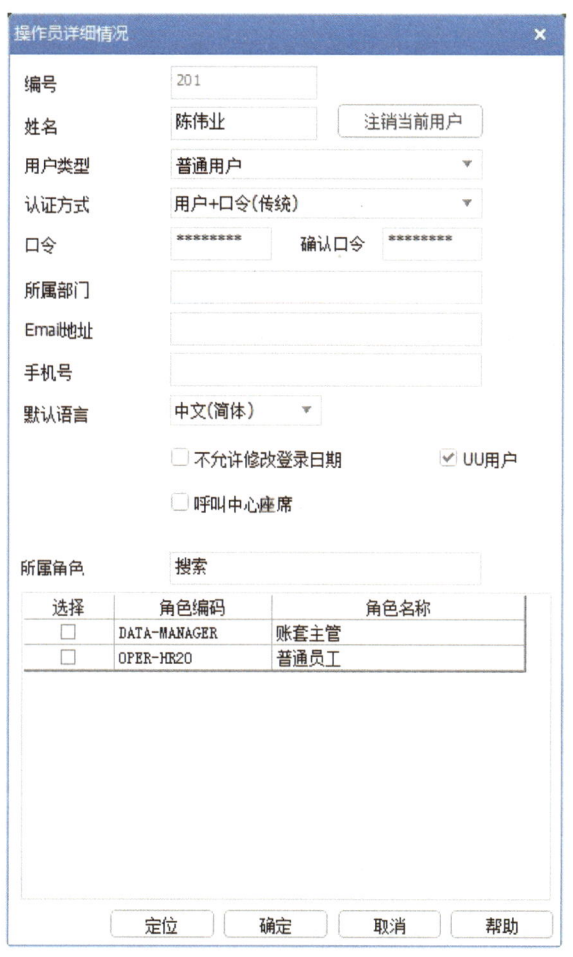

图3-1 增加操作员

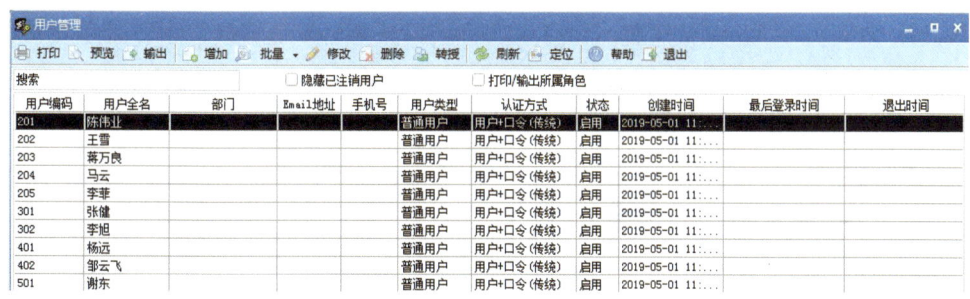

图3-2 用户管理

知识点链接：

• 角色：就是企业中拥有某一类职能的人员，可以按角色来定义权限，可进行角色的增加、删除、修改等维护工作。比如，会计、出纳、司机。

• 用户：类似于游戏中的用户账号，设置了具体的用户后，才能按用户的权限进行相关的操作。比如，张三，具体的人。

• 权限：针对不同用户、角色设定不同的操作权限，可以按操作功能、数据、金额三个层次进行权限管理。功能权限,在"系统管理"窗口中完成。在为用户赋予权限时,一次性勾选大的模块即可实现所有的下属模块权限;数据权限和金额权限在"企业应用平台"的"系统服务"页签下的"数据权限"中进行分配;对于数据级权限和金额级的设置,必须是在系统管理的功能权限分配之后才能进行。

•用户、权限和角色的设置,可依据需要随时进行,且设置不分先后顺序。如需设置自动权限,则必须先设定用户角色,再进行分配权限,最后设置用户权限。如已经为用户设置了某角色,则系统自动赋予该用户具有该角色的全部权限。任何角色都可以赋予多个用户,而任一账套都可以拥有多个不同的角色。

(二)创建账套

1.执行"账套"下的"建立"命令,进入"创建账套"对话框,选择"新建空白账套"。

2.输入账套信息。

(1)已存在账套:是系统中已经建立好的账套,用户只能查看,目的是在创建新账套时,不和这些账套的编号重复。

(2)账套号:必须输入,任意三位数即可。

(3)账套名称:必须输入,一般是企业的全称。本实验输入辽宁远东伟业公司。

(4)账套路径:可以使用系统的默认路径,也可单击"…"按钮进行修改。本实验采用系统默认值。

(5)启用会计期间:必须输入,这里输入"2019年5月"。"是否使用集团账""是否使用OA"不选择。然后,单击"下一步"按钮。

3.输入单位信息。

单位名称:必须输入,企业全称只是在发票打印时使用,其余情况使用的是单位的简称。本实验企业简称是"远东伟业"。其他栏目属于任选项,可参照实验资料输入。如果不输入对会计核算没有影响。输入完成后,单击"下一步"按钮。

4.核算类型。

本币代码和本币名称采用系统默认值。

企业类型本实验选择"工业企业"。

行业性质选择"2007年新会计制度科目"。

科目预设语言为"简体中文"。

账套主管:必须从下拉列表框中选择输入,本例选择"201陈伟业"。

按行业性质预设会计科目:选择该选项,系统将按选择的行业性质"2007年新会计制度科目"预置科目。

输入完成后,单击"下一步"按钮。

基础信息:如果企业的存货、供应商和客户比较多时可以选择进行分类,方便日后的数据统计。本实验选择全部不分类，没有外币核算。

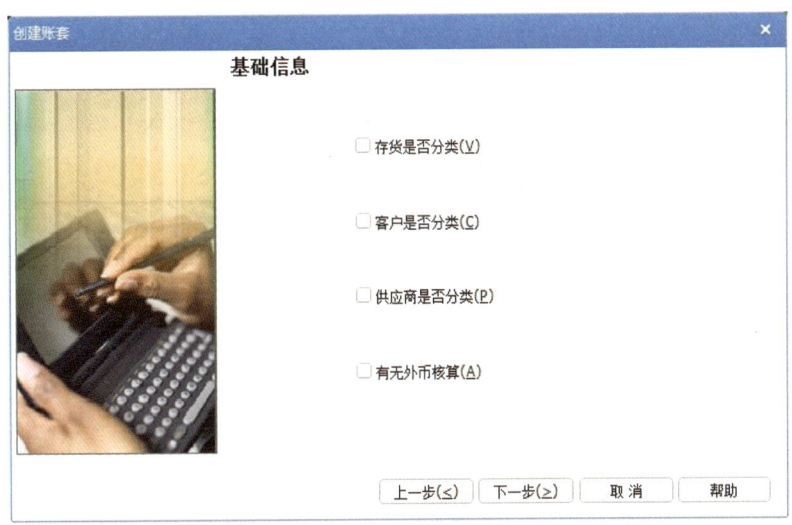

图 3－3　创建账套

基础信息输入完毕后，单击"完成"按钮，系统会提示"可以创建账套了吗？"，单击"是"按钮，系统开始创建账套，创建账套的时间比较长，需要等待一会儿。稍后系统会打开"编码方案"对话框。

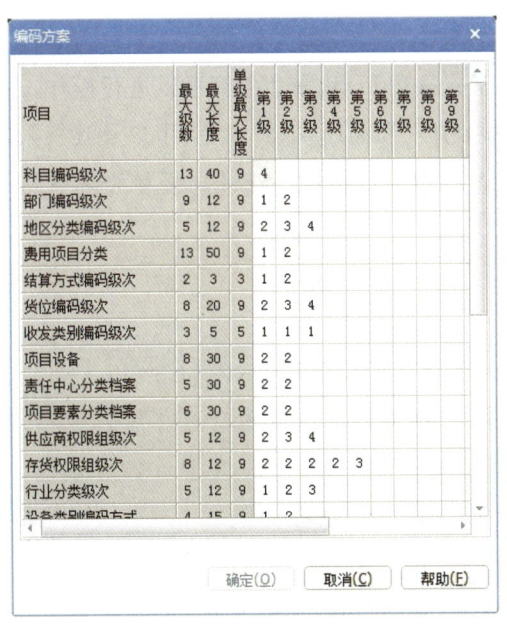

图 3－4　编码方案

6. 确定编码方案：设置编码方案可方便计算机处理和数据的分级核算、统计和管理。本实验将科目编码改为"4－2－2－2－2"，其他项目的编码采用默认值。

7. 数据精确度：确定核算项目的小数位。本实验数据精确到两位小数。然后单击"退出"按钮。

屏幕弹出创建账套成功提示信息,并询问是否进行系统启用。本实验选择"否",屏幕又弹出请进入企业应用平台进行业务操作的提示。单击"确定"按钮,返回系统管理窗口,创建账套完毕。

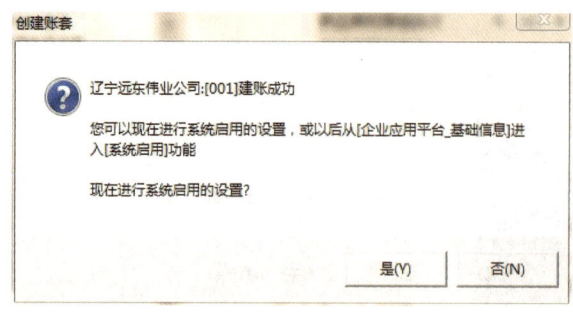

图3-5 系统启用提示

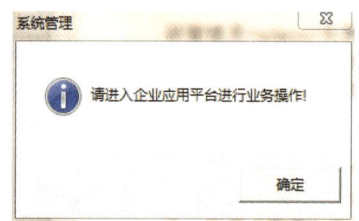

图3-6 进入平台提示

知识点链接:

系统管理只有系统管理员(admin)和账套主管可以进行操作。系统管理员负责整个系统的维护工作,如账套的建立、引入和输出,以及角色、用户及其权限的设置。"年度账"菜单只有账套主管才能使用,账套主管可以进行业务操作,系统管理员则不行。

(三)系统启用

1.登录企业应用平台

执行"开始"下的"所有程序"中的"用友 ERP-U8V10.1 企业应用平台"命令,打开"登录"对话框。输入操作员"201"或"陈伟业";本实验密码为空,在"账套"下拉列表框中选择刚刚建好的辽宁远东伟业公司的账套;更改操作日期为"2019-05-01";单击"确定"按钮,进入企业应用平台。

2.系统启用

在企业应用平台中,单击"基础设置"页签中的"基本信息"下的"系统启用"选项,打开"系统启用"对话框。启用总账、薪资管理、固定资产、应收款管理、应付款管理、销售管理、采购管理、库存管理和存货核算系统,启用日期为"2019-05-01"。

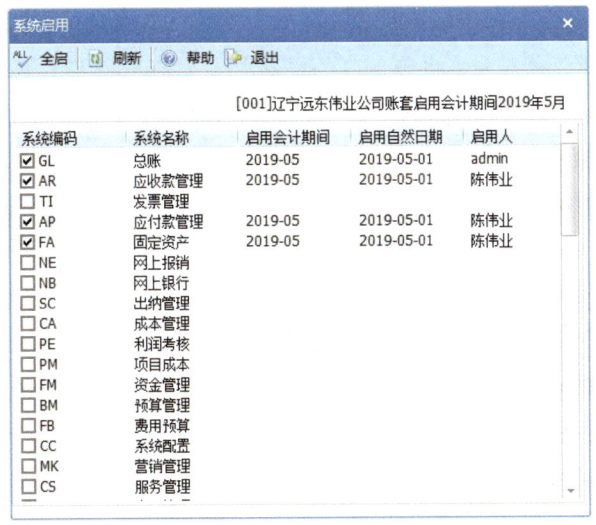

图3-7 系统启用

知识点链接：

建账过程中有三处内容既可以在系统管理界面，也可以在企业应用平台中进行操作，这三处是系统启用、编码方案和数据精度。

(四)财务分工

表3-2 操作员及权限

用户编码	用户名	权限
201	陈伟业	账套主管
202	王雪	基本信息、凭证处理、出纳全部权限和出纳签字权限
203	蒋万良	基本信息、总账、固定资产、存货核算、薪资管理全部权限
204	马云	基本信息、应收款管理、销售管理全部权限
205	李菲	基本信息、应付款管理、采购管理全部权限
301	张健	基本信息、销售管理全部权限
302	李旭	基本信息、销售管理全部权限
401	杨远	基本信息、采购管理全部权限
402	邹云飞	基本信息、采购管理全部权限
501	谢东	基本信息、库存管理全部权限

给操作员王雪赋予总账权限。

1.执行"权限"菜单下的"权限"命令，进入"操作员权限"窗口。

2.选择账套号，会计年度。选择"辽宁远东伟业公司"。

3.从窗口左侧操作员列表中选择操作员，例如，选择"王雪"，单击工具栏上的"修改"按钮,再单击窗口右侧相应权限前的方框,如果双击前边的加号,会显示明细权限,单击总账前的方框,方框内出现蓝色对号,再单击"保存"按钮。这样总账的权限就被赋予了操作员王雪。依次按照此方法给其他的操作员赋权。(注:此项操作可在增加员工档案后进行,在增加员工档案时须选中操作员选项。)

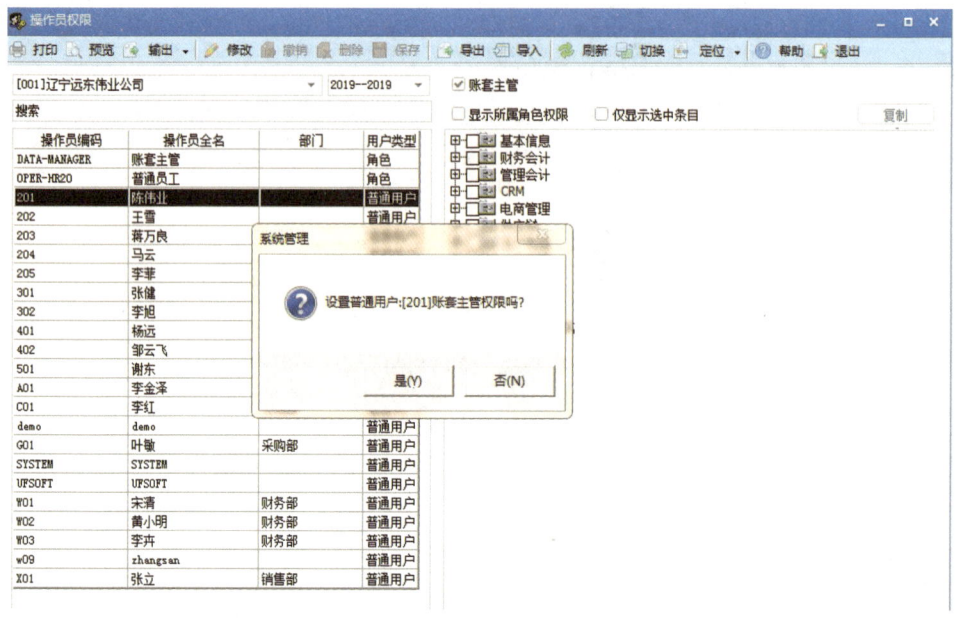

图3-8 账套主管授权

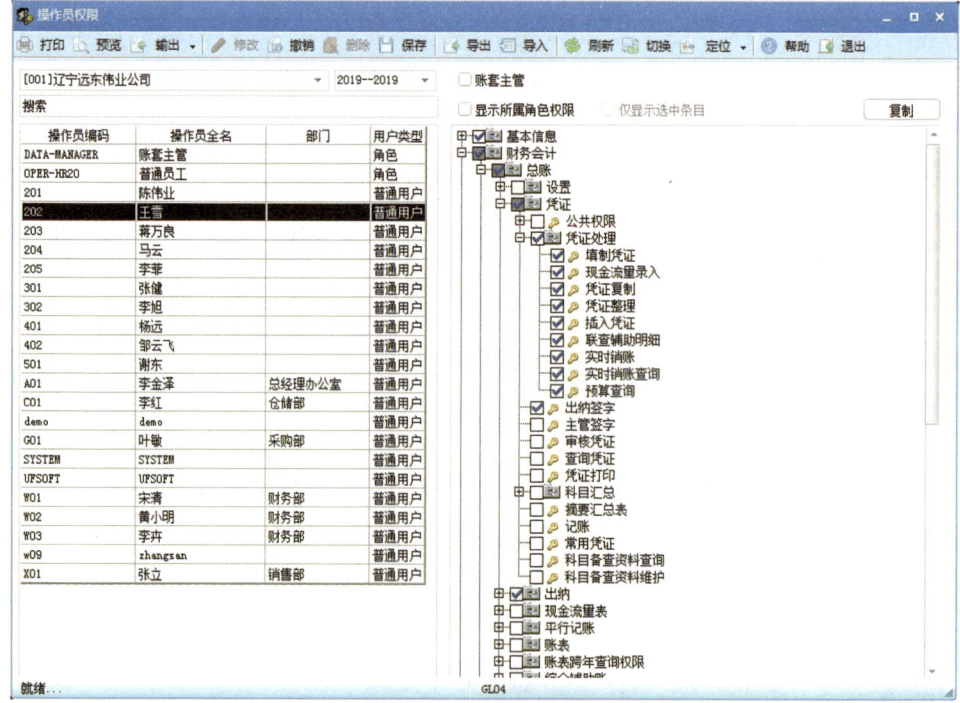

图3-9 出纳授权

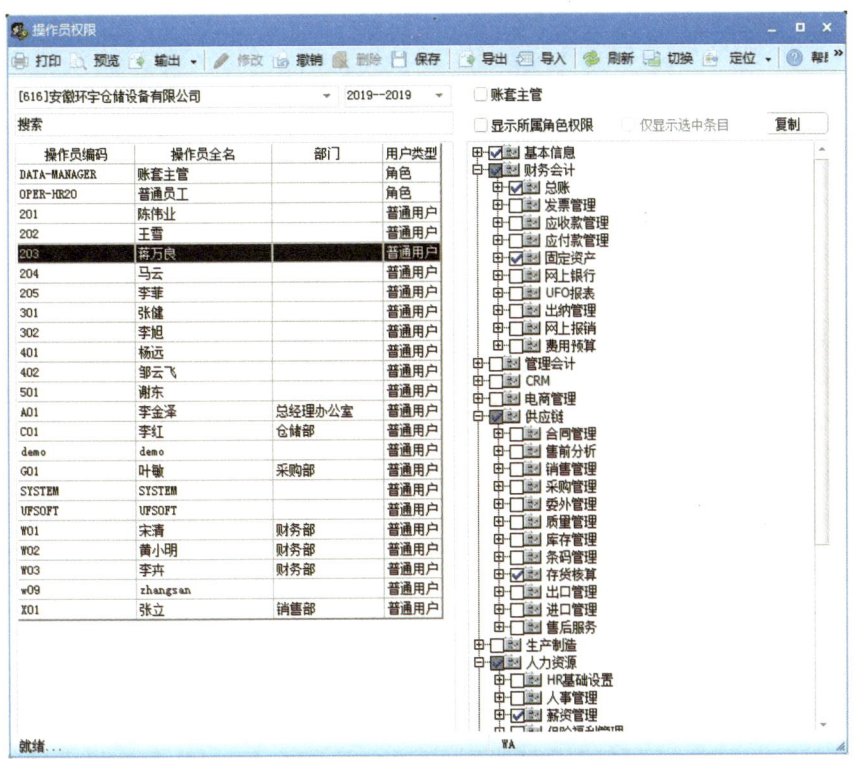

图 3—10 会计授权

(五)账套管理

1.修改账套

在系统管理界面,以账套主管身份登录,执行"账套"菜单下的"修改"命令,进入"修改账套"窗口。可以修改的账套信息包括:账套名称、单位信息、核算信息(企业类型允许将商业类型修改成医药流通类型,其他不允许修改)、基础设置信息(不允许修改)、账套分类信息和数据精度信息。

修改完成后,单击"完成"按钮,表示确认修改内容;如放弃修改,则单击"放弃"按钮。

2.账套输出

以系统管理员身份注册登录系统管理界面,单击"账套"菜单下的"输出"按钮,进入输出账套的界面,选定需要输出的账套(如果同时并存几个账套,此处一定注意选择要输出的账套),确认后输出,选定输出路径(F:/学生姓名),单击确认完成输出(.bak 和.lst 文件),系统弹出输出是否成功。如果输出时选定"删除当前输出账套"选项,输出完成后系统会确认是否将数据源从当前系统中删除的工作。

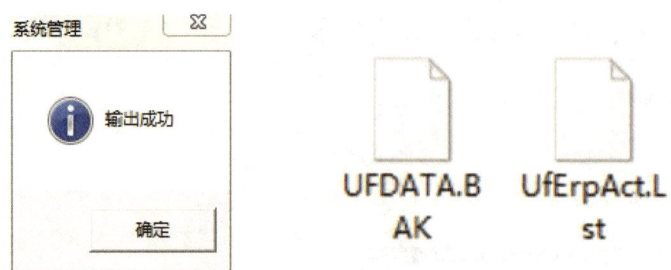

图 3—11　输出账套

知识点链接：

• 系统管理员和账套主管都有权限进行账套输出，但二者输出的备份文件不能混用。本实验要求使用系统管理员进行"输出""引入"账套。

• 账套"输出"只是做了账套备份，现有的账套还在 ERP 系统中，可继续操作；但若删除了账套或是电脑硬盘不能保存，则下次必须"引入"账套后才能继续操作。

• 账套"删除"和账套"输出"的操作基本一样，区别只是在"账套输出"对话框中，需要勾选"删除当前输出账套"复选框，且在系统提示："真要删除该账套吗？"时，单击"确认"按钮即可，若"取消"则不删除当前输出的账套，下次可继续使用该账套。

• 正在使用的账套，系统的"删除当前输出账套"是置灰的，即不允许选中。

3.账套引入

以系统管理员身份注册登录系统管理界面，单击"账套"菜单下的"引入"按钮，进入引入账套的界面，选定所要引入的账套数据备份文件(.lst 文件)，单击"确定"按钮表示确认。这里可修改数据库存放的路径和文件夹。

二、基础档案设置

在企业应用平台中，单击"基础设置"页签中的"基础档案"选项，展开其中包含的项目，选择要设置的基础档案，即进入相应的设置界面。

依次设置部门档案、人员类别、职员档案、供应商档案、客户档案、计量单位、存货档案、仓库档案、收发类别、采购类型、销售类型和本单位开户银行等即可。

需要注意的是：

1.在输入客户档案时，开户银行和税务登记号不能省略，否则在供应链系统中会导致无法填制销售专用发票。

2.人员档案中是否设置业务员。如果定义成业务员，在处理相关业务单据，需要填写经办人员时，在参照列表中才会显示这些人员，否则不予显示。

3.输入存货档案时，要注意正确定义存货属性，只有设置了相应属性，在具体业务处理时，在参照列表中才会显示相应属性的存货。

(一)机构人员

1.在"基础档案"选项下的"机构人员"中,选择"人员类别",打开"人员类别"窗口。单击左侧窗格的"正式工",然后单击"增加"按钮,在"增加档案项"对话框中,输入人员类别编码和名称,单击"确定"保存。重复此步骤,完成其他人员类别的设置。

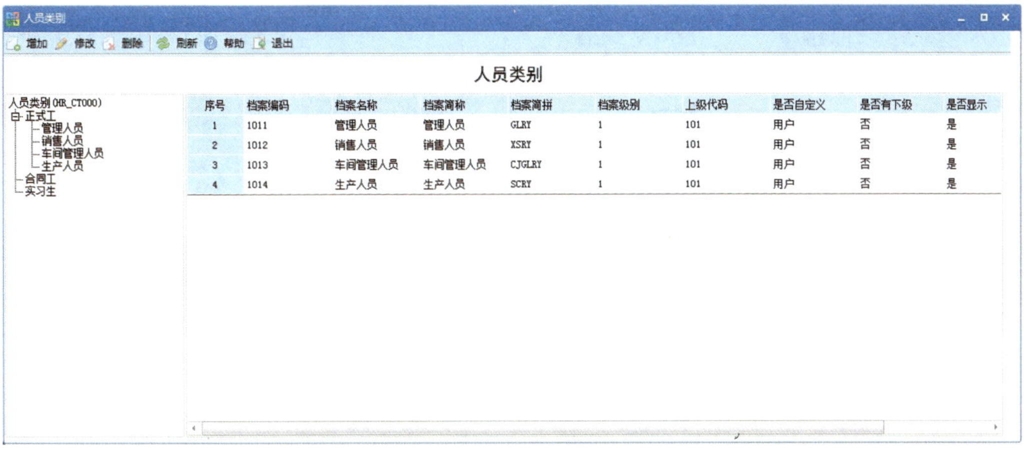

图3—12 人员类别

2.在"基础档案"选项下的"机构人员"中,选择"部门档案",打开"部门档案"窗口。单击上方的"增加"按钮,依次录入部门编码、部门名称,单击"保存"按钮。重复此步骤,完成其他部门的设置。

图3—13 部门档案

3.在"基础档案"选项下的"机构人员"中,选择"人员档案",打开"人员档案"窗口。单击上方的"增加"按钮,依次录入"人员编码""人员姓名""性别""人员类别""行政部门""银行""账号"等相关信息。同时,勾选"是否操作员""是否业务员"复选框。单击"保存"按钮,若该人员已经是操作员,则系统弹出提示框"人员信息已改,是否同步修改操作员的相关信息?",

单击"是"按钮，系统保存人员信息并新增一张人员档案。重复此步骤将人员档案全部录入完成后，单击工具栏中的"退出"按钮，返回"人员档案"窗口。

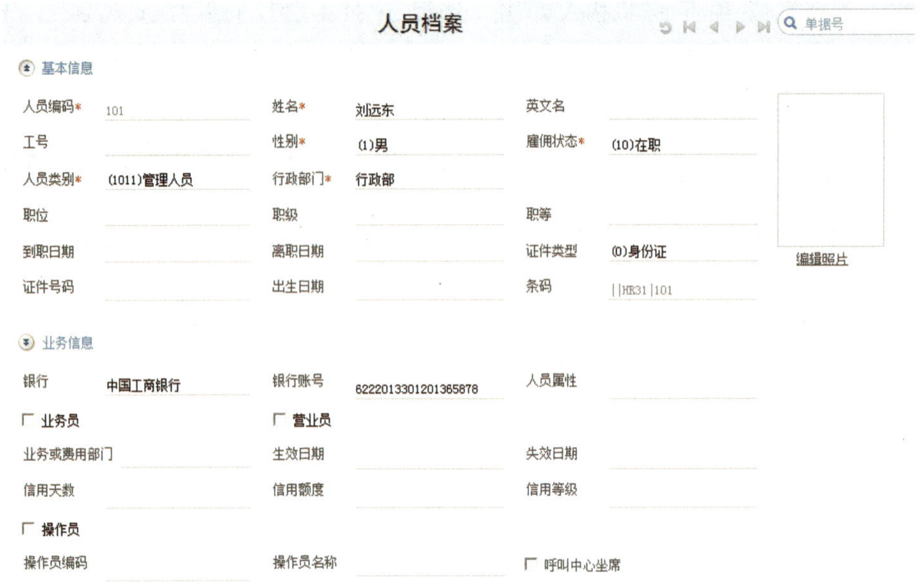

图3—14 人员档案

注意事项：

• 人员编码不能修改，人员的名称可随时修改。

• 如果新增的人员设置为操作员，则将操作员的所属行政部门、E－mail 地址、手机号录入用户档案中（可在"系统管理"窗口的用户列表中查看）对于关联的操作员或修改人员时，系统将提示：人员信息已改，是否同步修改操作员的相关信息？如果选择"是"，则将关联的操作员或修改人员的所属行政部门、E－mail 地址、手机号录入用户档案中。

• 如果部门人员"是"操作员，则同时保存到操作员表中，其密码默认为操作员编码，角色默认为"普通用户"角色。

• 如果修改人员为"业务员"，则需要添加"业务或费用部门"；若在增加时设置为"业务员"，则有与其"行政部门"相同的默认部门。

• 业务及费用归属部门：指此人员作为业务员时所属的业务部门，或当他不是业务员但其费用需要归集所设置的业务部门。该栏目参照部门档案生成，只能输入末级部门。

(二)客商信息

1.地区分类档案设置

在"基础档案"选项下的"客商信息"中，选择"地区分类"，打开"地区分类"窗口。单击上方的"增加"按钮，依次录入分类编码、分类名称，单击"保存"按钮。重复此步骤完成"地区分类"的录入。

2.设置供应商与客户分类

公司可以依据自身管理的需要对供应商和客户进行分类管理,建立供应商和客户分类体系。可按行业、地区将供应商和客户进行分类后,并相应建立供应商和客户档案。

在"基础档案"选项下的"客商信息"中,选择"供应商\客户分类",打开"供应商\客户分类"窗口。单击上方的"增加"按钮,依次录入分类编码、分类名称,单击"保存"按钮。重复此步骤完成"供应商\客户分类"的录入。

3.供应商档案设置

在企业的实际经营中,涉及填制采购入库单、采购发票和进行采购结算、应付款结算和有关供货单位统计时都会用到供货单位档案,因此必须先设立供应商档案。在输入单据时,如果单据上的供货单位不在供应商档案中,则必须在此建立该供应商的档案。如果在建立账套时选择了供应商分类,则必须在设置完成供应商分类档案的情况下才能编辑供应商档案。

在"基础档案"选项下的"客商信息"中,选择"供应商档案",打开"供应商档案"窗口。单击上方的"增加"按钮,在"增加供应商档案"对话框的"基本"选项卡中,依次录入供应商编码、供应商名称、供应商简称、所属地区、所属分类、税号、开户银行、银行账号,选择下方的属性,确认该供应商提供的是劳务还是商品。

在"增加供应商档案"对话框的"联系"选项卡中,依次录入分管部门、专管业务员、地址,此处的分管部门、专管业务员是为了在应付款管理系统填制发票等原始单据时能自动根据供应商显示部门及业务员信息。单击"保存"按钮。重复此步骤完成"供应商档案"的录入。

图3-15 供应商档案

4.客户档案设置

在企业的实际经营中,涉及填制销售发货单、销售发票和进行应收款结算时都会用到客户档案,因此必须先设立客户档案。在输入单据时,如果单据上的客户不在客户档案中,则必须在此建立该客户的档案。如果在建立账套时选择了客户分类,则必须在设置完成客户分类档案的情况下才能编辑客户档案。

在"基础档案"选项下的"客商信息"中,选择"客户档案",打开"客户档案"窗口。单击上方的"增加"按钮,在"增加客户档案"对话框的"基本"选项卡中,依次录入客户编码、客户名称、客户简称、所属地区、所属分类、税号,选择下方的属性,确认为该客户提供的是劳务还是商品。

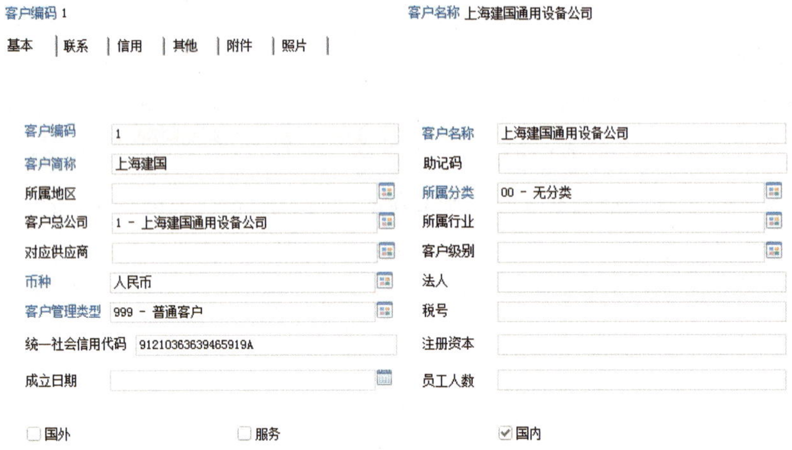

图 3—16 客户档案—基本选项卡

在"增加客户档案"对话框的"联系"选项卡中,依次录入分管部门、专管业务员、地址,此处的分管部门、专管业务员是为了在应收款管理系统填制发票等原始单据时能自动根据客户显示部门及业务员信息。

图 3—17 客户档案—联系选项卡

在"增加客户档案"对话框的菜单栏中单击"银行"按钮,在"客户银行档案"窗口中,单击"增加"按钮,依次输入"开户银行"、选择"所属银行"、"银行账号"、默认值选为"是",然后单击"保存"按钮。

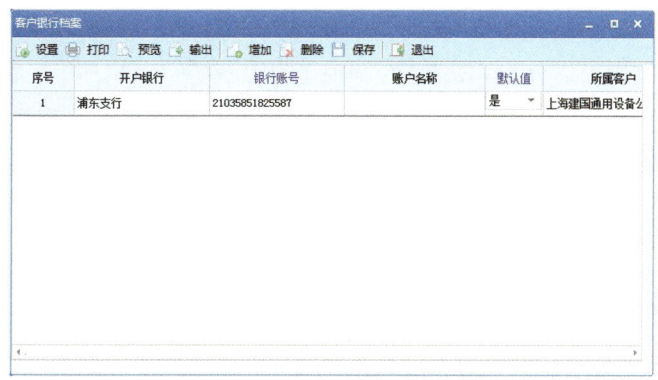

图 3－18　客户档案－银行信息

重复此步骤完成"客户档案"的录入。

(三)存货

在企业的实际经营中会涉及存货,为了能够对这些存货进行管理、统计和分析,我们要在财务软件中对存货进行设置。

1.存货分类

在"基础档案"选项下的"存货"中,选择"存货分类",打开"存货分类"窗口。单击上方的"增加"按钮,依次输入分类编码、分类名称。单击"保存"按钮。重复此步骤完成其他剩余的"存货分类"。

2.计量单位

在编辑计量单位之前,要先进行计量单位组的设置。

(1)计量单位组

在"基础档案"选项下的"存货"中,选择"计量单位",打开"计量单位"窗口。单击上方的"分组"按钮,在"计量单位组"窗口中单击"增加"按钮,依次录入计量单位组编码、计量单位组名称,并选择计量单位组类别。单击"保存"按钮。重复此步骤完成其他"计量单位组"。

图 3－19　计量单位组

知识点链接：

• 计量单位组类别可以分为无换算、浮动换算、固定换算三种。每个计算单位组中至少要有一个主计量单位，并且可以设置主计量单位和其他计量单位之间的换算关系。

• 无换算计量单位组：在该组下的所有计量单位都以单独形式存在，各计量单位之间不需要输入换算率，系统默认为主计量单位。

• 浮动换算计量单位组：设置为浮动换算率时，可以选择的计量单位组中只能包含两个计量单位。此时需要将该计量单位组中的主计量单位、辅计量单位显示在存货卡片界面上。

• 固定换算计量单位组：设置为固定换算率时，可以选择的计量单位组中可包含两个（不包括两个）以上的计量单位，且每一个辅计量单位对主计量单位的换算率不为空。此时需要将该计量单位组中的主计量单位显示在存货卡片界面上。

• 存货档案中每一存货只能选择一个计量单位组。

（2）计量单位

在"基础档案"选项下的"存货"中，选择"计量单位"，打开"计量单位"窗口。单击上方的"单位"按钮，在"计量单位"窗口中单击"增加"按钮，依次录入计量单位编码、计量单位名称、选择计量单位组编码。单击"保存"按钮。重复此步骤完成其他"计量单位"。

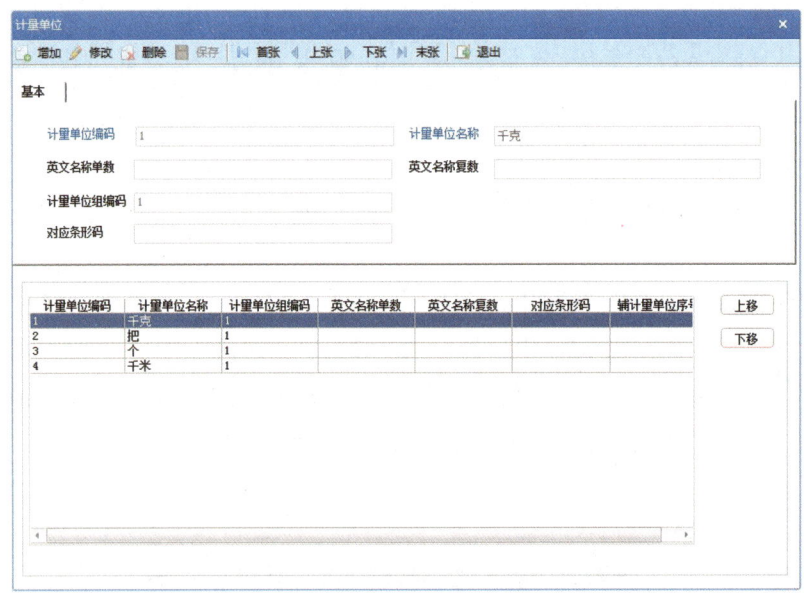

图3—20 计量单位

知识点链接：

• 数量（按主计量单位计量）=件数（计量单位计）×换算率，例如1盒手机10部，则10是辅计量单位"盒"和主计量单位"部"之间的换算比。

3.存货档案

在"基础档案"选项下的"存货"中，选择"存货档案"，打开"存货档案"窗口。单击上方的

"增加"按钮,在"存货档案"窗口"基本"选项卡中依次录入存货编码、存货名称,选择存货分类,注意税率,勾选存货属性。在"成本"选项卡中录入参考成本、参考售价、主要购货单位和默认仓库。单击"保存"按钮。重复此步骤完成其他"存货档案"。

图 3-21 存货档案

知识点链接:

• "存货属性"有 21 种,如"内销",具有该属性的存货可用于销售,发货单、发票,销售出库单等与销售有关的单据参照存货时,参照的都是具有销售属性的存货。

• 具有"外购"属性的存货可用于采购,到货单、采购发票、采购入库单等与采购有关的单据参照存货时,参照的都是具有外购属性的存货,开在采购专用发票、普通发票、运费发票等票据上的采购费用,也应设置为"外购"属性,否则开具采购发票时无法参照。

• 另外,随同发货单或发票一起开具的应税劳务,也应设置在存货档案中。同一存货可以设置多个属性。

(四)财务

1. 会计科目

会计科目是一个完整的体系,它是区别于流水账的标志,是复式记账和分类核算的基础。会计科目设置的完整性影响会计过程的顺利实施,会计科目设置的层次深度直接影响会计核算的详细、准确程度。

(1)新增会计科目

在"基础档案"选项下的"财务"中,选择"会计科目",打开"会计科目"窗口。单击上方的"增加"按钮,在"会计科目-增加"窗口中依次录入科目编码、科目名称,选择账页格式,勾选适合的辅助项复选框,选择受控系统,确认余额方向。然后单击"确定"保存并退出。重复此步骤完成其他"会计科目"的增加。

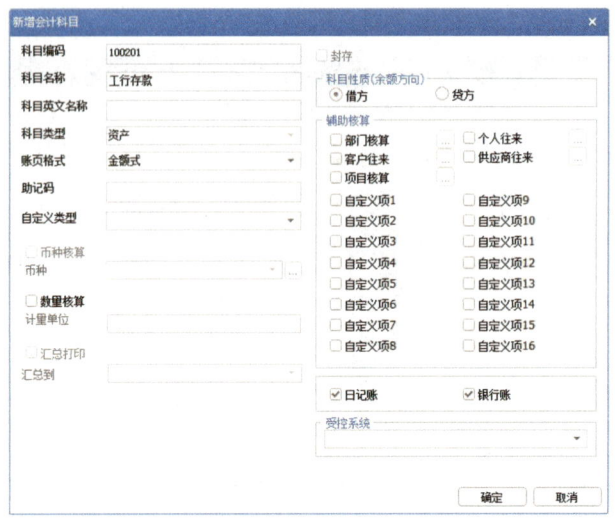

图 3-22　增加会计科目

知识点链接：

• 增加下级科目时,自动将原科目的所有账全部转移到新增的下级第一个科目中,此操作不可逆,同时要求新增加的下级科目所有科目属性与原上级科目一致。

• 已使用的会计科目不能被修改或删除。

(2)修改会计科目

在"基础档案"选项下的"财务"中,选择"会计科目",打开"会计科目"窗口。单击上方的"修改"按钮或双击要修改的会计科目,在"会计科目-修改"窗口中单击"修改"按钮,编辑会计科目需要修改的信息。然后单击"确定"保存并退出。重复此步骤完成其他"会计科目"的修改。

图 3-23　修改会计科目

知识点链接：

• 非末级或是已使用的会计科目不能被修改或删除。

• 会计科目的辅助核算如果设置为客户往来或是供应商往来时，需要注意受控系统是否受控。

• 客户往来、供应商往来和个人往来，三者只有选其一。

（3）指定科目

在"基础档案"选项下的"财务"中，选择"会计科目"，打开"会计科目"窗口。选择"编辑"菜单里的"指定科目"，依次设置现金科目为"库存现金"、银行科目为"银行存款"。单击"确定"按钮，保存并退出。

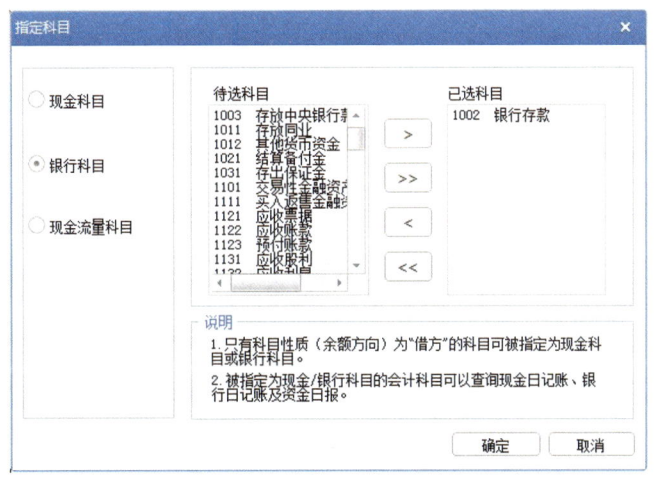

图 3－24　指定科目

知识点链接：

• 在查询现金、银行存款日记账前，必须指定现金、银行存款总账科目，以供出纳管理使用。

• 如果本科目已被制过单或已录入期初余额，则不能删除、修改该科目。如果要修改该科目，则必须先删除有该科目的凭证，并将该科目及其下级科目余额清零，再进行修改，修改完毕后要将余额及凭证补上。

2．凭证类别

在"基础档案"选项下的"财务"中，选择"凭证类别"，打开"凭证类别预置"窗口，选择分类方式"记账凭证"，在"凭证类别"窗口中查看并退出。

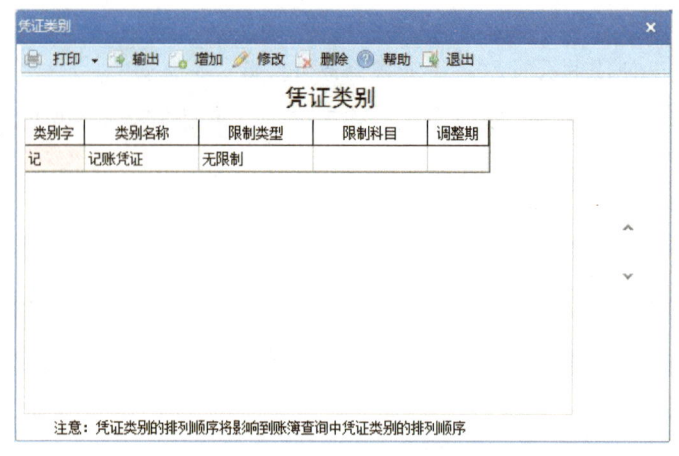

图 3-25 凭证类别

知识点链接：

• 系统提供的凭证类别有"记账凭证"，"收款凭证、付款凭证、转账凭证"、"现金收款、现金付款、银行收款、银行付款、转账凭证"、"现金凭证、银行凭证、转账凭证"和"自定义"五种凭证类别。

• 限制科目是某些类别的凭证在制单时，对科目有一定限制。如：

借方必有：制单时，此类凭证借方至少有一个限制科目发生。

贷方必有：制单时，此类凭证贷方至少有一个限制科目发生。

凭证必有：制单时，此类凭证无论借方还是贷方至少有一个限制科目发生。

凭证必无：制单时，此类凭证无论借方还是贷方不可有一个限制科目发生。

无限制：制单时，此类凭证可使用所有合法的科目。

借方必无：制单时，此类凭证借方一定不能有限制科目。

贷方必无：制单时，此类凭证贷方一定不能有限制科目。

• 限制科目由用户输入，可以是任意级次的科目，科目之间用号分隔，数量不限，也可参照输入，但不能重复录入。

3.外币设置

在"基础档案"选项下的"财务"中，选择"外币设置"，在"外币设置"窗口中依次输入币符、币名，选择折算方式，单击"确认"按钮。选定"固定汇率"后，在账套月份的记账汇率栏输入汇率。

知识点链接：

• 固定汇率：月初或年初汇率，填制每月凭证前，先在此录入该月的记账汇率；调整汇率用于月末进行汇兑损益计算。

• 浮动汇率：当日汇率，填制当天凭证前，先在此录入该日的记账汇率。

• 折算方式：人民币与外币的换算方式。

4.项目目录

在企业的实际经营中,经常会有一些业务需要进行专门性管理,并对其进行决策分析。因此财务软件提供了项目核算管理的功能,可以将具有相同特性的一类项目定义成一个项目大类,一个大类可以核算多个项目,为了便于管理,还可以对项目进一步细分管理。

(1)在"基础档案"选项下的"财务"中,选择"项目目录",在"项目档案"窗口的菜单栏中单击"增加"按钮,在"项目大类定义—增加"窗口中输入新项目大类名称,单击"下一步",定义项目级次后单击"下一步",确认定义项目栏目后单击"完成"。

图3-26 增加项目大类

(2)确认项目大类为所选大类后,单击"核算科目"选项卡,将需要核算的科目从"待选科目"列表选入到"已选科目"列表。

图3-27 核算科目

(3)单击"项目分类定义"选项卡,单击右下角的"增加"按钮,输入分类编码、分类名称,单击"确定"按钮。

图3—28 项目分类

（4）单击"项目目录"选项卡，单击右下角的"维护"按钮，在"项目目录维护"窗口的菜单栏中单击"增加"按钮，依次输入项目编码、项目名称、所属分类码，重复此步骤完成其他"项目目录"的录入。

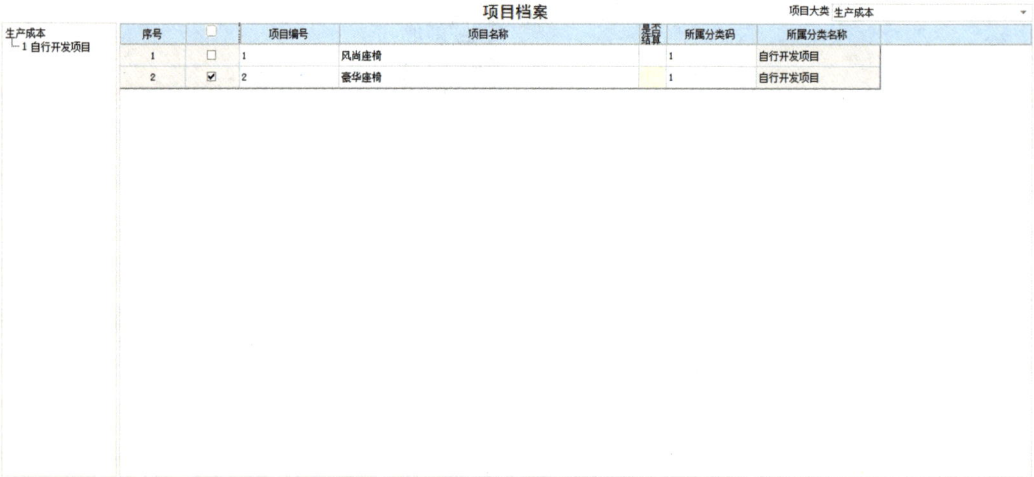

图3—29 项目目录

知识点链接：

- 一个项目大类可以指定多个科目，一个科目只能属于一个项目大类。

- 在每年年初应将已结算或不用的项目删除。
- 标识已结算的项目将不能再使用。

(五)收付结算

1.结算方式

结算方式即财务结算方式，比较常见的有现金结算、支票结算、汇票结算、电汇结算等。

在"基础档案"选项下的"收付结算"中，选择"结算方式"，在"结算方式"窗口的菜单栏中单击"增加"按钮，依次输入结算方式编码、结算方式名称。单击"保存"按钮。重复此步骤完成其他"结算方式"的录入。

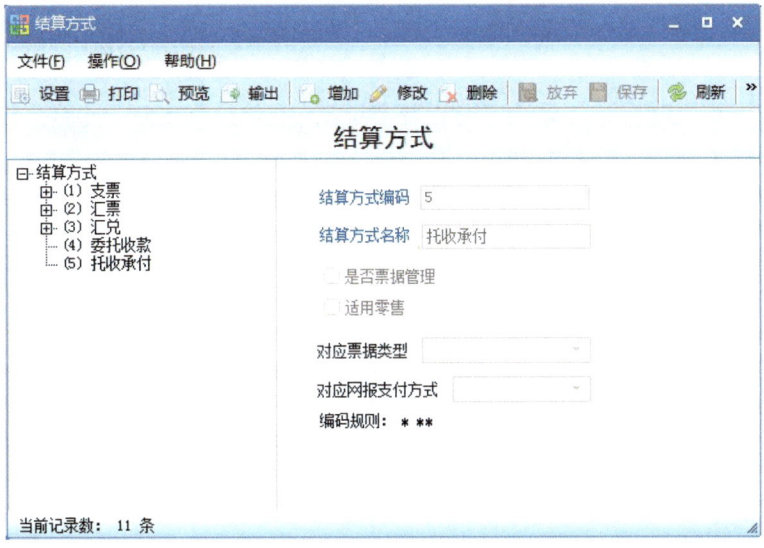

图3—30 结算方式

知识点链接：

- 在总账系统中，结算方式将在使用"银行账"类科目填制凭证时使用，并可作为银行对账的一个参数。
- 票据管理如勾选，则选择此结算方式的科目，需填制支票登记薄。

2.付款条件

付款条件即现金折扣，在企业实际经营中，为了鼓励客户尽快支付货款而给出的折扣优惠。这种折扣优惠一般表示为"2/10，1/20，n/30"，意思为客户在10天之内支付货款，可以享受2%的优惠；在20天之内支付货款，可以享受1%的优惠；在30天之内支付货款，不享受优惠。如果超时不支付货款，除了要支付全部货款，还要承担延期付款的利息和违约金。

在"基础档案"选项下的"收付结算"中，选择"付款条件"，在"付款条件"窗口的菜单栏中单击"增加"按钮，依次输入付款条件编码、信用天数、优惠天数、优惠率等信息，单击"保存"按钮，此时付款条件名称自动填入"2/10，1/20，n/30"。重复此步骤完成其他"付款条件"的录入。

3.银行档案

在"基础档案"选项下的"收付结算"中,选择"银行档案",在"银行档案"窗口,双击所选银行进入"修改银行档案"窗口,选定"个人账户规则"区域的"定长"复选框,并修改账号长度和自动带出账号长度。重复此步骤完成其他"银行档案"的修改。

4.本单位开户银行

用友软件支持企业同时拥有多个银行账号,"本单位开户银行"功能用于维护和查询企业的开户银行信息。开户银行一旦被使用,则不能修改或删除。

在"基础档案"选项下的"收付结算"中,选择"本单位开户银行",在"本单位开户银行"窗口,单击"增加"按钮,在"增加本单位开户银行"对话框,依次录入编码、银行账号、比重、开户银行,并选择所属银行编码,单击"保存"。重复此步骤完成其他"本单位开户银行"的录入。

图3-31 本单位开户银行

(六)业务

1.仓库档案

在企业的实际经营中,存货一般都是放在仓库来保管的,要对存货进行核算管理,首先应对仓库进行管理。系统提供了6种计价方法,具体包括计划价法、全月平均法、移动平均法、先进先出法、后进先出法和个别计价法,每个仓库必须选择一种计价方式。

在"基础档案"选项下的"业务"中,选择"仓库档案",在"仓库档案"窗口,单击"增加"按钮,在"增加仓库档案"对话框,依次录入仓库编码、仓库名称、选择计价方式、仓库属性,不勾选"参与 MRP""参与 ROP 计算"复选框,单击"保存"按钮。重复此步骤,完成其他"仓库档案"的录入。

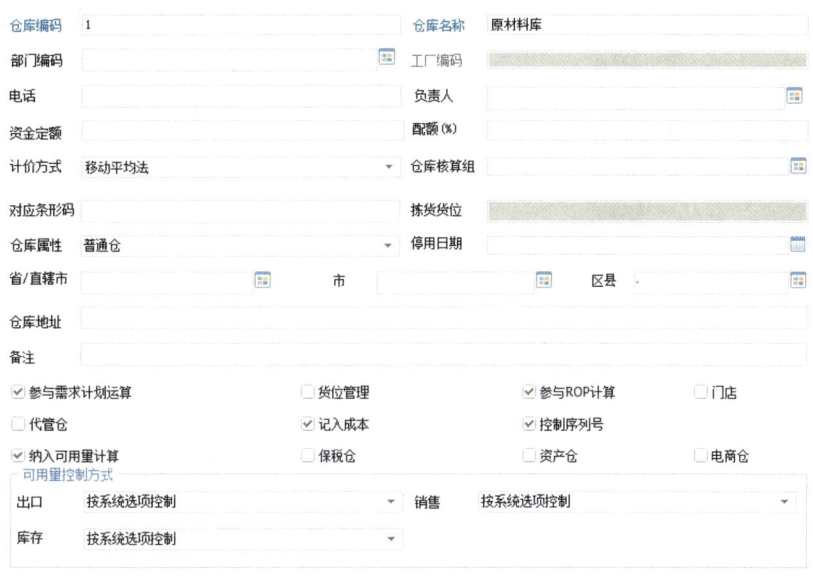

图 3-32 仓库档案

知识点链接:

• 计划价法:期末处理计算差异率时,要根据此仓库的同种存货的差异、金额计算的差异率计算出库成本。

• 全月平均法:期末处理计算出库成本时,要根据该仓库同种存货的金额和数量计算的平均单价计算出库成本。

• 移动平均法:计算出库成本时,要根据该仓库的同种存货按最新结存金额和结存数量计算的单价计算出库成本。

• 先进先出法、后进先出法:出库单记账时(包括红字出库单),计算出库成本,只按此仓库的同种存货的入库记录进行先进先出或后进先出选择成本,只要存货相同、仓库相同则将入库记录全部大排队进行先进先出或后进先出选择成本。

• 个别计价法:计算成本的方法不变。

• "仓库属性"可选普通仓(用于正常的材料产品、商品的出入库、盘点的管理)、现场仓(用于生产过程的材料、半成品、成品的管理)、委外仓(用于管理发给委外商的材料的管理),一般默认为普通仓。

2.收发类别

在企业的实际经营中,需要对材料的出入库情况进行管理,表示材料的出入库类型。入库的"收发类别标志"为"收",出库的"收发类别标志"为"发"。

在"基础档案"选项下的"业务"中,选择"收发类别",在"收发类别"窗口,单击"增加"按钮，依次录入收发类别编码、收发类别名称、选择收发标志是"收"还是"发"，单击"保存"按钮。重复此步骤，完成其他"收发类别"的录入。

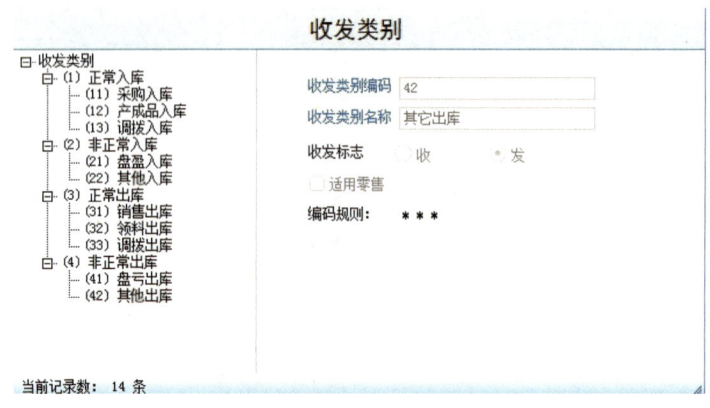

图3－33　收发类别

3.采购类型

在企业的实际经营中，如果需要按采购类型进行统计分析，则需要事先根据自身的实际情况自定义设置采购类型。用户可以在使用采购管理系统，填制采购入库单等单据时，选择采购类型。

在"基础档案"选项下的"业务"中，选择"采购类型"，在"采购类型"窗口，单击"增加"按钮，依次录入采购类型编码、采购类型名称、选择入库类别（即收发类别），"是否默认值"选择"是"，单击"保存"按钮。重复此步骤，完成其他"采购类型"的录入。

图3－34　采购类型

4.销售类型

在企业的实际经营中，如果需要按销售类型进行统计分析，则需要事先根据自身的实际情况自定义设置销售类型。用户可以在使用销售管理系统，填制销售出库单等单据时，选择销售类型。

在"基础档案"选项下的"业务"中，选择"销售类型"，在"销售类型"窗口，单击"增加"按钮，依次录入销售类型编码、销售类型名称、选择入库类别（即收发类别），"是否默认值"选择

"是"，单击"保存"按钮。重复此步骤，完成其他"销售类型"的录入。

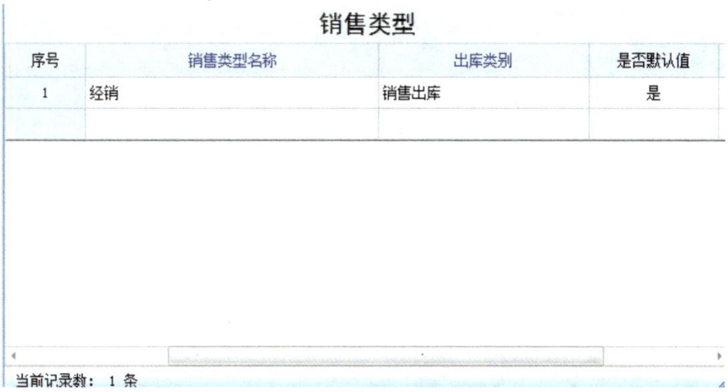

销售类型

序号	销售类型名称	出库类别	是否默认值
1	经销	销售出库	是

当前记录数：1 条

图 3－35　销售类型

5.费用项目分类

在企业的实际经营中，如需要处理销售业务中的代垫费用、销售支出费用，则应先设定这些费用项目。费用项目分类是将同一类属性的费用归集成一类，以便统计和分析。

(1)设置费用项目分类

在"基础档案"选项下的"业务"中，选择"费用项目分类"，在"费用项目分类"窗口，单击"增加"按钮，依次录入费用项目分类编码、费用项目分类名称，单击"保存"按钮。重复此步骤，完成其他"费用项目分类"的录入。

(2)设置费用项目

在"基础档案"选项下的"业务"中，选择"费用项目"，在"费用项目"窗口，单击"增加"按钮，依次录入费用项目编码、费用项目名称、费用项目分类，单击"保存"按钮。重复此步骤，完成其他"费用项目"的录入。

(七)单据设置

1.单据编号设置

在企业的实际经营中，很多单据涉及编号，系统给出两种编号方式:完全手工编号和手动改动，重号时自动重取。企业可按需求选择编号方式。

在"基础档案"选项下的"单据设置"中，选择"单据编号设置"，在"单据编号设置"窗口，在左侧单据类型中选择要修改的单据，单击"修改"按钮，选择要修改的编号方式，单击"保存"按钮。重复此步骤，完成其他"单据编号设置"的录入。

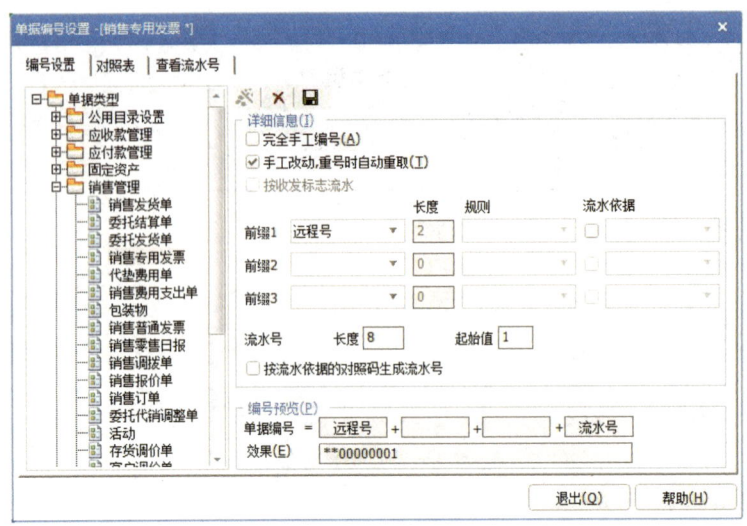

图 3-36 单据编号设置

2.单据格式设置

在企业的实际经营中,有些单据的格式不能满足企业的实际需求,这就需要我们对单据格式进行修改。

在"基础档案"选项下的"单据设置"中,选择"单据格式设置",在"单据格式设置"窗口,在左侧单据类型中选择要修改的单据,单击选择工具栏的"表头栏目",在"表头"窗口中勾选需要的项目,按需修改后单击"确定"按钮;单击选择工具栏的"表体栏目",在"表体"窗口中勾选需要的项目,按需修改后单击"确定"按钮。重复此步骤,完成其他"单据格式设置"的录入。

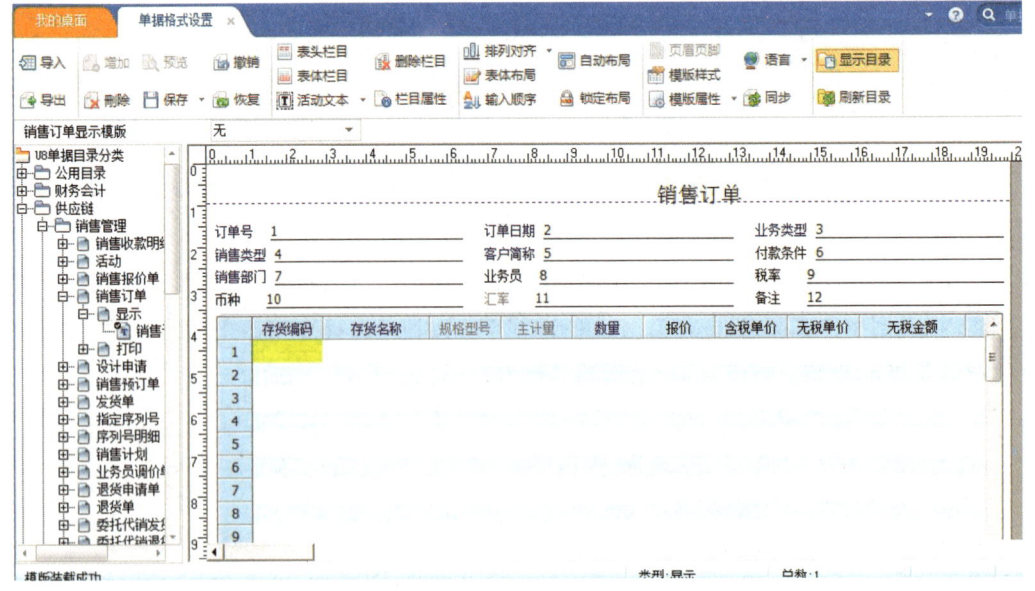

图 3-37 单据格式设置

三、子系统的初始设置

在基础档案设置完毕之后,需要将各个业务模块进行初始化才能进行日常业务处理。需要进行系统参数设置和期初余额的录入。

在企业应用平台中,单击"业务工作"页签中的"财务会计"或是"供应链",展开其中包含的项目,选择要设置的业务模块,进入相应的设置界面。

(一)应收款管理

1.系统参数设置

(1)选项

在"财务会计"下的"应收款管理"中,选择"初始设置"中的"选项",在"账套参数设置"窗口,单击下方"编辑"按钮,在"常规"选项卡中勾选需要的选项,需选择"坏账处理方式"为"应收余额百分比法",其他没给的选项按系统默认设置即可。在"凭证"选项卡中勾选需要的选项,其他没给的选项按系统默认设置即可。单击"确定"按钮保存。

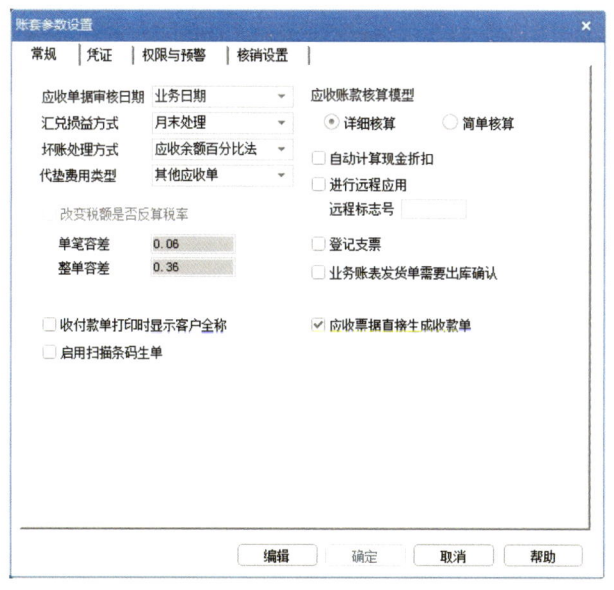

图 3-38 应收参数设置

(2)科目设置

为简化后期日常业务生成凭证的操作,可以事先预置会计科目。

在"财务会计"下的"应收款管理"中,选择"初始设置",在左侧设置科目中依次选择基本科目设置、控制科目设置、产品科目设置和结算方式科目设置,单击"增加"按钮,在第一行的"基础科目种类"中选择科目类型,在"科目"中选择对应的会计科目,"币种"默认为人民币。重复此步骤,完成其他"科目设置"。

基本科目

基本科目种类	科目	币种
应收科目	1122	人民币
预收科目	220301	人民币
税金科目	22210103	人民币
销售收入科目	600101	人民币
现金折扣科目	660303	人民币
销售退回科目	600101	人民币

图 3—39　应收科目设置

(3)账龄设置

为了对应收账款进行账龄内和超期的账龄分析，应首先设置账期内账龄区间和超期账龄区间。

在“财务会计”下的“应收款管理”中，选择“初始设置”，在左侧设置科目中单击“账期内账龄区间设置”，在“总天数”栏录入相应的天数，完成对应付款管理账龄区间的设置。单击“超期账龄区间设置”，在“总天数”栏录入相应的天数，完成对应付款管理逾期账龄区间的设置。单击“关闭”按钮退出该窗口。

增行　删行

序号	起止天数	总天数
01	0-30	30
02	31-60	60
03	61-90	90
04	91-120	120
05	121以上	

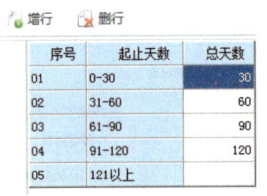

图 3—40　应收账龄区间设置

(4)坏账准备设置

在企业的实际经营中，需要对应收账款计提坏账准备，其基本方法有销售收入百分比法、应收余额百分比法、账龄分析法等。

在“财务会计”下的“应收款管理”中，选择“初始设置”，单击“坏账准备设置”依次输入提取比例、坏账准备期初余额，选择坏账准备科目、对方科目，单击“确定”按钮。

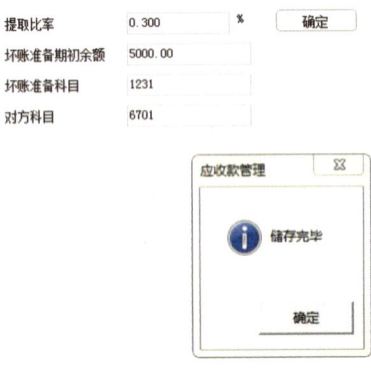

图 3—41　应收坏账设置

2.期初余额

期初的销售发票,要在应收款管理中进行期初应收账款的发票录入,并与总账进行对账。这即保证了数据的连续性,又保证了数据的完整性。

(1)应收账款期初余额

在"财务会计"下的"应收款管理"中,选择"初始设置"下的"期初余额",单击"增加"按钮,在"单据类别"对话框选择单据名称(应收单)、单据类型(其他应收单),单击"确定"按钮,进入"期初余额"窗口,单击"增加"按钮,依次录入表头的开票日期、客户、部门、金额等信息,单击"保存"按钮。重复此步骤,完成其他"期初余额"的录入。

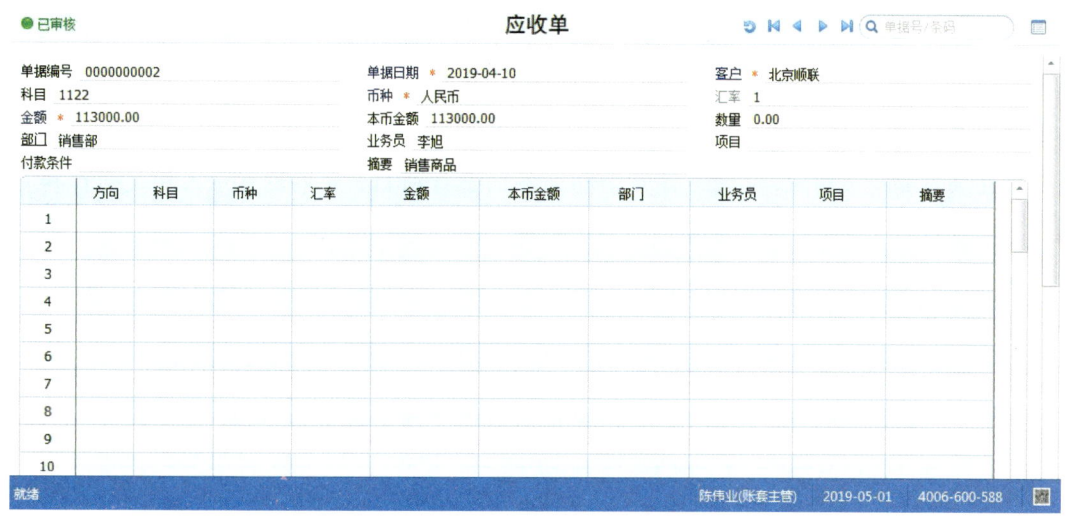

图3-42 应收账款期初余额设置

知识点链接:

建议总账系统的应收账款科目期初余额选择引入往来明细。

(2)应收票据期初余额

在"财务会计"下的"应收款管理"中,选择"初始设置"下的"期初余额",单击"增加"按钮,在"单据类别"对话框选择单据名称(应收票据)、单据类型(银行承兑汇票),单击"确定"按钮,进入"期初票据"窗口,单击"增加"按钮,依次录入票据编号、开票单位、承兑银行、票据面值、签发日期、收到日期等信息,单击"保存"按钮。重复此步骤,完成其他"期初余额"的录入。

	期初票据		

票据编号	* 1	开票单位	* 上海建国
承兑银行	中国建设银行	背书单位	
票据面值	* 200000.00	票据余额	* 200000.00
面值利率		科目	
签发日期	* 2018-12-19	收到日期	* 2018-12-19
到期日	* 2019-06-19	部门	销售部
业务员	李旭	项目	
摘要	销售商品	币种 人民币	汇率 1.000000

图 3-43 应收票据期初余额设置

知识点链接：

• 在录入期初余额时，一定要注意期初余额的会计科目，如果没有录入相关会计科目，则会导致应收款管理系统与总账系统的对账错误。

• 当完成全部应收期初余额录入后，应通过"对账"功能将应收系统期初余额与总账系统期初余额进行核对。

• 应收款管理系统与总账系统对账，必须要在总账与应收系统同时启用后才可以进行。

单击工具栏中的"对账"按钮，应收款系统与总账管理系统进行对账，系统打开"期初对账"窗口，此时显示"差额"为零，则表示对账成功。

科目		币种	应收期初		总账期初		差额	
编号	名称		原币	本币	原币	本币	原币	本币
112101	银行承兑汇票	人民币	200,000.00	200,000.00	200,000.00	200,000.00	0.00	0.00
1122	应收账款	人民币	216,000.00	216,000.00	216,000.00	216,000.00	0.00	0.00
	合计			416,000.00		416,000.00		0.00

图 3-44 应收期初余额对账

（二）应付款管理

1.系统参数设置

（1）选项

在"财务会计"下的"应付款管理"中，选择"初始设置"中的"选项"，在"账套参数设置"窗口，单击下方"编辑"按钮，在"常规"选项卡中勾选需要的选项，其他没给的选项按系统默认设置即可。在"凭证"选项卡中勾选需要的选项，其他没给的选项按系统默认设置即可。单击"确定"按钮保存。

（2）科目设置

为简化后期日常业务生成凭证的操作，可以事先预置会计科目。

在"财务会计"下的"应付款管理"中，选择"初始设置"，在左侧设置科目中依次选择基本科目设置、控制科目设置、产品科目设置和结算方式科目设置，单击"增加"按钮，在第一行的"基础科目种类"中选择科目类型，在"科目"中选择对应的会计科目，"币种"默认为人民币。重复此步骤，完成其他"科目设置"。

基本科目

基本科目种类	科目	币种
应付科目	220201	人民币
预付科目	1123	人民币
采购科目	140201	人民币
税金科目	22210101	人民币

图 3－45　应付科目设置

知识点链接：

• 如果需要为不同的供应商（供应商分类，地区分类）分别设置应付款核算科目和预付核算科目，则在"控制科目设置"中设置。

• 应付和预付科目必须是已经在会计科目中指定为应付系统的受控科目。

• 结算科目不能是已经在会计科目中指定为应收系统或者应付系统的受控科目，而且必须是最末级科目。

（3）账龄设置

为了对应付账款进行账龄内和超期的账期分析，应首先设置账期内账龄区间和超期账龄区间。

在"财务会计"下的"应付款管理"中，选择"初始设置"，在左侧设置科目中单击"账期内账龄区间设置"，在"总天数"栏录入相应的天数，完成对应付款管理账龄区间的设置。单击"超期账龄区间设置"，在"总天数"栏录入相应的天数，完成对应付款管理逾期账龄区间的设置。单击"关闭"按钮退出该窗口。

2. 期初余额

期初的采购发票，除了在采购系统中做期初采购发票录入，还需要在应付款管理中进行期初应付账款的发票录入，并与总账进行对账。

（1）应付账款期初余额

在"财务会计"下的"应付款管理"中，选择"初始设置"下的"期初余额"，单击"增加"按钮，在"单据类别"对话框选择单据名称（应付单）、单据类型（其他应付单），单击"确定"按钮，进入"期初余额"窗口，单击"增加"按钮，依次录入表头的开票日期、供应商、部门、金额等信息，单击"保存"按钮。重复此步骤，完成其他"期初余额"的录入。

图 3-46 应付账款期初余额设置

知识点链接：

• 建议总账系统的应付账款科目期初余额选择引入往来明细。

(2)应付票据期初余额

在"财务会计"下的"应付款管理"中，选择"初始设置"下的"期初余额"，单击"增加"按钮，在"单据类别"对话框选择单据名称(应付票据)、单据类型(银行承兑汇票)，单击"确定"按钮，进入"期初票据"窗口，单击"增加"按钮，依次录入票据编号、收票单位、承兑银行、票据面值、签发日期、到期日期等信息，单击"保存"按钮。重复此步骤，完成其他"期初余额"的录入。

图 3-47 应付票据期初余额设置

知识点链接：

• 在录入期初余额时一定要注意期初余额的会计科目，应付款管理系统的期初余额应与总账进行对账，如果科目错误将会导致对账单错误。

• 录入预付款的单据类型仍然是"付款单"，但款项类型为"预付款"。

单击工具栏中的"对账"按钮，应付款系统与总账管理系统进行对账，系统打开"期初对账"窗口，此时显示"差额"为零，则表示对账成功。

科目		币种	应付期初		总账期初		差额	
编号	名称		原币	本币	原币	本币	原币	本币
220102	商业承兑汇票	人民币	150,000.00	150,000.00	150,000.00	150,000.00	0.00	0.00
220201	一般应付账款	人民币	941,400.00	941,400.00	941,400.00	941,400.00	0.00	0.00
220202	暂估应付款	人民币	20,000.00	20,000.00	20,000.00	20,000.00	0.00	0.00
	合计			1,111,400.00		1,111,400.00		0.00

图 3-48 应付期初余额对账

(三)固定资产管理

1.系统参数

单击"财务会计"下的"固定资产",弹出"这是第一次打开此底套,还未进行过初始化,是否进行初始化?"信息提示,单击"是"按钮,打开固定资产"初始化账套向导-1 的约定及说明"对话框,选择"我同意"单击"下一步"按钮;

打开固定资产"初始化账套向导-2 启用月份"对话框,选择为当前日期;

单击"下一步"按钮,打开固定资产"初始化账套向导-3 折旧信息"对话框,选择主要折旧方法为"平均年限法(一)",确认选择折旧汇总分配周期为"1 个月""当(月初已计提月份=可使用月份-1)时,将剩余折旧全部提足"复选框;

单击"下一步"按钮,打开固定资产"初始化账套向导-4 编码方式"对话框,设置"资产类别编码方式"为 2112,选择"固定资产编码方式"按"自动编码"和"类别编码+序号""序号长度"为 5;

单击"下一步"按钮,打开固定资产"初始化账套向导-5 账务接口"对话框,勾选与账务系统进行对账"复选框,参照生成"固定资产对账科目"为 1601(固定资产)、"累计折旧对账科目"为 1602(累计折田),勾选"在对账不平情况下允许固定资产系统月末结账"复选框。

单击"下一步"按钮,打开固定资产"初始化账套向导-6 完成"对话,确认信息无误后,单击"完成"按钮,系统弹出"已经完成了新账套的所有设置工作,是否确定所设置的信息完全正确并保存对新账套的所有设置?"信息提示框,单击"是"按钮,系统提示"已经成功初始化本固定资产账套!",单击"确定"按钮,固定资产建账完成。

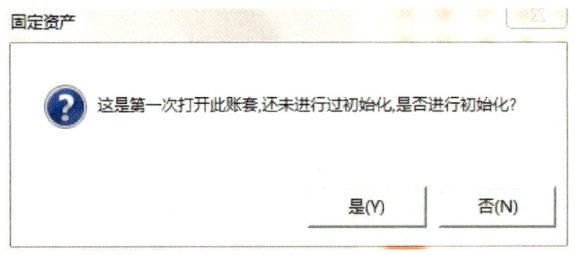

图 3-49 固定资产账套初始化

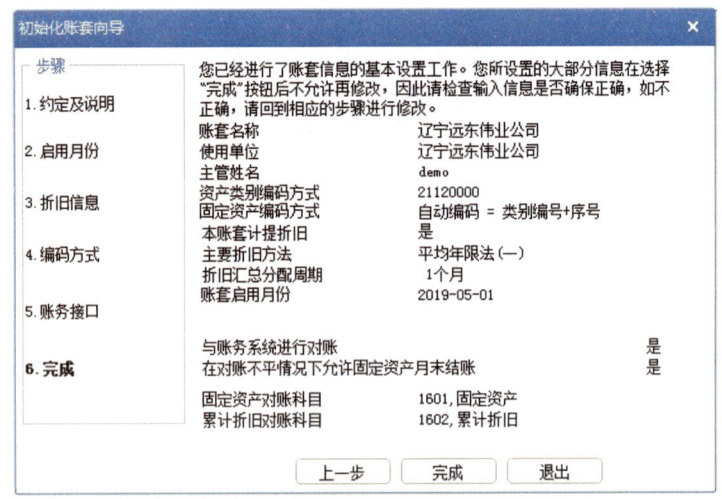

图 3-50 固定资产账套初始化完成

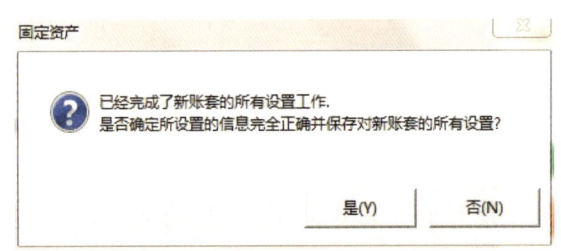

图 3-51 固定资产账套初始化完成提示

知识点链接：

• 在用友 ERP 系统中，固定资产账套与企业账套是不同层次的概念，企业账套是在系统管理中建立的，是针对整个企业的；而固定资产是在固定资产管理系统中创建的，是企业账套的一个组成部分。类似地，还有薪资账套（在薪资管理中创建）也是企业账套的一个组成部分。

• 系统初始化中有些参数一旦设置完成，退出初始化向导后就不能修改了。如果要改，只能通过"重新初始化"功能实现，重新初始化将清空该账套中所有数据。所以如果有些参数设置不能确定，可单击"上一步"按钮重新设置。确定无误后，再单击"完成"按钮保存退出。

2.初始设置

（1）部门对应折旧科目

在"财务会计"下的"固定资产"中，选择"设置"下的"部门对应折旧科目"，在左侧"固定资产部门编码目录"窗格中，选择"部门"，单击"修改"按钮，系统将打开"部门对应折科目－单张视图"窗口。在"折旧科目"栏录入或参照生成会计科目，单击"保存"按钮，若有下级部门，则系统弹出"是否将该部门的所有下级部门的折旧科目替换为此会计科目？"，单击"是"按钮，系统返回"部门对应折旧科目－列表视图"窗口。重复此步骤，完成其他"部门对应折旧科目"的录入。

部门编码	部门名称	折旧科目
	固定资产部门编码目录	
1	行政部	660202, 折旧费
2	财务部	660202, 折旧费
3	销售部	660102, 折旧费
4	采购部	660202, 折旧费
5	库管部	660202, 折旧费
6	制造车间	
7	辅助车间	

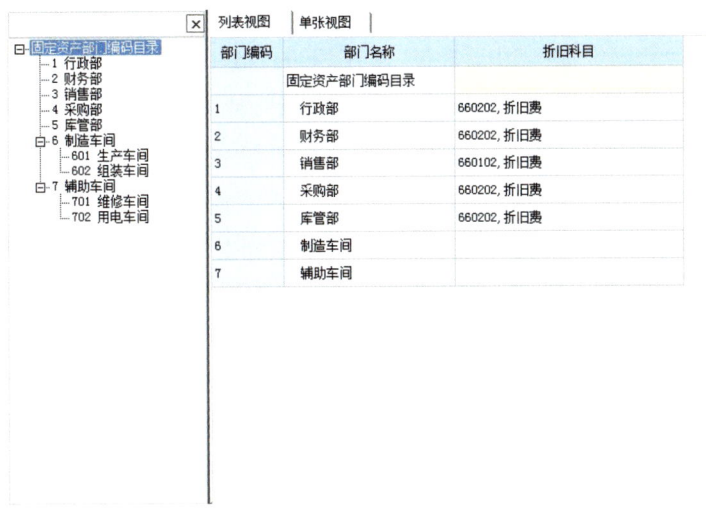

图 3－52　部门对应折旧科目

(2)资产类别

在“财务会计”下的“固定资产”中，选择“设置”下的“资产类别”，单击“增加”按钮，依次录入类别名称、使用年限、净残值率、计提属性、折旧方法、卡片样式。单击“保存”按钮。重复此步骤，完成其他“资产类别”的录入。

类别编码	类别名称	使用年限(月)	净残值率(%)	计量单位	计提属性	折旧方法	卡片样式	不允许转回减值准备	新增资产当月计提折旧
	固定资产分								
01	房屋类	360	3.00		正常计提	平均年限法	通用样式	是	否
02	机器设备	0	3.00		正常计提	平均年限法	通用样式	是	否
03	办公设备	0	3.00		正常计提	平均年限法	通用样式	是	否
04	运输设备	0	3.00		正常计提	平均年限法	通用样式	是	否

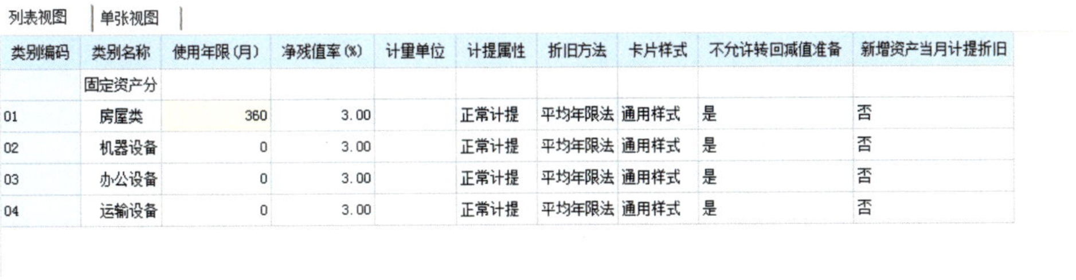

图 3－53　资产类别

知识点链接：

• 应先建立上级固定资产类别后再建立下级类别，且下级类别继承上级的使用年限、净残值率，可修改。

• 只有在最新会计期间时可以增加，月末结账后则不能增加。

• 固定资产类别编码不能重复，同级的类别名称不能相同。

• 类别编码、名称、计提属性。卡片样式不能为空。

• 非明细级类别编码不能修改。

• 使用过的类别的计提属性不能修改。

• 未使用过的明细级类别编码修改时只能修改本级的编码。

• 非明细级类别不能删除。

• 系统已使用(录入卡片时选用过)的类别不允许删除。

(3)增减方式

在"财务会计"下的"固定资产"中,选择"设置"下的"增减方式",单击左窗格中的增减方式,单击"修改"按钮,在"增减方式－单张视图"中,录入或参考生成会计科目,单击"保存"按钮。重复此步骤,完成其他"增减方式"的录入。

知识点链接：

- 在固定资产增减方式中设置的对应入账科目是系统生成凭证时的默认科目。
- 已使用(卡片已选用过)的方式不能删除。
- 非明细级方式不能删除。
- 系统缺省的增减方式"盘盈""盘亏"和"毁损"不能删除。

3.期初余额

在"财务会计"下的"固定资产"中,选择"卡片"下的"录入原始卡片",双击选择所属的资产类别,在"固定资产卡片"窗口依次录入固定资产名称、开始使用日期、原值、累计折旧,单击"使用部门"按钮,系统打开"固定资产－本资产部门使用方式"对话框,默认选定"单部门使用",单击"确定"按钮,在系统打开的"部门基本参照"窗口中,双击部门所在行选择部门；单击"增加方式"按钮,系统打开"固定资产增减方式"对话框,双击所选方式所在行,返回"固定资产卡片"窗口；单击"使用状况"按钮,系统打开"使用状况参照"对话框,双击状态所在行,返回"固定资产卡片"窗口。单击"保存"按钮。重复此步骤,完成其他"期初余额"的录入。

图3—54 多部门使用

固定资产卡片

卡片编号 00001		日期	2019-05-01
固定资产编号 0100001	固定资产名称		办公楼
类别编号 01	类别名称		房屋类
规格型号	使用部门		行政部/销售部/财务部/采购部/库管部
增加方式 直接购入	存放地点		
使用状况 在用	使用年限(月) 360	折旧方法	平均年限法(一)
开始使用日期 2004-10-25	已计提月份 174	币种	人民币
原值 267000.00	净残值率 3%	净残值	8010.00
累计折旧 132000.00	月折旧率 0.0027	本月计提折旧额	720.90
净值 135000.00	对应折旧科目 (660202,折旧费)	项目	
录入人 陈伟业		录入日期	2019-05-01

图 3-55 原始卡片录入

知识点链接：

• 一项资产可以选择多个"使用部门"，并且当资产为多部门使用时，累计折旧采用与使用比例相同的比例在多部门间分摊。

(四)薪资管理

1.系统参数

单击"财务会计"下的"人力资源管理"下的"薪资管理"，弹出"建立工资套"对话框之"1.参数设置"系统默认选择本工资套所处理的工资类别个数为"单个"，直接单击"下一步"按钮，进入"2.扣税设置"，选中"是否从工资中代扣个人所得税"复选框。单击"下一步"按钮，进入"3.扣零设置"，先选中"扣零"复选框，然后选中"扣零至元"，单击"下一步"按钮，进入"4.人员编码"，系统提示"本系统要求对员工进行统一编码，人员编码同公共平台的人员编码保持一致"。单击"完成"按钮，完成工资套的建立。

知识点链接：

• 工资类别个数：若单位按周或一月发多次工资，或者是单位中有多种不同类别(部门)的人员，工资发放项目不尽相同，计算公式亦不相同，但需进行统一工资核算管理，应选择"多个"工资类别；如果单位中所有人员的工资统一管理，而人员的工资项目、工资计算公式全部相同，则选择"单个"工资类别。

• 若选择进行扣零处理，系统在计算工资时将依据所选择的扣零类型将零头扣下，并在集零为整时补上。

2.人员档案

单击"财务会计"下的"人力资源管理"下的"薪资管理"，选择"设置"下的"人员档案"，单击"批增"按钮，在"人员批量增加"对话框中，单击"查询"按钮，查询出全部人员，然后单击"全选"按钮和"确定"按钮，系统返回"人员档案"窗口，显示所有在基础档案中已添加的人员信息。

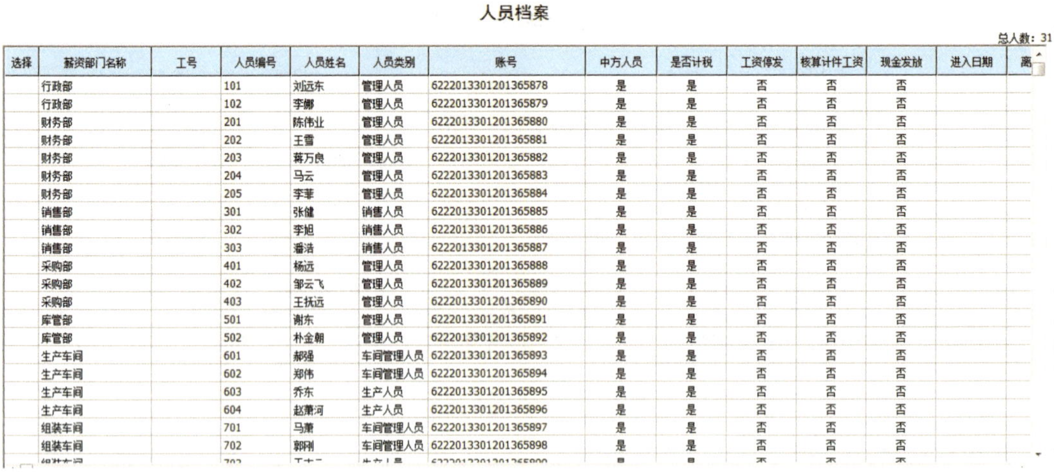

图 3—56 人员档案

3.工资项目设置

(1)工资项目

单击"财务会计"下的"人力资源薪资管理"下的"薪资管理",选择"设置"下的"工资项目设置",单击"增加"按钮,从右侧的"名称参照"下拉列表中选择"工资项目名称",默认类型为"数字"、小数位数为"2"、增减项为"增项\减项\其他"。或则单击"增加"按钮,在"工资项目名称"栏中输入"项目名称",其默认类型为"数字"、小数位数为"2"、增减项为"增项\减项\其他",重复此步骤,完成其他"工资项目"的录入。

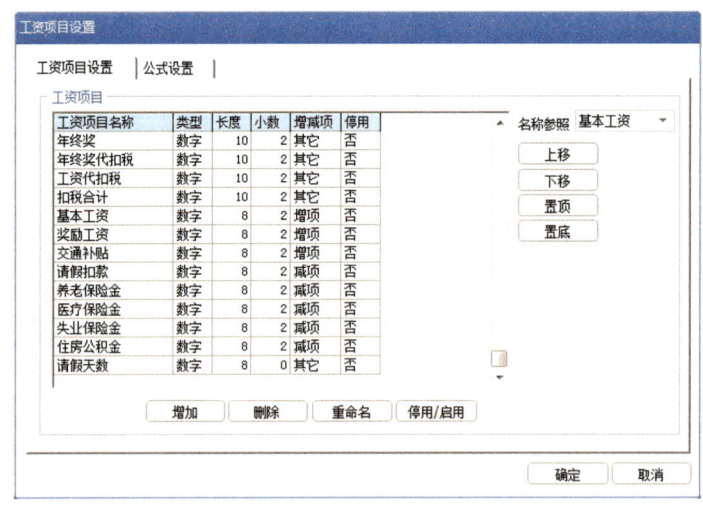

图 3—57 工资项目

调整工资项的排列顺序——单击选中"工资项目名称"所在行,再单击"上移\下移"按钮,将"工资项目名称"移动到相应位置,并以此方法移动其他的工资项目到相应的位置。

知识点链接:

• 系统提供的固定工资项目,如实发合计、应发合计、扣款合计,不能修改和删除。

- 项目名称必须唯一。工资项目一经使用,数据类型不允许修改。
- 增项(如:基本工资、岗位工资、绩效工资、交通补助)直接计入应发合计;减项(如:养老保险、医疗保险、失业保险、住房公积金)直接计入扣款合计;其他(如:五险一金计提基数、个人所得税计提基数)参与计算,类型为字符型,则小数位不可用。
- 系统默认:应发合计=增项之和;扣款合计=减项之和;实发合计=应发合计-扣款合计。

(2)计算公式

单击"财务会计"下的"人力资源资管理"下的"薪资管理",选择"设置"下的"工资项目设置",选择"公式设置"选项卡,单击"增加"按钮,左上角的"工资项目"列表中选择要设置公式的工资项目,在右侧公式设置区域,从左下部运算区域中选择运算符号和函数,在中下部选择公式中的工资项目,在右下部选择部门和人员类别,单击"公式确认"按钮,检查公式的合法性,如果没有提示,则公式定义完成。重复此步骤,完成其他"工资公式"的录入。公式全部定义完成后,单击"工资项目设置"对话框中的"确定"按钮,完成设置,退出对话框

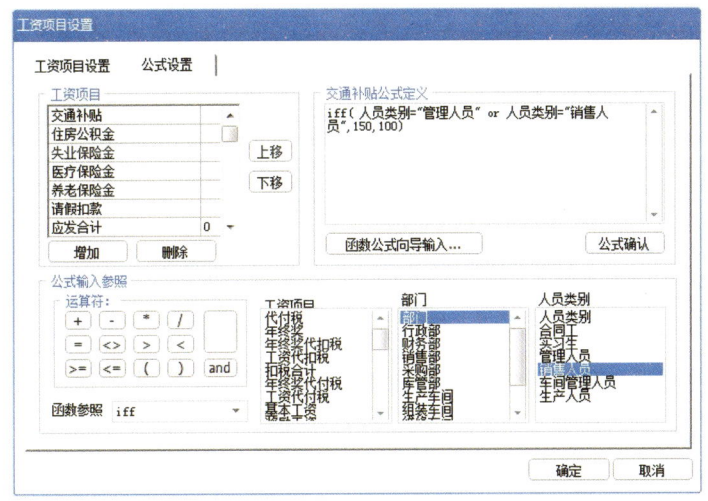

图3-58 工资公式

知识点链接:

- 使用"公式设置"页签中的相关功能,可定义工项目的计算公式。
- 不能删除已输入数据或已设置计算公式的工资项目。
- 没有导入人员档案时无法进行公式设置。

4.代扣设置

单击"财务会计"下的"人力资源资管理"下的"薪资管理",选择"设置"下的"选项",单击"扣税设置"选项卡,再单击"编辑"按钮,单击右侧中间位置的"税率设置"按钮,系统打开"个人所得税申报表——税率表"对话框,修改并确认"基数""附加费用"等税率表的相应数据,单击"确定"按钮,完成税率设置,返回"选项"对话框。再单击"确定"按钮,完成设置。

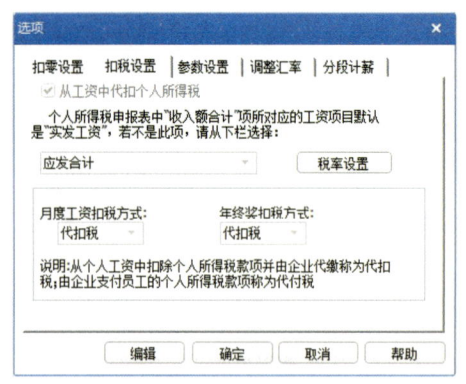

图 3-59 工资选项

图 3-60 税率设置

知识点链接：

• 只有主管人员可以修改工资参数，工资账参数调整包括扣零设置、扣税设置、参数设置和调整汇率。

• 已经进行过月结的工资类别或发放次数不能修改币种。

• 设置工资的扣税工资项目，系统默认为"实发合计"。在实际业务中，因可能存在免税收入项目（如政府特殊津贴、院士津贴等）和税后列支项目，可以单独设置一个工资项目来计算应纳税工资。

• 如果修改了"扣税设置"，需要进入"工资变动"、执行"计算"和"汇总"功能，以保证"代扣税"工资项目正确地反映单位实际代扣个人所得税的金额。

• 工资和年终奖可采用不同的扣税方式，如工资为代扣税，年终奖为代付税。

5. 期初数据

单击"财务会计"下的"人力资源薪资管理"下的"薪资管理"，选择"设置"下的"人员档案"，选择其中的职员，双击打开"人员档案明细"对话框，单击"数据档案"按钮，打开"工资数据录入一页编辑"对话框，依次输入"基本工资""奖励工资"等没有公式的工资项目的数据，其他有公式的项目由系统根据公式自动填制。单击"保存"按钮，返回"人员档案明细"对话框，然后单击"确定"按钮，系统提示"写入该人员档案信息吗？"，单击"确定"按钮，返回"人员档案明细"对话框,系统自动显示下一个员工的详细档案。重复此步骤,参照凭证编号57－2完成其他职员工资数据的录入。

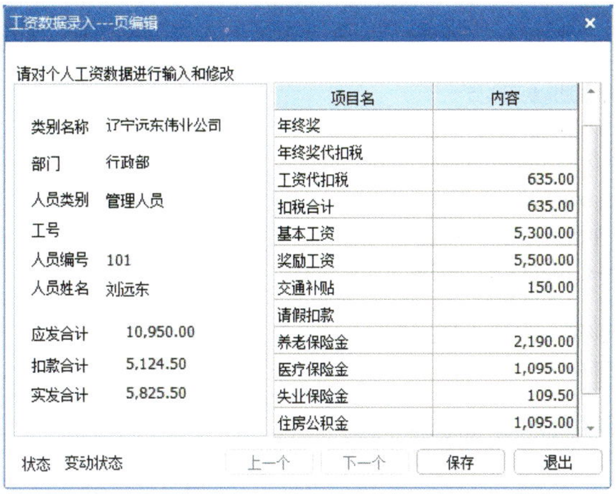

图3－61 薪资期初数据

(五)总账管理

1.系统参数

单击"财务会计"下的"总账",选择"设置"下的"选项",在"权限"选项卡中,先单击"编辑"按钮,使所有参数处于可修改状态,再选中需要修改的项目,如"出纳凭证必须经由出纳签字""凭证必须经由主管会计签字",其他选项设置为默认状态即可。单击"确定"按钮,保存系统参数的设置。

图3－62 总账参数设置－凭证选项卡

图 3-63 总账参数设置-权限选项卡

2.期初余额

总账的期初余额,是以上期的期末余额为基础,反映了以前期间的交易和上期采用的会计政策的结果。期初已存在的账户余额,是由上期结转至本期的金额,或是上期期末余额调整后的金额。这就需要在总账系统中录入上月的会计科目期末余额数据信息,作为本月会计科目期初余额数据,以保证数据的完整性和连续性。

(1)直接录入

可以直接录入期初余额的科目,是指末级科目且没有设置项目核算、往来核算和部门核算的会计科目,如:库存现金、固定资产、累计折旧、实收资本、盈余公积、本年利润、生产成本、直接人工、直接材料、制造费用等。

单击"财务会计"下的"总账",选择"设置"下的"期初余额",双击相应科目的"期初余额"栏(此行为白色),然后录入其期初余额值。重复此步骤,完成其他可直接录入余额的会计科目。

期初余额

期初：2019年05月　　□ 末级科目 □ 非末级科目 □ 辅助科目

科目编码	科目名称	方向	币别/计量	累计借方	累计贷方	期初余额
1001	库存现金	借				5,000.00
1002	银行存款	借				386,807.00
100201	工行存款	借				386,807.00
100202	中行存款	借				
1003	存放中央银行款项	借				
1011	存放同业	借				
1012	其他货币资金	借				
101201	外埠存款	借				
101202	银行本票存款	借				
101203	银行汇票存款	借				
101204	信用卡存款	借				
101205	信用证保证金存款	借				

图 3－64　期初余额－直接录入

(2)参照录入

需要参照录入期初余额的科目包括辅助核算设置为项目核算的会计科目、辅助核算设置为往来核算的会计科目和辅助核算设置为部门核算的会计科目，这些会计科目期初余额的录入，需要双击该会计科目，打开期初往来明细窗口进行设置。

单击“财务会计”下的“总账”，选择“设置”下的“期初余额”，双击要录入余额的会计科目(此行为黄色)，打开“辅助期初余额”窗口，此处可以单击“增行”按钮，逐一录入日期、客户\供应商、摘要、金额等信息，完成期初余额录入；若此会计科目是往来科目且已在应收\应付系统中设置了期初余额，也可单击“往来明细”按钮，在“期初往来明细”按钮窗口，“引入”应收\应付系统的期初余额，完成期初余额录入。重复此步骤，完成其他需参照录入余额的会计科目。

期初往来明细

打印　输出　定位　引入收付期初　增行　删行　汇总到辅助明细　帮助　退出

期初往来明细

科目名称　1122 应收账款

日期	凭证号	客户	业务员	摘要	方向	本币金额	票号	票据日期	年度
2019-04-03		上海永康	李旭	销售商品	借	100,000.00	00000...	2019-04-03	2019
2019-04-10		北京顺联	李旭	销售商品	借	113,000.00	00000...	2019-04-10	2019
2019-04-25		天津润丰	李旭	销售商品	借	3,000.00	00000...	2019-04-25	2019
合计：					借	216,000.00			

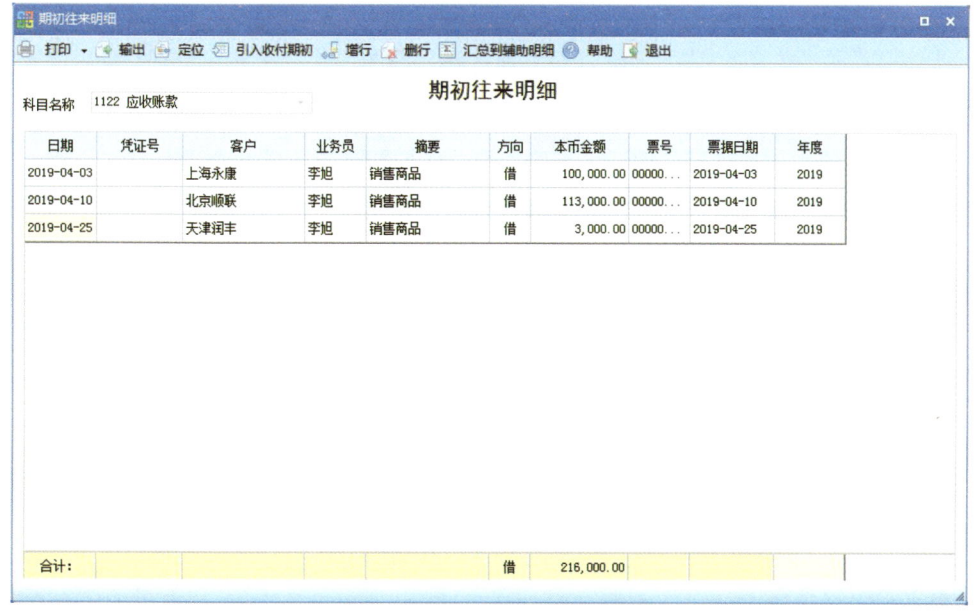

图 3－65　期初余额－参照录入

(3)试算与对账

单击"财务会计"下的"总账",选择"设置"下的"期初余额",单击上方的"试算"按钮,系统弹出"期初试算平衡表"对话框,并给出试算结果。单击"确定"按钮,系统返回"期初余额"窗口。

图 3—66　期初余额—试算平衡

在"期初余额"窗口,单击上方的"对账"按钮,系统弹出"期初对账"对话框,提示将"核对总账上下级""核对总账与辅助账""核对辅助账与明细账",单击"开始"按钮,系统开始对总账与应付账款、应收账款,总账与辅助账,辅助账与明细账进行核对,完成之后在"期初对账"对话框中给出对账结果。单击"取消"按钮,关闭"期初对账"对话框,系统返回"期初余额"窗口。

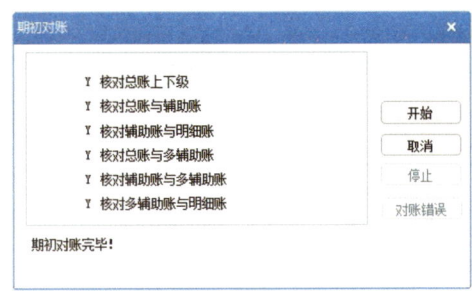

图 3—67　期初余额—对账

知识点链接：

• 在总账系统中,若有当月凭证已记账,则总账期初余额不能再修改。

• 如果要修改余额的方向,可以在未录入余额的情况下,单击"方向"按钮进行操作。

• 如果录入余额的科目有辅助核算的内容,则在录入余额时必须录入辅助核算的明细内容,而修改时也应修改明细内容。

• 如果某一科目有数量核算的要求,则录入余额时还应输入该余额的数量。

• 如果期初余额不平衡,可以填制凭证,但是不允许记账。

• 凭证记账后,期初余额变为只读状态,不能再进行修改。

(六)销售管理

1.系统参数设置

在"供应链"下的"销售管理"中,选择"设置"中的"销售选项",在"销售系统选项"设置窗口,在"业务控制"选项卡中勾选需要的选项,其他没给的选项按系统默认设置即可。在"其他控制"选项卡中勾选需要的选项,其他没给的选项按系统默认设置即可。在"可用量控制"选项卡中勾选需要的选项,其他没给的选项按系统默认设置即可。单击"确定"按钮保存。

2.期初余额

首次使用销售管理系统处理日常业务之前,必须要将系统启用日期之前发生而未处理完的单据,通过期初单据录入到系统中。

在"供应链"下的"销售管理"中,选择"设置"中的"期初录入"的"期初发库单",单击工具栏中的"增加"按钮,修改表头的发货日期、客户简称、销售部门、业务员,其他没给资料的项目可以默认。双击表体的"存货编码"栏,选择需要的存货,依次输入数量、单价,单击"保存"和"审核"按钮。重复此步骤,完成其他"期初采购入库单"的录入。

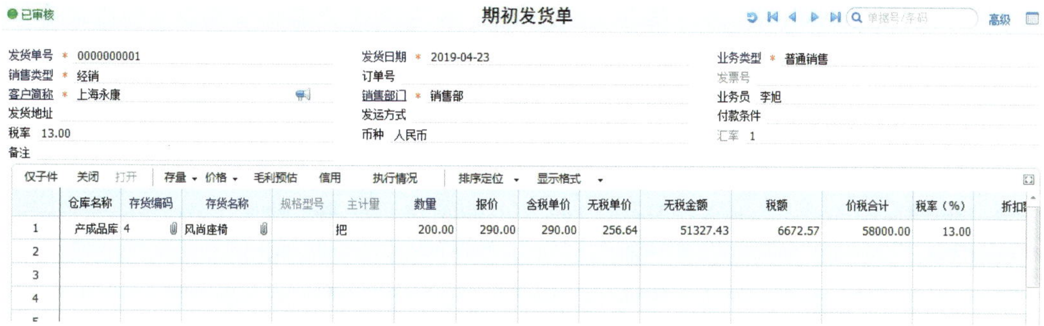

图 3-68 销售期初数据

(七)采购管理

1.系统参数设置

在"供应链"下的"采购管理"中,选择"设置"中的"采购选项",在"采购系统选项设置"窗口,在"业务及权限控制"选项卡中勾选需要的业务选项、单价录入方式、权限控制等项目,其他没给的选项按系统默认设置即可。单击"确定"按钮保存。

知识点链接:

- 在进行采购选项修改前,采购系统相关功能不能使用,否则系统会弹出警告信息。
- 在相关业务已开始后,不要随意修改采购选项。

2.期初余额

采购系统在使用前如果有未完成的业务,如期初在途物资、期初暂估入库业务。需要在期初余额中录入,以便日后业务的处理。

(1)期初采购订单

在"供应链"下的"采购管理"中,选择"采购订货"中的"采购订单",在"采购订单"窗口中,单击"增加"按钮,表头依次输入或是选择业务类型、订单日期、订单编号、供应商、付款条件等项目,表体部分双击"存货编码"栏,选择需要的存货,依次输入数量、单价,单击"保存"

按钮并"审核"。重复此步骤，完成其他"采购订单"的录入。

(2)期初采购发票

在"供应链"下的"采购管理"中，选择"采购发票"中的"专用采购发票"，在"期初专用发票"窗口中，单击"增加"按钮，单击工具栏中的"生单"下的"采购订单"菜单项，系统打开"拷贝并执行"窗口。双击要选择的订单编号行的"选择"栏，使其出现"Y"字样，然后单击工具栏中的"OK 确定"按钮，系统返回"期初专用发票"窗口，并带入订单的信息。修改发票表头的发票号和开票日期后，单击"保存"按钮。重复此步骤，完成其他"期初采购发票"的录入。

(3)期初采购入库单

在"供应链"下的"采购管理"中，选择"采购入库"中的"采购入库单"，在"期初采购入库单"窗口中，单击工具栏中的"增加"按钮，修改表头的入库日期、仓库、供货单位、入库类型，其他没给资料的项目可以默认。双击表体的"存货编码"栏，选择需要的存货，依次输入数量、单价，单击"保存"按钮，保存该暂估的入库信息。重复此步骤，完成其他"期初采购入库单"的录入。

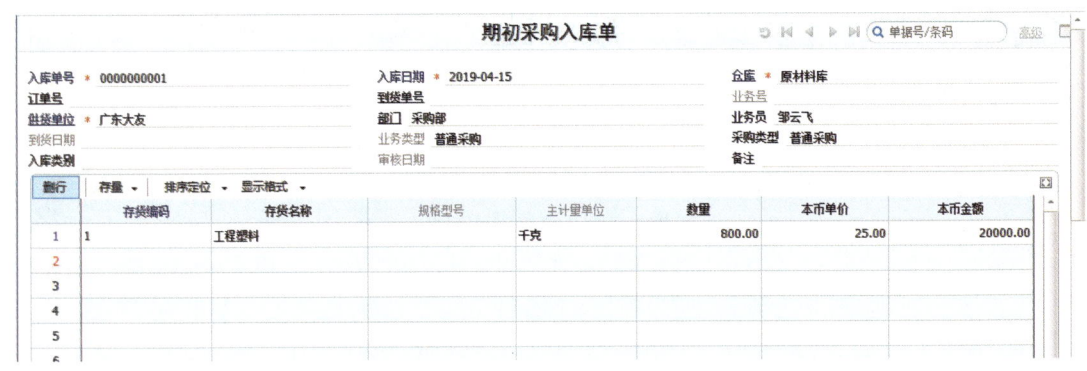

图 3-69 采购期初数据

知识点链接：

• 采购管理系统的"采购入库"，只能录入期初暂估入库单。采购期初记账后，采购入库单只能在"库存管理"系统的"入库业务/采购入库单"中录入或生成。

• 暂估入库单在采购管理系统期初记账前可以修改或删除，但在期初记账后，不允许修改或删除。

(4)采购期初记账

在"供应链"下的"采购管理"中，选择"设置"中的"采购期初记账"，在"采购期初记账"窗口中，单击"记账"按钮，完成采购系统的期初记账。

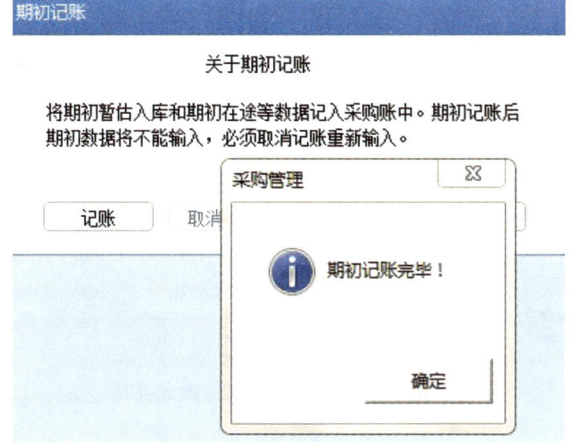

图 3-70 采购期初记账

- 采购期初记账是表明采购管理业务的往期数据录入工作已完成,之后进行的业务操作属于当期业务。
- 如果没有期初数据,可以不输入期初数据,但必须执行记账操作。

(八)库存管理

1.系统参数设置

在"供应链"下的"库存管理"中,选择"初始设置"中的"选项",在"库存选项设置"窗口,在"通用设置"选项卡中勾选需要的业务选项,其他没给的选项按系统默认设置即可;在"专用设置"选项卡中勾选需要的业务选项,其他没给的选项按系统默认设置即可。单击"确定"按钮保存。

2.期初余额

库存管理的期初数据,只有在启用系统的第一年或重新初始化的年度可以录入,其他年度均不可录入。注意应在期初数据全部录入完毕并审核后,再进行第一个会计月的结账操作。如果同时启用库存管理系统和存货管理系统,则库存管理系统期初数据的录入可以在库存管理系统中直接录入,也可以在存货系统中取数获得。

在"供应链"下的"库存管理"中,选择"初始设置"中的"期初结存",在"库存期初数据录入"窗口,选择仓库后单击"修改"按钮,在表体中双击"存货编码"栏,选择需要的存货,输入数量、单价,选择入库类别。单击"保存"按钮。重复此步骤,完成其他"库存期初数据"的录入。单击"批审"按钮,对每一个仓库的期初库存数据进行审核。

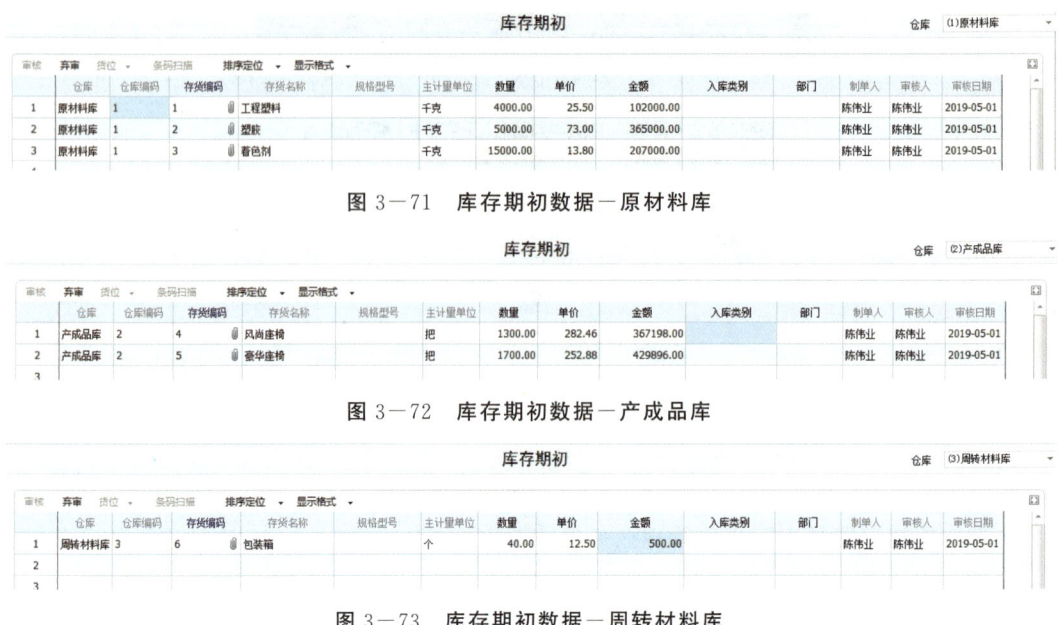

图 3－71　库存期初数据－原材料库

图 3－72　库存期初数据－产成品库

图 3－73　库存期初数据－周转材料库

知识点链接：

• 库存管理系统的期初结存数据必须按照仓库分别录入且录入完成后必须审核。期初结存数据的审核实际是期初记账的过程，表明该仓库期初数据录入工作的完成。

• 库存管理系统的期初数据审核是分仓库分存货进行的。即"审核"功能仅针对当前仓库的一条存货记录进行审核；"批审"功能是对当前仓库的所有存货执行审核，不是审核所有仓库的存货。

• 审核后的库存管理系统的期初数据不能修改、删除，但可以"弃审"后进行修改或删除。

• 库存管理系统的期初结存数据录入时，若默认存货在库存系统的计量单位不是主计量单位，则需要录入该存货的单价和金额，由系统计算该存货的数量。

(九) 存货核算管理

1. 系统参数设置

在"供应链"下的"存货核算"中，选择"初始设置"中的"选项"，在"选项录入"窗口，"核算方式"选项卡中选择暂估方式、销售成本核算方式，其他资料没有要求的默认即可；在"控制方式"选项卡中，勾选需要选择的复选框，其他资料没有要求的默认即可。单击"确定"按钮保存。

图 3－74　存货参数设置

2.设置存货科目

存货核算系统的存货科目功能是设置本系统中生成凭证所需要的各种存货科目、差异科目、分期收款发出商品科目、委托代销科目，需要事先将存货科目设置正确、完整，否则系统生成凭证无法自动带出科目。

在"供应链"下的"存货核算"中，选择"初始设置"中的"科目设置"，在"存货科目"窗口，单击"增加"按钮，依次录入仓库编码、存货分类编码、存货科目编码和存货科目名称等信息，单击"保存"按钮。重复此步骤，完成其他"存货科目"的录入。

仓库编码	仓库名称	F..	..	存货名称	存货科目编码	存货科目名称	差异科目编码	差..
1	原材料库				140301	工程塑料		
2	产成品库				140501	风尚座椅		
3	周转材料库				141101	包装箱		

图 3－75　存货科目设置

3.设置存货对方科目

存货核算系统的存货对方科目功能用于设置本系统中生成凭证所需要的存货对方科目（即收发类别）所对应的会计科目，需要事先将存货对方科目设置正确、完整，否则无法生成科目完整的凭证。

在"供应链"下的"存货核算"中，选择"初始设置"中的"科目设置"，在"对方科目"窗口，单击"增加"按钮，依次录入收发类别、对方科目名称和暂估对方科目名称等信息，单击"保存"按钮。重复此步骤，完成其他"对方科目"的录入。

对方科目

收发类别编码	收发类别名称				对方科目编码	对方科目名称	暂估科目编码	暂估科目名称
11	采购入库				140201	工程塑料		
12	产成品入库				50010101	直接材料		
21	盘盈入库				190101	待处理流动资...		
31	销售出库				640101	风尚座椅		
32	领料出库				50010101	直接材料		

图 3－76　存货对方科目设置

4.期初余额与记账

存货核算的期初数据，一般与库存管理系统的期初数据相对应，可以直接录入。但若在库存管理系统中已经录入了，则可以在存货核算系统中通过"取数"功能，从库存管理系统中取数，初次使用存货核算系统时，应先输入全部末级存货的期初余额，当然，库存的期初数据也可与存货核算的期初数据不一致，系统提供两边互相取数和对账的功能。

期初余额

年度 2019　　存货分类
仓库 1 原材料库

	存货编码	存货名称	规格型号	计量单位	数量	单价	金额	计划单价	计划金额	存货科目
□	1	工程塑料		千克	4,000.00	25.50	102,000.00			140301
□	2	塑胶		千克	5,000.00	73.00	365,000.00			140301
□	3	着色剂		千克	15,000.00	13.80	207,000.00			140301
合计					24,000.00		674,000.00			

图 3－77　存货期初余额

期初数据录入后，执行期初记账之后，才能进行日常业务、账簿查询、统计分析等操作。

如果期初数据有错误，可以取消期初记账后修改期初数据，然后重新执行期初记账。

在"供应链"下的"存货核算"中，选择"初始设置"中的"期初数据"，在"对期初余额"窗口，选择仓库后单击"取数"按钮，系统自动读取库存管理系统中的期初数据并显示在本窗口中。重复此步骤，完成其他仓库的"期初余额"的取数录入。

单击"对账"按钮，系统弹出"库存与存货期初对账查询条件"对话框，默认选择了所有仓库，单击"确定"按钮，系统弹出"对账成功！"提示信息框，单击"确定"按钮完成库存与存货的期初对账工作。

图 3—78 存货期初记账

图 3—79 存货期初对账

知识点链接：

·期初数据录入完毕，必须期初记账后才能开始日常业务核算。未记账时，允许进行数据录入、账表查询。

·期初数据记账是针对所有期初数据进行记账操作，因此用户在进行期初数据记账前，必须确认所有期初数据全部录入完毕并且正确无误时，再进行期初记账。

·如果没有期初数据，可以不录入期初数据，但也必执行期初记账操作。

期初记账前可修改存货的计价方式及核算方式，可修改存货的期初数据，但记账后不能修改。

第二部分 日常业务操作指导

1.月初冲回上月暂估入库的广东大友电器公司发来的工程塑料800千克。

业务分析：

该业务的会计信息化处理方法有三种处理方式：一是月初回冲，指月初时系统自动生成红字回冲单，报销处理时系统自动根据报销金额生成采购报销入库单。二是单到回冲，月初不做处理，发票等单据到时，系统自动生成红字回冲单和采购报销入库单。三是单到补差是报销处理时，系统自动生成一笔调整单，调整金额为实际金额与暂估金额的差额。

操作步骤：

(1)以操作员203身份，选择账套"辽宁远东伟业公司"。操作日期为"2019－05－01"，登录企业应用平台。

(2)选择"供应链"下的"存货核算"—"财务核算"中的"生成凭证"命令，进入生成凭证窗口。

(3)单击"选择"按钮，打开查询条件对话框。

(4)选择红字回冲单，单击"确定"按钮，进入选择单据窗口。

(5)单击符合条件单据前的选择栏，然后再单击工具栏上的"确定"按钮，进入生成凭证窗口。

(6)选择凭证类别为记账凭证，填写贷方科目编码"220202"，出现暂估应付账款，单击工具栏上的"生成"按钮，系统显示生成的记账凭证，如图3－80所示。

(7)修改确定无误后，单击"保存"按钮。

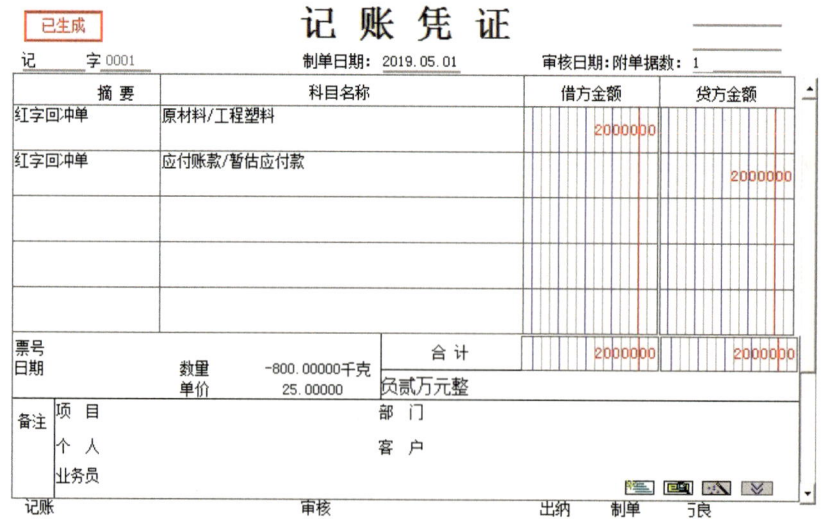

图3－80 回冲暂估入库的红字凭证

2.销售给天津润丰公司风尚座椅。

操作步骤：

❖ 销售订单

（1）以操作员 302 身份，选择账套"辽宁远东伟业公司"，操作日期为"2019－05－1"，登录应用平台。

（2）选择"供应链"下的"销售管理"－"销售订货"中的"销售订单"，单击增加，进入销售订单窗口。

（3）根据购销合同输入订单号 XS20190501001，选择客户简称天津润丰公司，选择销售部门为销售部，选择销售员李旭。存货编码4，数量80，无税单价420，单击"保存"按钮。

（4）以操作员 301 身份重新登录应用平台。

（5）选择"供应链"下的"销售管理"－"销售订货"中的"销售订单"，单击"下一页"按钮，出现该笔业务的订单，单击"审核"按钮并退出。

❖ 销售发货单

（1）以操作员 302 身份重新登录应用平台。

（2）选择"供应链"下的"销售管理"－"销售发货"中的"发货单"命令，进入发货单窗口。

（3）单击"增加"按钮，出现参照订单生成对话框窗口，单击"确定"按钮，在参照生单窗口，选择销售订单，单击"确定"按钮。在发货单窗口，选择"仓库名称－成品库"，单击"保存"并退出。

（4）以操作员 301 身份重新登录应用平台。

（5）选择"供应链"下的"销售管理"－"销售发货"中的"发货单"命令，单击"下一页"按钮，出现该笔业务的发货单，单击"审核"按钮并退出。

❖ 销售出库单

（1）以操作员 501 身份重新登录应用平台。

（2）选择"供应链"下的"库存管理"－"出库业务"中的"销售出库单"，单击按钮，找到该笔业务的出库单。

（3）单击"审核"按钮，系统将弹出"该单据审核成功"信息提示框，单击"确定"按钮并返回。

❖ 销售发票

（1）以操作员 302 身份重新登录应用平台。

（2）选择"供应链"下的"销售管理"－"销售开票"中的"销售专用发票"命令，进入销售专用发票窗口。

（3）单击"增加"按钮，取消自动弹出的查询条件选择窗口，单击"生单"按钮旁边的倒三角按钮，选择"参照发货单"，确定后，选择要参照的发货单，本业务选择客户为"天津润丰公司"的发货单。单击"确定"按钮，将发货单信息自动填入销售专用发票。

（4）输入发票号"15227823"，单击"保存"按钮，然后再单击工具栏上的"现结"按钮，打开现结对话框（注：销售现结要在复核发票之前做）。

(5)在现结对话框中输入结算方式"301 电汇",结算金额"37968.00",票据号"80033221"等信息,单击"确定"按钮并返回,销售发票上的左上角显示"现结"的红字信息。

(6)以操作员 301 身份重新登录应用平台。

(7)选择"供应链"下的"销售管理"—"销售开票"中的"销售专用发票"命令,单击"下一页"按钮,出现该笔业务的销售专用发票。

(8)再单击"复核"按钮,复核销售专用发票,最后单击"退出"按钮。

❖ 确认收入—审核销售专用发票并生成销售收入凭证

(1)以操作员 204 身份重新登录应用平台。

(2)执行"财务会计"下的"应收款管理"—"应收单据处理"中的"应收单据审核"命令,打开单据过滤条件对话框,取消选中的日期,选中"包含已现结发票"选项,单击"确定"按钮,进入应收单据列表窗口。

(3)选择要审核的单据,单击"审核"按钮,系统弹出"审核成功"信息提示框。然后单击"确定"按钮。

(4)执行"制单处理"命令,打开制单查询对话框。选中"现结制单"复选框,单击"确定"按钮,进入销售发票制单窗口。

(5)选择凭证类别,选中要制单的单据,单击"制单"按钮,屏幕出现根据发票生成的转账凭证,如图 3—81 所示。

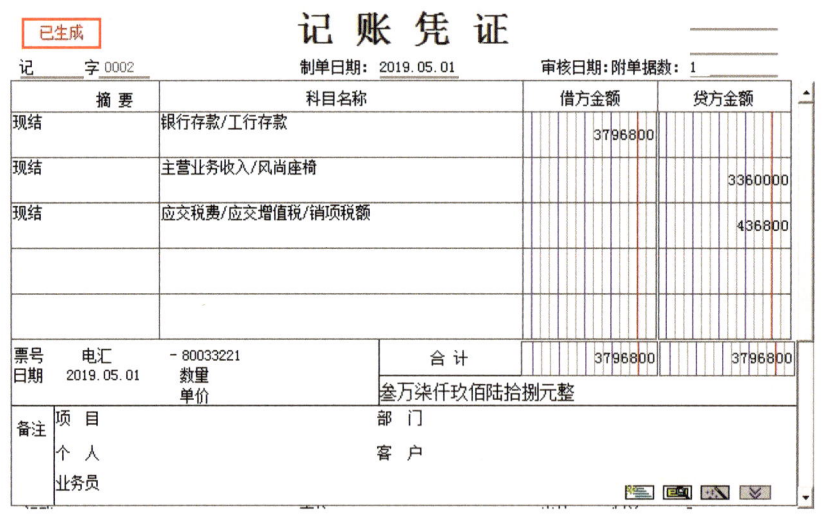

图 3—81 销售现结凭证

(6)修改凭证日期,输入附件数,单击"保存"按钮。

❖ 确认成本—记账并生成凭证

(1)以操作员 203 身份重新登录应用平台。

(2)进入"供应链"下的"存货核算"—"业务核算"中的"正常单据记账"命令,打开正常单据记账条件对话框。

(3)选中"成品库"复选框,单击"确定"按钮,进入正常单据记账窗口。系统显示正常单据记账列表。

(4)双击需要记账的单据前的选择栏,出现"Y"标志,或单击工具栏上的"全选"按钮,选择所有单据,然后单击工具栏上的"记账"按钮。屏幕显示记账成功提示,已经记账的单据在列表中消失。

(5)执行"财务核算"中的"生成凭证"命令,进入生成凭证窗口。单击"选择"按钮,打开查询条件对话框。选择"销售专用发票"选项,单击"确定"按钮,然后进入选择单据窗口。

(6)在未生成凭证单据一览表中,找到该笔业务的单据,双击选中框,再单击工具栏中的"确定"按钮,返回生成凭证窗口。单击工具栏上是"生成"按钮,生成记账凭证,如图3－82所示。

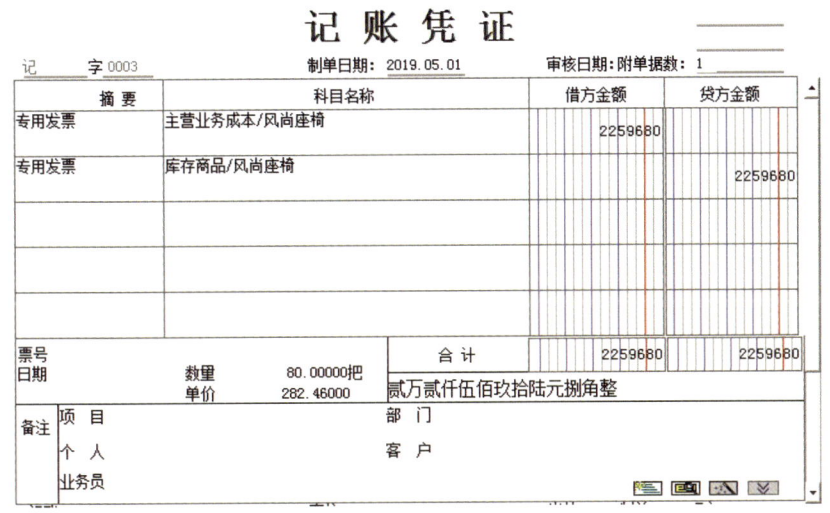

图3－82　销售成本凭证

3.从山东鹏翔公司购入液压顶,供维修车间使用。

操作步骤:

❖采购订单

(1)以操作员402身份,选择账套"辽宁远东伟业公司",操作日期"2019－05－01",登录应用平台。

(2)选择"供应链"下的"采购管理"－"采购订货"中的"采购订单"命令,单击"增加"按钮,进入采购订单窗口。

(3)根据购销合同输入业务类型固定资产,采购类型资产采购,供应商山东鹏翔公司,订单编号CG20190501001,部门采购部,选择采购员邹云飞。存货液压顶,数量1,原币单价9200.00,单击"保存"按钮,退出。

(4)以操作员401身份重新登录应用平台。

(5)选择"供应链"下的"采购管理"－"采购订货"中的"采购订单"命令,单击"下一页"按钮,出现该笔业务的订单,单击"审核"按钮并退出。

❖ 采购到货单

(1)以操作员402身份重新登录应用平台,选择账套"辽宁远东伟业公司",操作日期"2019-05-01",登录应用平台。

(2)选择"供应链"下的"采购管理"—"采购到货"中的"到货单"命令,进入货单窗口。

(3)单击"增加"按钮,选择业务类型:固定资产,单击"生单-采购订单",出现"查询条件过滤"窗口,单击"确定"按钮,在"拷贝并执行"窗口,选择"采购订单",单击"确定"按钮。在"到货单"窗口,单击"保存"并退出。

(4)以操作员401身份重新登录应用平台。

(5)选择"采购到货单",单击"下一页"按钮,出现该笔业务的发货单,单击"审核"按钮并退出。

❖ 采购入库单

(1)以操作员501身份重新登录应用平台。

(2)选择"供应链"下的"库存管理"—"入库业务"中的"采购入库单"命令,单击"生单-采购到货单(蓝字)",出现查询条件过滤窗口,单击"确定"按钮,在到货单生单窗口,选择采购订单,单击"确定"按钮。在采购入库单窗口,选择仓库"资产库",然后单击"保存"按钮。

(3)单击"审核"按钮,系统弹出"该单据审核成功"信息提示框,然后单击"确定"按钮并返回。

❖ 采购发票

(1)以操作员402身份重新登录应用平台。

(2)选择"采购发票"中的"专用采购发票"命令,进入专用发票窗口。

(3)单击"增加"按钮,选择业务类型"固定资产",单击"生单-入库单",出现"查询条件过滤"窗口,确定后,在拷贝并执行窗口,选择采购订单,然后单击"确定"按钮,将入库货单信息自动带入专用发票。

(4)输入发票号"44869063",单击"保存"按钮,然后再单击工具栏上的"现付"按钮,打开现付对话框。

(5)在现付对话框中输入结算方式"301-电汇",结算金额"10396.00",票据号"00255632"等信息,单击"确定"按钮返回,专用发票上的左上角显示"已现付"的红字信息,单击"结算"按钮,专用发票上的左上角显示"已结算"的红字信息。

❖ 固定资产卡片

(1)以操作员203身份重新登录应用平台,选择账套"辽宁远东伟业公司",操作日期"2019-05-01",登录应用平台。

(2)进入固定资产系统,执行"卡片-采购资产"命令,进入"未转采购资产订单列表"窗口。

(3)单击"编辑"按钮,选择"新增",在采购资产分配设置,完善信息(根据给出固定资产卡片)类别编号"02"、使用部门选择"机修车间"、使用状况"在用"、使用年限(月)"120",单击"保存"按钮,出现"固定资产卡片"窗口。

(4)在"固定资产卡片"窗口检查核对信息后,单击"保存"按钮,出现"数据保存成功"窗口,单击"确定"按钮,出现"固定资产信息"窗口,再单击"确定"按钮。

❖ 确认采购－审核专用发票并生成采购凭证

(1)以操作员205身份重新登录应用平台。

(2)在"财务会计"下的"应付款管理"－"应付单据处理"中的"应付单据审核"命令,打开"单据过滤条件"对话框,选中包含已现结发票选项、已审核和未完全报销选项,单击"确定"按钮,进入应付单据列表窗口。

(3)选择要审核的单据,单击"审核"按钮,系统弹出"审核成功"信息提示框。再单击"确定"按钮,出现"是否立即制单",确定后,出现"记账凭证"窗口。修改凭证借方科目名称"1601",输入附件数,单击"保存"按钮,如图3－83所示。

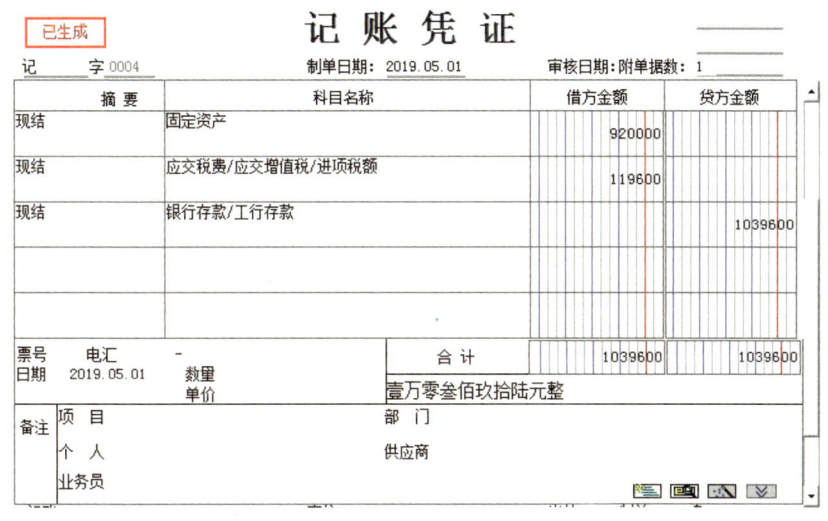

图3－83 采购资产凭证

4.购买原材料。

业务分析:

在实际业务处理中,很多企业对于该类业务暂不处理,也叫"压单",要等到材料验收入库后,有了入库单再按照正常业务进行处理。如果月末还没有到货,可以按暂估业务处理。

操作步骤:

❖ 采购订单

(1)以操作员402身份,选择账套"辽宁远东伟业公司",操作日期2019－05－02",登录应用平台。

(2)选择"供应链"下的"采购管理"－"采购订货"中的"采购订单"命令,单击"增加"按钮,进入采购订单窗口。

(3)根据购销合同输入业务类型普通采购,采购类型普通采购,供应商泰安路达公司,订单编号CG20190502002,部门采购部,选择采购员邹云飞。存货编002,数量3000,原币单价75.00,单击"保存"按钮,退出订单。

(4)以操作员401身份重新登录应用平台。

(5)选择"采购订单",单击按钮,出现该笔业务的订单,单击"审核"按钮并退出。

❖ 采购发票

(1)以操作员402身份重新登录应用平台。

(2)选择"采购发票"中的"专用采购发票"命令,进入"专用发票"窗口。

(3)单击"增加"按钮,单击"生单－采购订单",出现"查询条件过滤"窗口,单击"确定"按钮,在"拷贝并执行"窗口,选择"采购订单",然后单击"确定"按钮,将订单信息自动带入专用发票。

(4)输入发票号"53616313",单击"保存"按钮,然后再单击工具栏上的"现付"按钮,打开现付对话框。

(5)在现付对话框中输入结算方式"301－电汇",结算金额"254250.00",票据号"00265325"等信息,单击"确定"按钮并返回,专用发票上的左上角显示"已现付"的红字信息。

❖ 运费专用发票

(1)在"专用发票"窗口继续单击"增加"按钮,出现新的专用发票窗口,在"专用发票"窗口选择供应商－沈阳大华、代垫单位－沈阳大华、发票号－21014537、选择采购员:邹云飞、税率－9%、存货编码－009、原币金额:36000,单击"保存"按钮,然后再单击工具栏上的"现付"按钮,打开现付对话框。

(2)在现付对话框中输入结算方式"302－信汇",结算金额"3924.00",票据号"00265325"等信息,单击"确定"按钮返回,专用发票上的左上角显示"已现付"的红字信息。

❖ 确认采购－审核专用发票并生成采购凭证

(1)以操作员205身份重新登录应用平台。

(2)在"财务会计"下的"应付款管理"－"应付单据处理"中的"应付单据审核"命令,打开"单据过滤条件"对话框,选中包含已现结发票选项、已审核和未完全报销选项,单击"确定"按钮,进入应付单据列表窗口。

(3)选择要审核的两笔单据,单击"审核"按钮,系统弹出"审核成功"信息提示框,单击"确定"按钮并关闭。

(4)执行"制单处理"命令,打开"制单查询"对话框。选择"现结制单",单击"确定"按钮,进入"发票制单"窗口。

(5)选择凭证类别,单击工具栏上的"全选"按钮,选择窗口上的所有单据,单击"合并制单"按钮,屏幕上会出现根据发票生成的转账凭证,修改凭证借方科目名称"在途物资－塑胶",输入附件数,单击"保存"按钮。如图3－84所示。

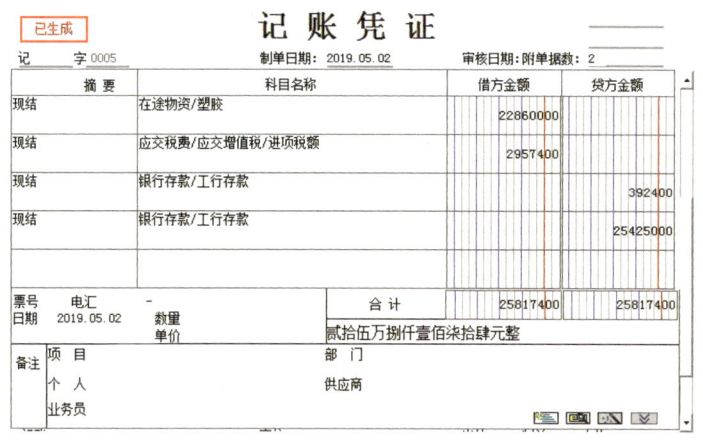

图3－84　采购原材料凭证

5.向银行借入3年期的借款。

操作步骤:

(1)以操作员203身份,选择账套"辽宁远东伟业公司",操作日期"2019－05－02",登录应用平台。

(2)选择在"财务会计"下的"总账"－"凭证"中的"填制凭证"命令,单击"增加"按钮,输入摘要借入三年期的借款、科目名称银行存款/工行存款、出现辅助项对话框,输入结算方式301、借方金额500000.00、科目名称长期借款、贷方金额500000.00。

(3)单击"保存"按钮,出现"凭证已保存成功"对话框,如图3－85所示,确定并退出。

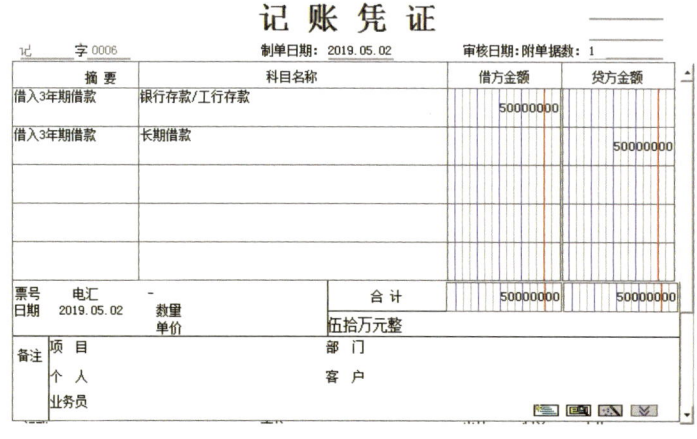

图3－85　借款凭证

6.提取备用金。

操作步骤:

(1)以操作员203身份,选择账套"辽宁远东伟业公司",操作日期"2019－05－02",登录应用平台。

(2)选择在"财务会计"下的"总账"—"凭证"中的"填制凭证"命令,单击"增加"按钮,输入摘要提取备用金、科目名称库存现金、借方金额10000.00、科目名称银行存款/工行存款,出现辅助项对话框,输入结算方式101、票号00058412,贷方金额10000.00。

(3)单击"保存"按钮,出现"凭证已保存成功"对话框,如图3—86所示,确定并退出。

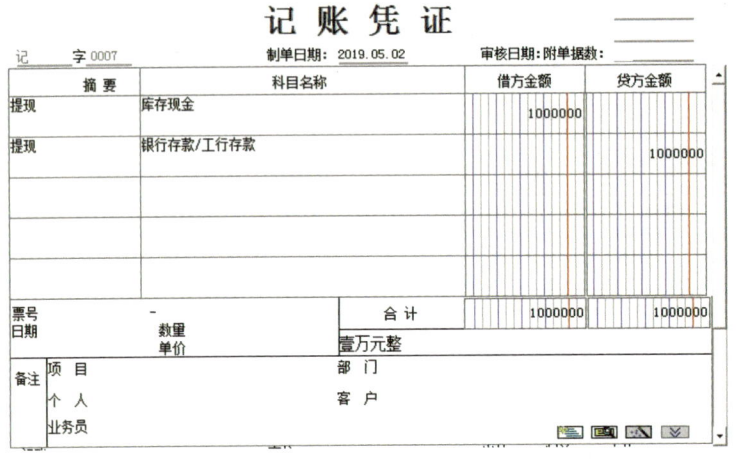

图3—86 提现凭证

7.预借差旅费

操作步骤:

(1)以操作员203身份,选择账套"辽宁远东伟业公司",操作日期"2019—05—02",登录应用平台。

(2)选择在"财务会计"下的"总账"—"凭证"中的"填制凭证"命令,单击"增加"按钮,输入摘要杨远预借差旅费、科目名称其他应收款/应收个人款、出现辅助项对话框,选择部门采购部、个人杨远、借方金额6000.00、科目名称库存现金、贷方金额6000.00。

(3)单击"保存"按钮,出现"凭证已保存成功"对话框,如图3—87所示,确定并退出。

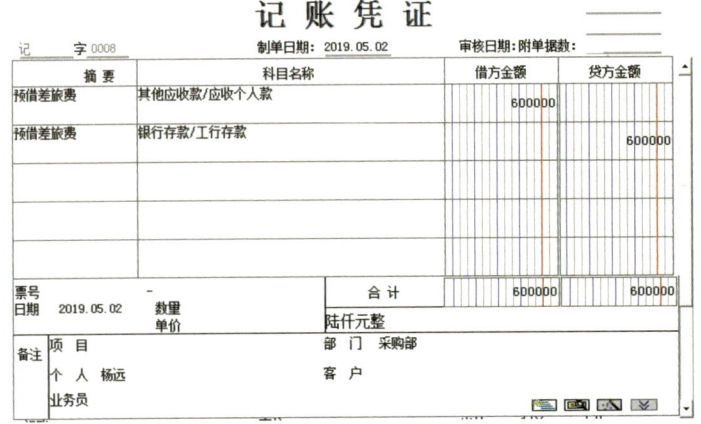

图3—87 预借凭证

8.领用原材料

操作步骤：

❖材料出库单

(1)以操作员501身份，选择账套"辽宁远东伟业公司"，操作日期"2019－05－02"，登录应用平台。

(2)选择"供应链"下的"库存管理"－"出库业务"中的"材料出库单"命令，进入"材料出库单"窗口。

(3)单击"增加"按钮，填写出库日期"2019.5.2"，选择仓库"原材料"，出库类别"领料出库"，部门"加工车间"。

(4)选择"001，工程塑料"，输入数量"2000"、选择"002，塑胶"，输入数量"800"、选择"003，着色剂"，输入数量"8500"。

(5)单击"保存"按钮，再单击"审核"按钮。

❖确认出库成本－记账并生成凭证

(1)以操作员203身份，选择账套"辽宁远东伟业公司"，操作日期"2019－05－02"，登录应用平台。

(2)执行"存货核算－业务核算－正常单据记账"命令，弹出"过滤条件"对话框，单击"确定"按钮，进入"正常单据记账列表"窗口，单击工具栏上的"全选"按钮，再单击工具栏上的"记账"按钮，对材料出库单记账。

(3)执行"财务核算－生成凭证"命令，单击工具栏上的"选择"按钮，弹出"查询条件"对话框，选择"材料出库单"，单击"确定"按钮，进入"未生成凭证单据一览表"。找到该笔业务，双击选择框，再单击工具栏上的"确定"按钮，进入"生成凭证"窗口。

(4)在"生成凭证"窗口，修改第4行的存货科目为"原材料—塑胶"，修改第6行的存货科目为"原材料—着色剂"。单击"合成"按钮。屏幕上会出现合成的凭证。

(5)对生成的凭证进行修改。将光标置于生产成本分录行，将鼠标指针慢慢向下方移动，当鼠标指针变成笔头形状时双击，或者按ctrl＋s组合快捷键，激活辅助项，输入项目名称"风尚座椅"，再单击"保存"按钮，如图3－88所示。

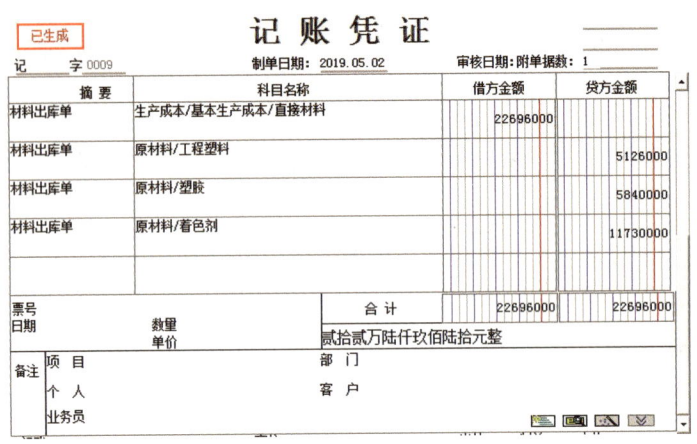

图 3-88 领料生产凭证

9.支付电话费

操作步骤：

(1)以操作员 203 身份,选择账套"辽宁远东伟业公司",操作日期 2019-05-03",登录应用平台。

(2)选择在"财务会计"下的"总账"-"凭证"中的"填制凭证"命令,单击"增加"按钮,输入摘要支付电话费、科目名称"管理费用-办公费"、科目名称"银行存款-工行存款"、出现辅助项对话框,输入结算方式 102、票号 00058413、贷方金额 4800.00。

(3)单击"保存"按键,出现凭证已保存成功对话框,如图 3-89 所示,确定并退出。

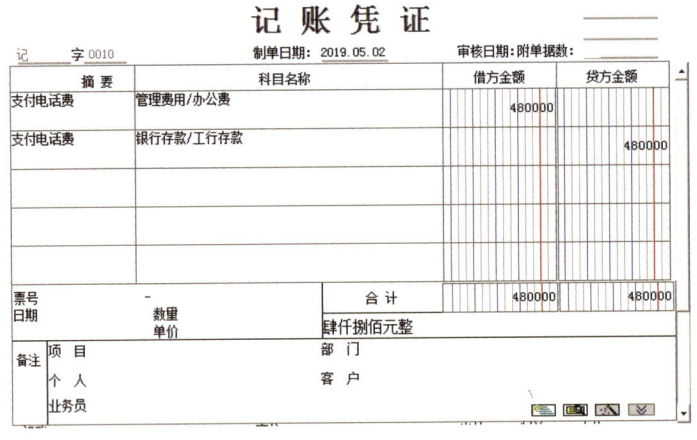

图 3-89 支付话费凭证

10.本月从泰安路达公司购入的塑胶验收入库。

操作步骤：

❖ 采购到货单

(1)以操作员 402 身份,选择账套"辽宁远东伟业公司",操作日期"2019-05-03",登录应用平台。

(2)在采购管理系统中,执行"采购到货－到货单"命令,单击"增加"按钮,选择业务类型为普通采购,单击"生单－采购订单",出现"查询条件"过滤窗口,单击"确定"按钮,在"参照生单"窗口,选择"采购订单",单击"确定"按钮。在到货单窗口,单击"保存"并退出。

(3)以操作员401身份重新登录应用平台。

(4)选择采购管理系统中的采购到货单,单击"下一页"按钮,出现该笔业务的发货单,单击"审核"按钮并退出。

❖ 采购入库单

(1)以操作员501身份登录应用平台。

(2)在库存管理系统中,执行"入库业务－采购入库单"命令,进入采购入库单窗口。

(3)单击"生单"按钮,选择"采购到货单(蓝字)",出现"查询条件选择"窗口,单击"确定"按钮,选择到货单后,再单击"确定"按钮。

(4)出现"采购入库单信息"窗口,选择仓库－原料库,单击"保存"按钮,再单击"审核"按钮,系统弹出"该单据审核成功"信息提示框。单击"确定"按钮返回后退出。

❖ 采购结算

(1)以操作员402身份重新登录应用平台。

(2)执行"采购结算－手工结算"命令,进入手工结算窗口。单击"选单"按钮,打开"结算选单"对话框。

(3)单击工具栏上的"查询"按钮,在"结算选单"窗口上部显示发票,下半部分是入库单。

(4)选择该笔业务要结算的入库单和发票,单击"确定"按钮,屏幕出现"所选单据扣税类别不同,是否继续?"提示信息,单击"是"按钮,返回"手工结算"窗口。选择费用分推方式为按数量,单击"分摊"按钮,系统弹出关于"选择数量分摊,是否开始计算?"的信息提示框,单击"是"按钮确认。再单击"结算"按钮,系统进行结算处理,完成后,系统弹出"完成结算"信息提示框。

❖ 确认采购成本－记账并生成入库凭证

(1)以操作员203身份重新登录应用平台。

(2)在存货核算系统中,执行"业务核算－正常单据记账"命令,打开"正常单据记账条件"对话框。单击"确定"按钮,进入"正常单据记账列表"窗口。

(3)找到该笔业务的采购入库单,在选择框中双击,选择框中出现"Y"字样。单击"记账"按钮,屏幕显示"记账成功"提示信息,记账完毕后,退出"正常单据记账"窗口。

(4)执行"财务核算－生成凭证"命令,进入"生成凭证"窗口。单据工具栏上的"选择"按钮,打开"查询条件"对话框,选择"采购入库单(报销记账)"选项,单击"确定"按钮,进入未生成凭证一览表窗口,选择要制单的记录行,在选择栏中双击,单击"确定"按钮,进入"生成凭证"窗口。

(5)在"生成凭证"窗口将科目编码改成"原材料－塑胶""在途物资－塑胶",选择凭证类别"记账凭证",单击"合成"按钮,进入"填制凭证"窗口。单击"保存"按钮,生成凭证如图 3-90 所示。

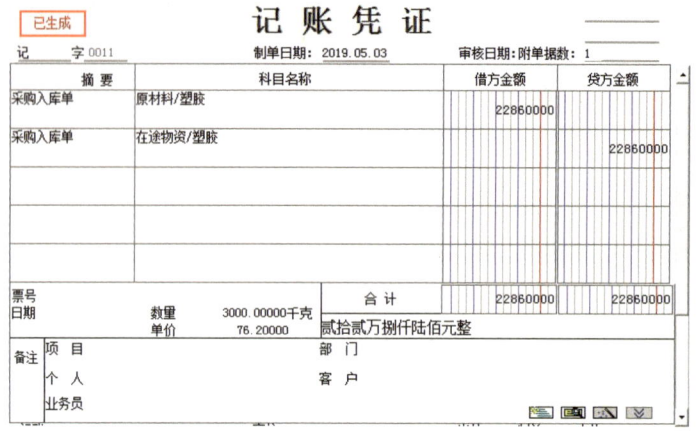

图 3-90 材料入库凭证

11.投出专利权

操作步骤:

(1)以操作员 203 身份,选择账套"辽宁远东伟业公司",操作日期 2019-05-03,登录应用平台。

(2)选择"财务会计-总账-凭证-填制凭证",单击"增加"按钮,输入摘要对外投资、科目名称"长期股权投资-成本"、借方金额 12000.00、科目名称"累计摊销"、借方金额 3000.00、科目名称"无形资产-专利权"、贷方金额 15000.00。

(3)单击"保存"按钮,出现"凭证已保存成功"对话框,如图 3-91 所示,确定并退出。

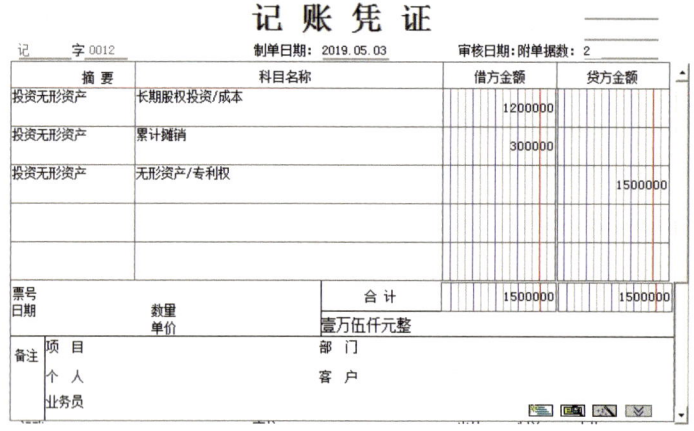

图 3-91 投资无形资产凭证

12.领用材料

操作步骤:

❖ 材料出库单

(1)以操作员 501 身份,选择账套"辽宁远东伟业公司",操作日期"2019-05-03",登录应用平台。

(2)在库存管理系统中,执行"出库业务-材料出库单"命令,进入材料出库单窗口。

(3)单击"增加"按钮,填写出库日期"2019.5.3",选择仓库"原材料",出库类别"领料出库",部门"生产车间"。

(4)选择"001,工程塑料",输入数量"1500",选择"002,塑胶",输入数量"600"。

(5)单击"保存"按钮,再单击"审核"按钮。

❖ 确认出库成本-记账并生成凭证

(1)以操作员 203 身份重新登录应用平台。

(2)在存货核算系统中,执行"业务核算-正常单据记账"命令,弹出"过滤条件"对话框,单击"确定"按钮,进入"正常单据记账列表"窗口,单击工具栏上的"全选"按钮,再单击工具栏上的"记账"按钮,对材料出库单记账。

(3)执行"财务核算-生成凭证"命令,单击工具栏上的"选择"按钮,弹出"查询条件"对话框,选择"材料出库单",单击"确定"按钮,进入"未生成凭证单据一览表"。找到该笔业务的单击,双击选择框,再单击工具栏上的"确定"按钮,进入"生成凭证"窗口。

(4)在"生成凭证"窗口,修改第 4 行的存货科目为"原材料-塑胶",单击工具栏上的"生成"按钮。屏幕上会出现生成的凭证。

(5)对生成的凭证进行修改。将光标置于生产成本分录行,将鼠标指针慢慢向下方移动,当鼠标指针变成笔头形状时双击,输入项目名称"豪华座椅"。单击"保存"按钮,凭证左上角出现"已生成"红色字样,表示该凭证已经传递到总账系统,如图 3-92 所示。

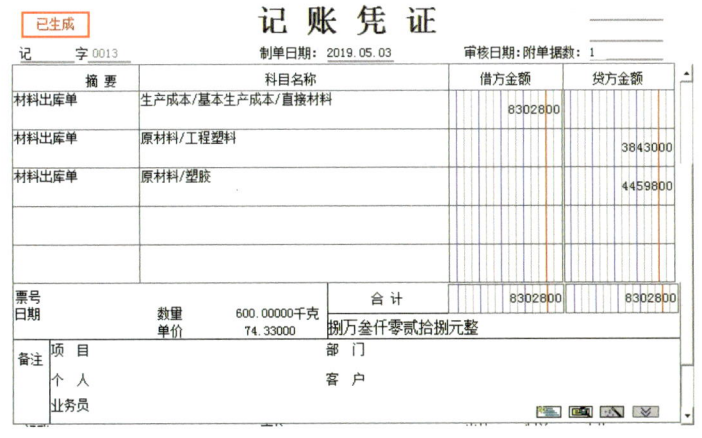

图 3-92 领料生产凭证

13.和山东鹏翔公司签订购销合同。

操作步骤:

(1)以操作员 402 身份,选择账套"辽宁远东伟业公司",操作日期"2019-05-04",登录应用平台。

(2)在采购管理系统中,执行"采购订货－采购订单"命令,进入采购订单窗口。单击"增加"按钮,输入订单日期"2019－05－04"、供应商山东鹏翔公司、订单编号CG201904001、选择存货编码001、工程塑料、数量2000、原币单价25.00、计划到货日期"2019－05－10"等信息,单击"保存"按钮。

(3)以操作员401身份重新登录应用平台。

(4)选择采购订单,单击"下一页"按钮,出现该笔业务的订单,单击"审核"按钮并退出。

14.接受投资

操作步骤：

(1)以操作员203身份,选择账套"辽宁远东伟业公司",操作日期"2019－05－04",登录应用平台。

(2)在固定资产管理系统中,执行"卡片－资产增加"命令,进入"资产类别参照"窗口。

(3)选择资产类别机器设备,单击"确认"按钮,进入"固定资产卡片新增"窗口,输入固定资产名称"QB－67机床",双击部门名称弹出"本资产部门使用方式"信息提示对话框,选择"单部门使用"选项,单击"确定"按钮,打开"部门参照"对话框,选择"生产车间",双击"增加方式",选择"投资者投入",双击"使用状况",选择"在用",输入原值"119 000",可使用年限(月)"180",开始使用日期"2019－05－04",对应折旧科目510103。最后,单击"保存"按钮。

(4)执行处理菜单下的批量制单命令,进入"批量制单"窗口。在该笔业务卡片的选择栏双击,选择栏内出现"Y"字样,再单击制单设置选项卡,补充第二行科目名称:实收资本－辽宁远东博达投资有限公司,单击工具栏上的凭证。选择凭证类型为记账凭证,修改制单日期、附件数,单击"保存"按钮,如图3－93所示。

图3－93 接受投资凭证

15.承兑商业汇票

操作步骤：

(1)以操作员205身份,选择账套"辽宁远东伟业公司",操作日期"2019－05－04",登录应用平台。

(2))在应付款管理系统中,执行"应付款管理－票据管理"命令,在查询条件选择中,选择方向为付款,单击"确定",选择票据后,单击"结算",在"票据结算"对话框中,输入结算科目为100201,单击"确定"按钮,弹出"是否立即制单?"信息提示对话框,单击"是",进入"生成凭证"窗口。

(3)选择凭证类别记账凭证,修改第一行科目名称为"应付票据－商业承兑汇票",选择辅助项对话框,选择供应商为广东大友电器公司,单击"保存"按钮,如图3－94所示。

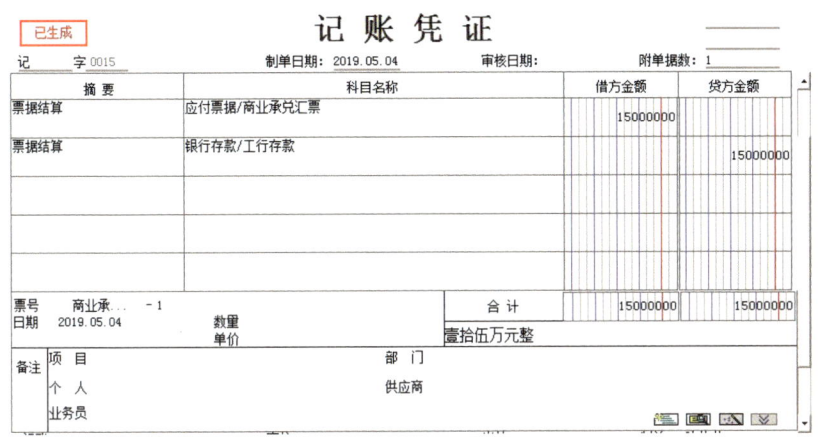

图3－94 商业汇票兑现凭证

16.签订销售合同,并已发出第一批货。

操作步骤:

❖ 销售订单

(1)以操作员302身份,选择账套"辽宁远东伟业公司",操作日期"2019－05－04",登录应用平台。

(2)在销售管理系统中,执行"销售订货－销售订单"命令,进入销售订单窗口。单击"增加"按钮,按购销合同给出的资料填写订单的内容,订单编号XS201904001,客户简称北京顺联公司,业务员李旭。存货编码005,数量300,无税单价是380.00,第一批预计发货日期"2019－05－04"。右键选中第一行记录,单击"复制当前行",粘贴后修改第二批预计发货日期为"2019－05－11",单击"保存"按钮。

(3)以操作员301身份重新登录应用平台。

(4)选择销售订单,单击"下一页"按钮,出现该笔业务的订单,单击"审核"按钮并退出。

❖ 销售发货单

(1)以操作员302身份重新登录应用平台。

(2)在销售管理系统中,执行"销售发货－发货单"命令,进入"发货单"窗口,单击"增加"按钮,出现"参照订单生成"对话框窗口,单击"确定"按钮,在"参照生单"窗口,选择第一笔销售订单,单击"确定"按钮。在"发货单"窗口,选择"仓库名称－成品库",单击"保存"并退出。

(3)以操作员 301 身份重新登录应用平台。

(4)选择销售发货单,单击"下一页"按钮,出现该笔业务的发货单,单击"审核"按钮并退出。

❖ 销售出库单

(1)以操作员 501 身份重新登录应用平台。

(2)在库存管理系统中,执行"出库业务－销售出库单"命令,单击"下一页"按钮,找到该笔业务的出库单。单击"审核"按钮,系统弹出"该单据审核成功"信息提示框,单击"确定"按钮返回。

❖ 销售发票

(1)以操作员 302 身份重新登录应用平台。

(2)在销售管理系统中,执行"销售开票－销售专用发票"命令,进入"销售专用发票"窗口。单击"增加"按钮,取消默认的过滤窗口,单击"生单－参照发货单",打开选择发货单对话框,单击"确定"按钮,选择要参照的发货单,本业务选择客户为北京顺联公司的发货单,单击"确定"按钮,将发货单信息自动带入销售专用发票。输入发票号 15227824,单击"保存"按钮,然后再单击工具栏上的"现结"按钮,打开现结对话框。

(3)在现结对话框中输入结算方式"电汇",结算金额 128 820.00,票据号 80033221 等信息,单击"确定"按钮返回,销售发票上的左上角显示"现结"的红字信息。

(4)以操作员 301 身份重新登录应用平台。

(5)选择销售专用发票,单击"下一页"按钮,出现该笔业务的销售专用发票。单击"复核"按钮,复核销售专用发票,单击"退出"按钮。

❖ 确认收入－审核发票并生成销售收入凭证

(1)以操作员 204 身份重新登录应用平台。

(2)在应收款管理系统中,执行"应收单据处理－应收单据审核"命令,打开"单据过滤条件"对话框,取消选中的日期,选中"包含已现结发票"选项,单击"确定"按钮,进入"应收单据列表"窗口。

(3)双击要审核的单据,单击"审核"按钮,弹出"是否立即制单"对话框,单击"是"按钮。修改凭证日期,输入附件数,单击"保存"按钮,如图 3-95 所示。

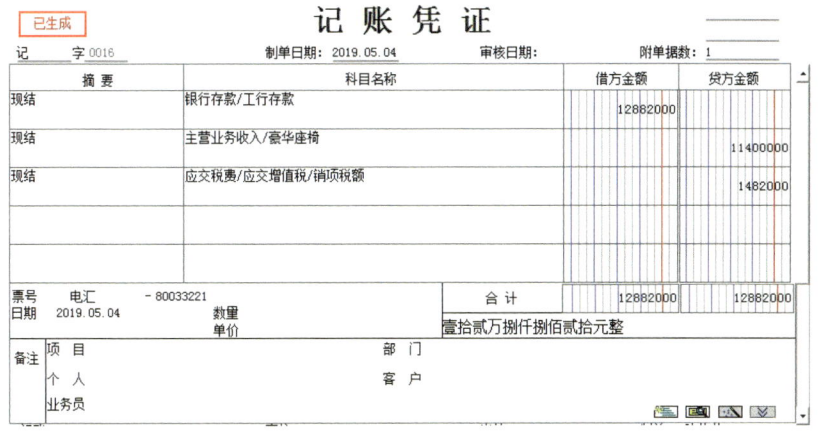

图 3-95 销售现结凭证

❖ 确认销售成本—记账并生成凭证

(1)以操作员 203 身份重新登录应用平台。

(2)在存货核算系统中,执行"业务核算—正常单击记账"命令,打开"正常单据记账条件"对话框。

(3)选中"成品库"复选框,单击"确定"按钮,进入"正常单据记账"窗口,系统显示出正常单据记账列表。双击需要记账的单据前的选择栏,出现"√"标志,或单击工具栏上的"全选"按钮,选择所有单据,然后单击工具栏上的"记账"按钮,屏幕显示"记账成功"提示,已经记账的单据在列表中消失。

(4)执行"财务核算—生成凭证"命令,进入"生成凭证"窗口。单击"选择"按钮,打开"查询条件"对话框。选择"销售专用发票"选项,单击"确定"按钮,进入"选择单据"窗口。

(5)在未生成凭证单据一览表中,找到该笔业务的单据,双击选中框,再单击工具栏中的"确定"按钮,返回"生成凭证"窗口。将对方科目修改为"主营业务成本—豪华座椅",存货科目修改为"库存商品—豪华座椅"。单击工具栏上的"生成"按钮,生成记账凭证,如图 3-96 所示。

图 3-96 销售成本凭证

17.收回货款。

操作步骤：

(1)以操作员204身份，选择账套"辽宁远东伟业公司"，操作日期"2019－05－05"，登录应用平台。

(2)在应收款管理系统中，执行"收款单据处理－收款单据录入"命令，单击"增加"按钮，进入"收款单录入"窗口。按照收款通知输入收款单信息，客户北京顺联公司、结算方式电汇、金额113 000.00、部门财务部、票据号00045782。单击"保存"按钮，系统弹出"是否立即制单"信息提示框，单击"是"按钮。在填制凭证窗口，单击"保存"按钮，保存生成的记账凭证，如图3－97所示。

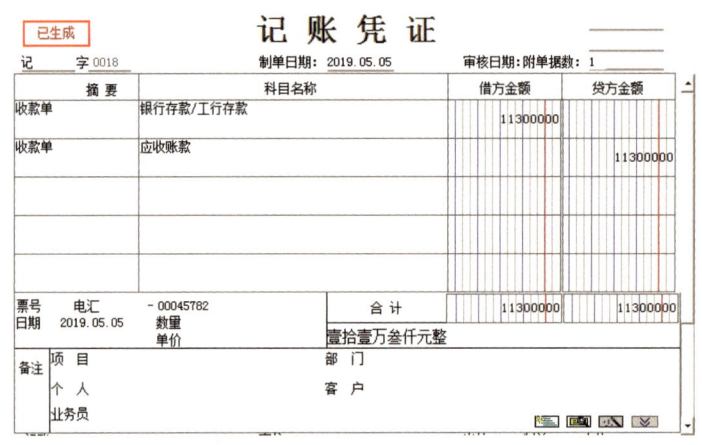

图3－97　收货款凭证

(3)核销。单击工具栏上的"核销"按钮，进入"核销条件"对话框，单击"确定"按钮，进入"单据核销"窗口。找到北京顺联公司的应收单，在本次结算金额中输入"113 000.00"，再单击工具栏上的"保存"按钮。被核销的单据消失，剩下的是尚未支付的款项，最后，单击"关闭"按钮退出。

18.收到保险公司赔款。

操作步骤：

(1)以操作员203身份，选择账套"辽宁远东伟业公司"，操作日期"2019－05－05"、登录应用平台。

(2)选择在"财务会计"下的"总账"－"凭证"中的"填制凭证"命令，单击"增加"按钮，输入摘要收到保险公司赔款、科目名称"银行存款－工行存款"、在弹出辅助项对话框中，输入结算方式转账支票、票号00056427、借方金额56 000.00 科目名称"其他应收款－保险公司"、贷方金额56 000.00。

(3)单击"保存"按钮，出现"凭证已保存成功"对话框，如图3－98所示，确定并退出。

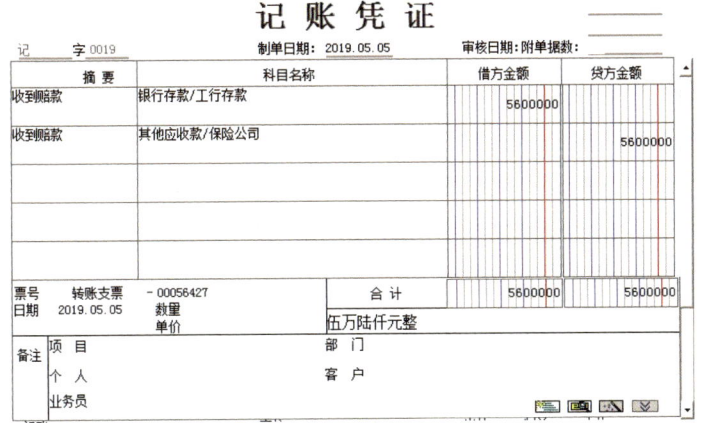

图 3－98　收到理赔款凭证

19.偿还贷款。

操作步骤：

(1)以操作员 203 身份，选择账套"辽宁远东伟业公司"，操作日期"2019－05－05"，登录应用平台。

(2)选择在"财务会计"下的"总账"－"凭证"中的"填制凭证"命令，单击"增加"按钮，输入摘要偿还贷款、科目名称"短期借款"、借方金额 50 000.00、科目名称"银行存款－工行存款"，贷方金额 50 000.00。

(3)单击"保存"按钮，出现凭证已保存成功对话框，如图 3－99 所示，确定并退出。

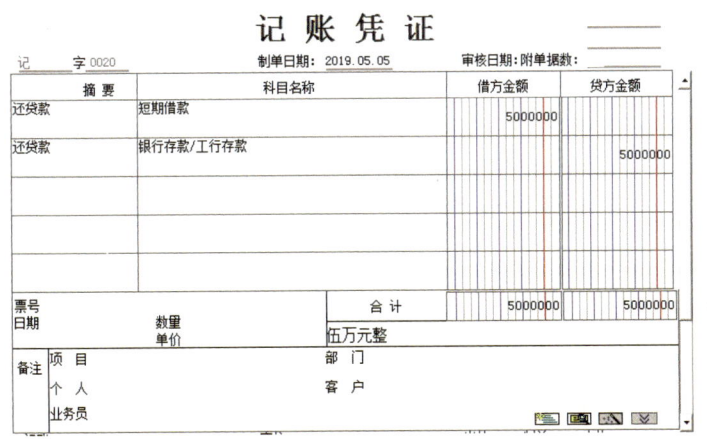

图 3－99　偿还贷款凭证

20.支付修理费。

操作步骤：

(1)以操作员 203 身份，选择账套"辽宁远东伟业公司"，操作日期"2019－05－05"，登录应用平台。

(2)选择在"财务会计"下的"总账"－"凭证"中的"填制凭证"命令，单击"增加"按钮，输入摘要支付修理费、科目名称“管理费用－维修费”、借方金额 1974.36、科目名称“应交税费－应交增值税－进项税额”、借方金额 256.67、科目名称“银行存款－工行存款”、在辅助项对话框中输入，结算方式 101，票号 0058413、货方金额 2231.03。

(3)单击“保存”按钮，出现“凭证已保存成功”对话框，如图 3－100 所示，确定并退出。

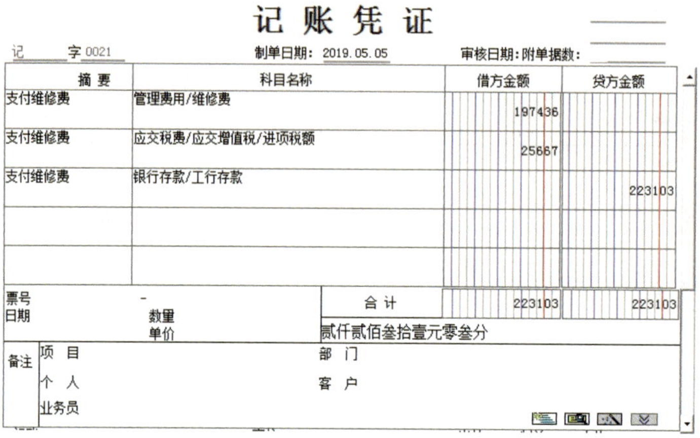

记账凭证

记 字 0021　　制单日期：2019.05.05　　审核日期：附单据数：

摘要	科目名称	借方金额	贷方金额
支付维修费	管理费用/维修费	197436	
支付维修费	应交税费/应交增值税/进项税额	25667	
支付维修费	银行存款/工行存款		223103
票号 日期	数量 单价	合计 223103	223103
		贰仟贰佰叁拾壹元零叁分	

备注　项目　部门　个人　客户　业务员

图 3－100　支付维修费凭证

21.领用原材料。

操作步骤：

❖材料出库单

(1)以操作员 501 身份，选择账套“辽宁远东伟业公司”，操作日期“2019－05－05”，登录应用平台。

(2)在库存管理系统中，执行“出库业务－材料出库单”命令，进入“材料出库单”窗口，单击“增加”按钮，填写出库日期“2019－05－05”，选择仓库“原材料”，出库类别“领料出库”，部门“组装车间”，选择“002，塑胶”，输入数量“800”。单击“保存”按钮，再单击“审核”按钮。

❖确认出库成本－记账并生成凭证

(1)以操作员 203 身份重新登录应用平台。

(2)在存货核算系统中，执行“业务核算－正常单据记账”命令，弹出过滤条件对话框，单击“确定”按钮，进入正常单据记账列表窗口，单击工具栏上的“全选”按钮，再单击工具栏上的“记账”按钮，对材料出库单记账。

(3)执行“财务核算－生成凭证”命令，单击工具栏上的“选择”按钮，弹出“查询条件”对话框，选择“材料出库单”，单击“确定”按钮，进入“未生成凭证单据一览表”窗口。找到该笔业务的订单，双击选择框，再单击工具栏上的“确定”按钮，进入“生成凭证”窗口，修改第 2 行的存货科目为“原材料－塑胶”，单击“生成”按钮，屏幕上会出现生成的凭证。

(4)对生成的凭证进行修改，将光标置于生产成本分录行，将鼠标指针向下方移动，当鼠标指针变成笔头形状时双击，输入项目名称“风尚座椅”，单击“保存”按钮，凭证左上角出现

"已生成"红色字样,表示该凭证已经传递到总账系统,如图3-101所示。

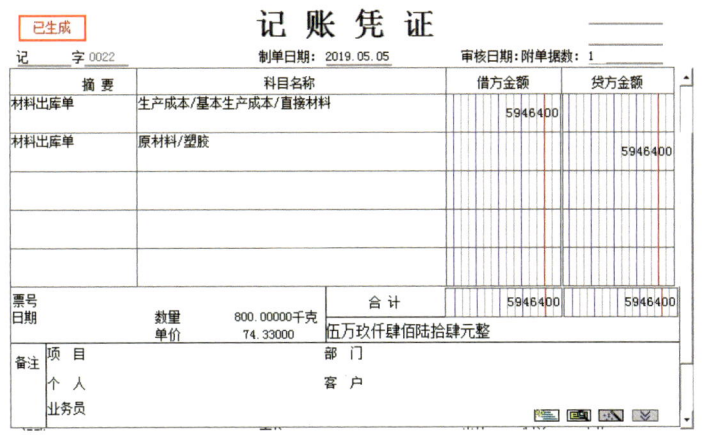

图3-101 领料凭证

22.5月2日验收入库的泰安路达公司采购的塑胶,发现其中50千克有质量问题,进行退货处理。

操作步骤:

❖ 退货单

(1)以操作员402身份,选择账套"辽宁远东伟业公司",操作日期"2019-05-06",登录应用平台。

(2)在采购管理系统中,执行"采购到货-采购退货单"命令,进入"采购退货单"窗口,单击"增加"按钮,单击"生单"按钮选择采购订单,在拷贝并执行窗口选择订单,单击"确定"按钮。修改采购退货单数量为"-50",单击"保存"按钮。

(3)以操作员401身份重新登录应用平台。

(4)选择"采购退货单",单击"下一页"按钮,出现该笔业务的退货单,单击"审核"按钮并退出。

❖ 红字采购入库单

(1)以操作员501身份重新登录应用平台。

(2)在库存管理系统中,选择"入库业务-采购入库单"命令,进入"采购入库单输入"窗口,单击"生单"按钮,选择"采购到货单(红字)",在"到货单生单列表"中选择"单据",单击"确定"按钮,然后选择仓库"原料库",单击"保存"按钮,再单击"审核"按钮后退出。

❖ 红字采购专用发票并执行采购结算

(1)以操作员402身份重新登录应用平台。

(2)在采购管理系统中,执行"采购发票-红字专用采购发票"命令,进入采购专用发票(红字)窗口,单击"增加"按钮,单击工具栏上的"生单"按钮旁边的倒三角按钮,选择入库单,进入入库单列表过滤窗口,再单击"过滤"按钮,选择5月6日的入库单,单击"确定"按钮,生成红字采购专用发票。输入发票号46587521,单击"保存"按钮。然后再单击工具栏上的"现结"按钮,打开现结对话框。

(3)在现结对话框中输入结算方式"电汇",结算金额-4237.50,票据号00567824等信息,单击"确定"按钮返回,销售发票上的左上角显示"现结"的红字信息。最后,单击"结算"按钮,进行采购结算。

❖ 确认退货-审核发票并进行现结制

(1)以操作员205身份重新登录应用平台

(2)在应付款管理系统中,执行"应付单据处理-应付单据审核"命令,打开"单据过滤条件"对话框。

(3)选择供应商"泰安路达公司",并选择左下角"包含已现结发票"复选框。取消单据日期选择,单击"确定"按钮进入"应付单据列表"。

(4)找到该笔业务的单据,双击选择框,再单击工具栏上的"审核"按钮,系统弹出"审核成功"信息提示框。

(5)执行"制单处理"命令,打开"制单查询"对话框,选择"现结制单"选项,再选择供应商"泰安路达公司",单击"确定"按钮,进入"采购发票制单"窗口。选择要制单的记录行,选择凭证类别,单击"制单"按钮,进入"填制凭证"窗口。

(6)单击"保存"按钮,如图3-102所示。

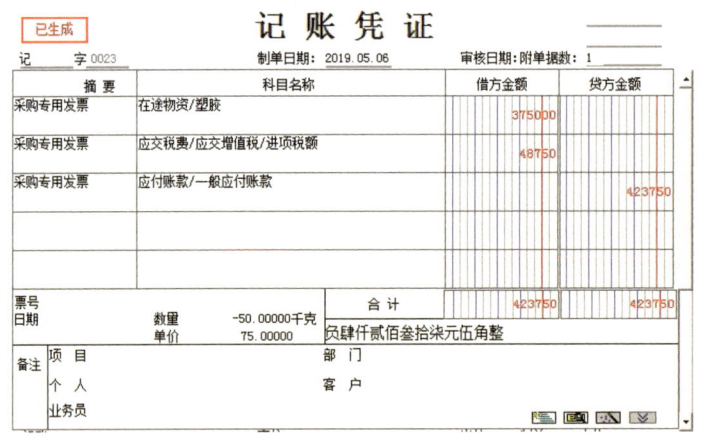

图3-102 采购退货发票凭证

❖ 确认退货成本-记账并生成凭证

(1)以操作员203身份重新登录应用平台。

(2)在存货核算系统中,执行"业务核算-正常单据记账"命令,打开"正常单据记账条件"对话框。选择查询条件,单击"确定"按钮,进入"正常单据记账"窗口,选择要记账的单据,并单击"记账"按钮,屏幕上会显示"记账成功"提示信息,记账完毕后退出"正常单据记账"窗口。

(3)执行"财务核算-生成凭证"命令,进入"生成凭证"窗口。单击工具栏上的"选择"按钮,打开"查询条件"对话框,选择"采购入库单(报销记账)"选项,再单击"确定"按钮;进入"生成凭证一览表"窗口,选择要制单的记录行,单击"确定"按钮,进入"生成凭证"窗口。

(4)选择凭证类别为"记账凭证",将存货科目改成"原材料－塑胶"、对方科目修改为"在途物资－塑胶",单击"生成"按钮,进入填制凭证窗口。单击"保存"按钮,如图3－103所示。

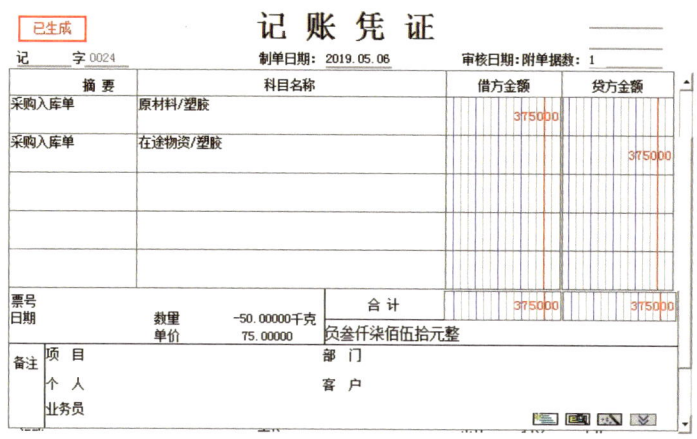

图3－103　采购退货入库单凭证

❖红字付款单

(1)以操作员205身份重新登录应用平台。

(2)在应付款管理系统中,执行"付款单据处理－付款单据录入"命令,在付款单窗口,单击"切换"按钮,出现"收款单"窗口。

(3)根据收款单输入信息,供应商－泰安路达公司、结算方式－电汇、金额是4237.50、部门－财务部、款项类型－应付款,单击"保存"按钮。弹出"是否立即制单"消息,单击"确定"按钮,保存凭证,如图3－104所示。

(4)单击工具栏上的"核销"按钮,进入核销条件对话框,再单击"确定"按钮。找到泰安路达公司的应收单,在本次结算金额中输入"4237.50"。再单击工具栏上的"保存"按钮。

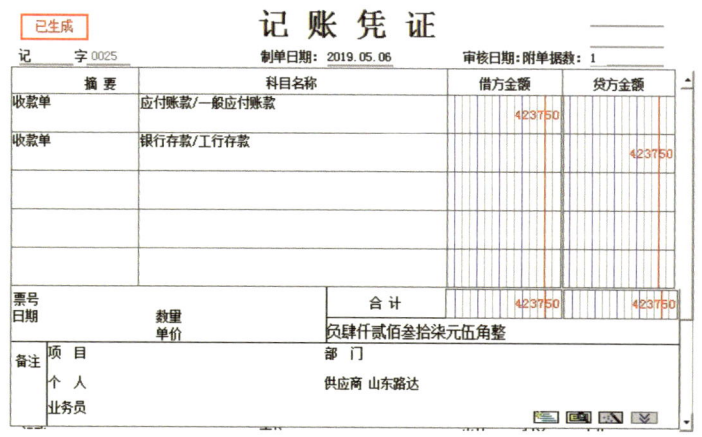

图3－104　采购退款凭证

23.支付水费

操作步骤：

(1)以操作员203身份，选择账套"辽宁远东伟业公司"，操作日期"2019－05－05"，登录应用平台。

(2)选择在"财务会计"下的"总账"－"凭证"中的"填制凭证"命令，单击"增加"按钮，输入摘要－支付水费、科目名称－"制造费用－水电费"、借方金额－3190.00、科目名称－"生产成本－轴助生产车间－供电车间"、借方金额－240.00、科目名称－"生产成本－辅助生产车间－机修车间"、借方金额－610.00、科目名称－"管理费用－其他"、借方金额－380.00、科目名称－"应交税费－应交增值税－进项税"、借方金额－397.80、科目名称－"银行存款－工行存款"、辅助项对话框中，结算方式－102、票据号－0068714、贷方金额：4817.80，如图3－105所示。

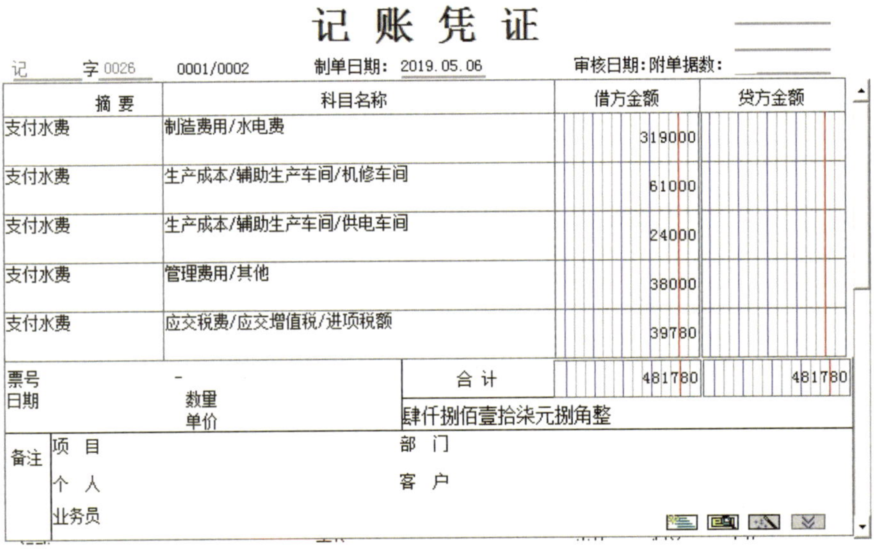

图3－105 支付水费凭证

(3)单击"保存"按钮，出现凭证已保存成功对话框，确定并退出业务。

24.销售风尚座椅。

操作步骤：

❖ 销售订单

(1)以操作员302身份，选择账套"辽宁远东伟业公司"，操作日期"2019－05－07"，登录应用平台。

(2)在销售管理系统中，执行"销售订货－销售订单"命令，进入"销售订单"窗口。单击"增加"按钮，按购销合同给出的资料填写订单的内容，订单编号为XS201905007、客户简称上海永康公司、业务员李旭、存货编码004、数量200、无税单价400.00，单击"保存"按钮。

(3)以操作员301身份重新登录应用平台。

(4)选择销售订单,单击"下一页"按钮,出现该笔业务的订单,单击"审核"按钮并退出。

❖ 销售发货单

(1)以操作员302身份重新登录应用平台。

(2)在销售管理系统中,执行"销售发货－发货单"命令,进入"发货单"窗口。单击"增加"按钮,出现"参照订单生成对话框"窗口,单击"确定"按钮,在"参照生单"窗口,选择销售订单,单击"确定"按钮,在"发货单"窗口,选择"仓库名称－成品库",单击"保存"并退出。

(3)以操作员301身份重新登录应用平台。

(4)选择销售发货单,单击"下一页"按钮,出现该笔业务的发货单,单击"审核"按钮并退出。

❖ 销售出库单

(1)以操作员501身份重新登录应用平台。

(2)在库存管理系统中,选择"出库业务－销售出库单"命令,单击"下一页"按钮,找到该笔业务的出库单。

(3)单击"审核"按钮,系统弹出"该单据审核成功"信息提示框,单击"确定"按钮并返回。

❖ 销售发票

(1)以操作员302身份重新登录应用平台。

(2)在销售管理系统中,执行"销售开票－销售专用发票"命令,进入销售专用发票窗口。单击"增加"按钮,取消默认的过滤窗口,选择"生单－参照发货单",选择要参照的发货单,单击"确定"按钮,将发货单信息自动带入销售专用发票,输入发票号15227825,单击"保存"按钮。

(3)以操作员301身份重新登录应用平台。

(4)选择销售专用发票,单击"下一页"按钮,出现该笔业务的销售专用发票。再单击"复核"按钮,复核销售专用发票,单击"退出"按钮。

❖ 确认收入－审核并生成销售收入凭证

(1)以操作员204身份重新登录应用平台。

(2)在应收款管理系统中,执行"应收单据处理－应收单据审核"命令,打开"单据过滤条件"对话框,单击"确定"按钮,进入"应收单据列表"窗口。

(3)双击要审核的单据,单击"审核"按钮,弹出"是否立即制单"对话框,单击"是"按钮。修改凭证日期,输入附件数,单击"保存"按钮,如图3－106所示。

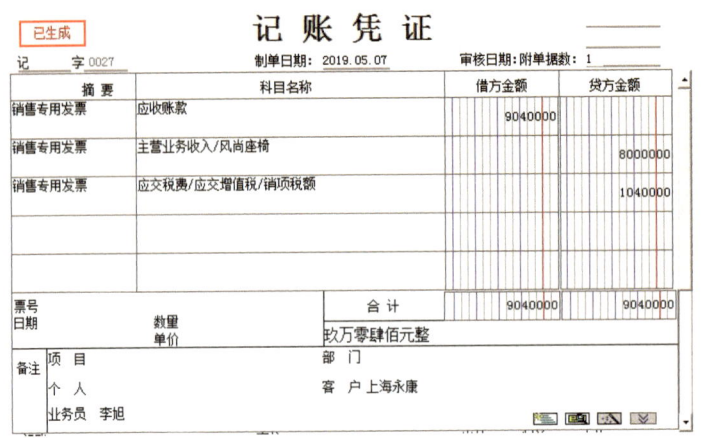

图 3－106　销售收入凭证

❖ 确认销售成本－记账并生成凭证

(1)以操作员 203 身份重新登录应用平台。

(2)在存货核算系统中，执行"业务核算－正常单据记账"命令，打开"正常单据记账条件"对话框。选择查询条件，单击"确定"按钮，进入"正常单据记账"窗口，选择要记账的单据，单击"记账"按钮，记账完毕后退出正常单据记账窗口。

(3)执行"财务核算－生成凭证"命令，进入生成凭证窗口，单击工具栏上的"选择"，打开"查询条件"对话框，选择"销售专用发票"选项，再单击"确定"按钮，进入"未生成凭证一览表"窗口，选择要制单的记录行，最后，单击"确定"按钮，进入"生成凭证"窗口，选择凭证类别"记账凭证"，单击"生成"按钮，进入"填制凭证"窗口。单击"保存"按钮，如图 3－107 所示。

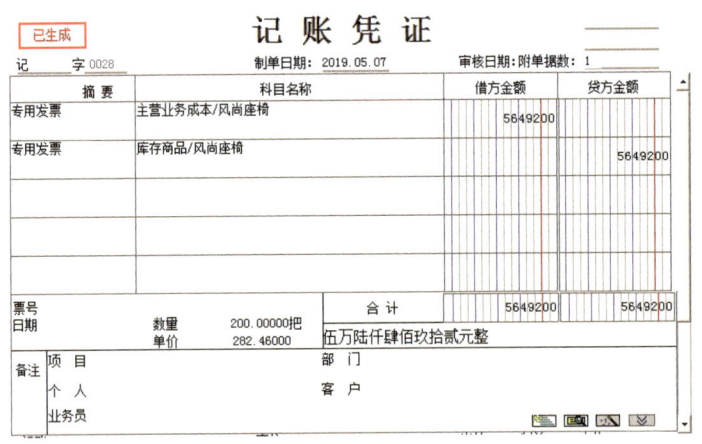

图 3－107　销售成本凭证

25.缴纳上月税款。

操作步骤：

(1)以操作员 203 身份重新登录应用平台，选择账套"辽宁远东伟业公司"，操作日期

“2019－05－08”，登录应用平台。

(2)选择在“财务会计”下的“总账”－“凭证”中的“填制凭证”命令，单击“增加”按钮，输入摘要缴纳上月税款、科目名称“应交税费－未交增值税”、借方金额 37 000.00、科目名称“应交税费－应交教育费附加”、借方金额 1 200.00、科目名称“应交税费－应交城市建设维护费”、借方金额 2 800.00、科目名称“银行存款－工行存款”，辅助项对话框不填、贷方金额 41 000.00，如图 3－108 所示。

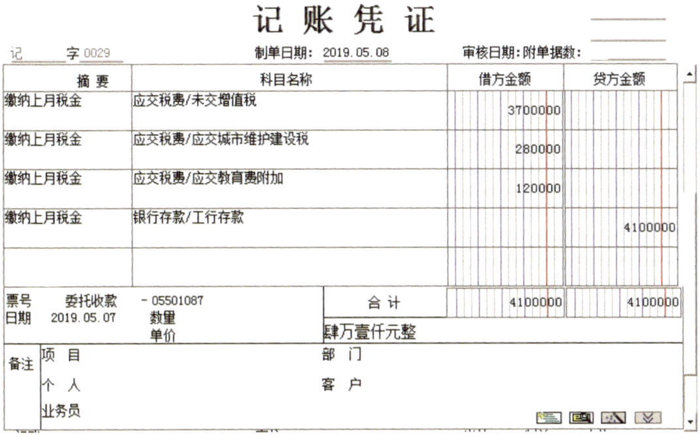

记 账 凭 证

记 字 0029 制单日期：2019.05.08 审核日期： 附单据数：

摘要	科目名称	借方金额	贷方金额
缴纳上月税金	应交税费/未交增值税	3700000	
缴纳上月税金	应交税费/应交城市维护建设税	280000	
缴纳上月税金	应交税费/应交教育费附加	120000	
缴纳上月税金	银行存款/工行存款		4100000
票号 委托收款 － 05501087 日期 2019.05.07 数量 单价	合计 肆万壹仟元整	4100000	4100000

备注 项 目 部 门
个 人 客 户
业务员

图 3－108 缴纳税金凭证

(3)单击“保存”按钮，出现“凭证已保存成功”对话框，单击“确定”按钮并退出。

26.购入货车。

操作步骤：

❖采购订单

(1)以操作员 402 身份重新登录应用平台，选择账套“辽宁远东伟业公司”，操作日期“2019－05－08”，登录应用平台。

(2)在采购管理系统中，执行“采购订货－采购订单”命令，单击“增加”按钮，进入“采购订单”窗口。

(3)根据购销合同输入业务类型固定资产、采购类型资产采购、订单编号 CC20190508001，单击供应商右侧参照按钮，选择供应商沈阳绿洲汽车贸易公司、采购员邹云飞、税率 13%、存货名称汽车、数量 1、原币单价 280 000.00、税率 13%，单击“保存”按钮。

(4)以操作员 401 身份重新登录应用平台。

(5)选择采购订单，单击“下一页”按钮，出现该笔业务的订单，单击“审核”按钮并退出。

❖采购到货单

(1)以操作员 402 身份重新登录应用平台，选择账套“辽宁远东伟业公司”，操作日期“2019－05－08”，登录应用平台。

(2)选择“采购到货－到货单”命令，进入“到货单”窗口。

（3）单击"增加"按钮，选择业务类型固定资产，单击"生单－采购订单"，出现"查询条件过滤"窗口，单击"确定"按钮，在"参照生单"窗口，选择采购订单，再单击"确定"按钮。在"到货单"窗口，单击"保存"并退出。

（4）以操作员 401 身份重新登录应用平台。

（5）选择采购到货单，单击"下一页"按钮，出现该笔业务的发货单，单击"审核"按钮并退出。

❖ 采购入库单

（1）以操作员 501 身份重新登录应用平台。

（2）在库存管理系统中，执行"入库业务－采购入库单"命令，单击"生单－采购到货单（蓝字）"，出现"查询条件过滤"窗口，单击"确定"按钮，在"到货单生单"窗口，选择采购订单，再单击"确定"按钮，在"采购入库单"窗口，选择仓库资产库，单击"保存"按钮。

（3）单击"审核"按钮，系统弹出"该单据审核成功"信息提示框，单击"确定"按钮并返回。

❖ 采购发票

（1）以操作员 402 身份重新登录应用平台

（2）在采购管理系统中，执行"采购发票－专用采购发票"命令，进入专用发票窗口。单击"增加"按钮，选择业务类型固定资产，单击"生单入库单"，出现"查询条件过滤"窗口，单击"确定"按钮，在"拷贝并执行"窗口，选择入库单，单击"确定"按钮，将入库单信息自动带入专用发票。输入发票号 01322642，单击"保存"按钮，然后再单击工具栏上的"现付"按钮，打开现付对话框。

（3）在现付对话框中输入结算方式 102，结算金额 316 400.00，票据号 0068714 等信息，单击"确定"按钮并返回，专用发票上的左上角显示"已现付"的红字信息。单击"结算"按钮，专用发票上的左上角显示"已结算"的红字信息。

❖ 固定资产卡片

（1）以操作员 203 身份，选择账套"辽宁远东伟业公司"，操作日期"2019－05－08"，登录应用平台。

（2）在固定资产系统中，执行"卡片－采购资产"命令，在选择栏单击，进入未转采购资产订单列表窗口。选择"编辑"按钮，然后选择"新增"，在采购资产分配设置，根据固定资产卡片完善信息，类别编号 04、使用部门选择"销售部"、使用状况在用、使用年限（月）120，单击"保存"按钮，检查核对信息后，单击"保存"按钮，出现"数据保存成功"窗口，单击"确定"按钮，出现"固定资产信息"窗口，再单击"确定"按钮。

❖ 确认采购－审核并生成采购凭证

（1）以操作员 205 身份重新登录应用平台。

（2）在应付款管理系统中，执行"应付单据处理－应付单据审核"命令，打开"单据过滤条件"对话框，选中"包含已现结发票"选项、"已审核和未完全报销"选项，单击"确定"按钮，进入"应付单据列表"窗口。

(3)双击要审核的单据,单击"审核"按钮,系统弹出"是否立即制单"信息提示框,再选择"确定"按钮,出现"记账凭证"窗口。

(4)修改凭证借方科目名称:1601,输入附件数,单击"保存"按钮,凭证左上角显示"已生成"红字字样,表示已将凭证传递到总账,如图3-109所示。

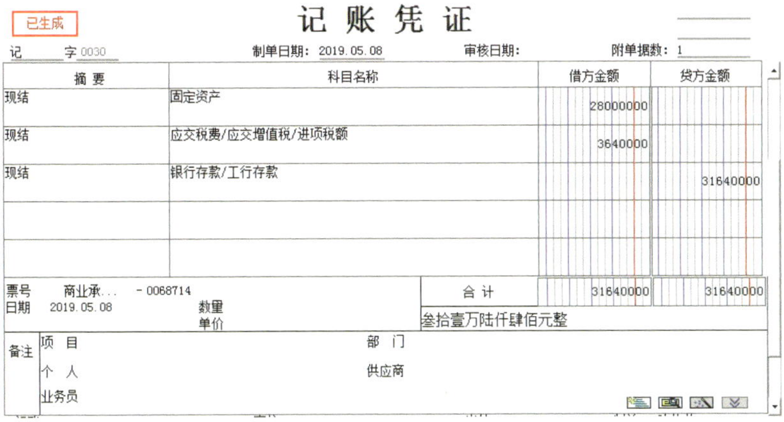

图 3-109 采购汽车凭证

27.支付业务招待费。

操作步骤:

(1)以操作员203身份,选择账套"辽宁远东伟业公司",操作日期"2019-05-08",登录应用平台。

(2)选择在"财务会计"下的"总账"-"凭证"中的"填制凭证"命令,单击"增加"按钮,输入摘要支付业务招待费、科目名称"管理费用-业务招待费"、辅助项对话框中、部门行政部、借方金额4 897.00、科目名称"库存现金"、贷方金额4 897.00。

(3)单击"保存"按钮,出现凭证已保存成功对话框,如图3-110所示,确定并退出。

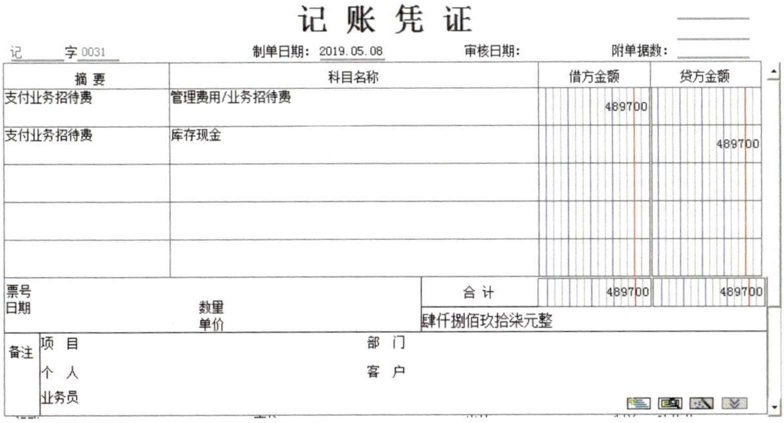

图 3-110 支付招待费凭证

28.购买包装物。

操作步骤:

❖ 采购入库单

(1)以操作员501身份,选择账套"辽宁远东伟业公司",操作日期"2019-05-08",登录应用平台。

(2)在库存管理系统中,执行"入库业务-采购入库单"命令,进入"采购入库单"窗口。单击"增加"按钮,选择"周转材料库",再选择供应商"辽宁祥云包装物公司",入库类别采购入库,存货编码006包装箱,数量800,单价16.00。单击"保存"按钮,再单击"审核"按钮,系统弹出"该单据审核成功"信息提示框,单击"确定"按钮返回后退出。

❖ 采购专用发票并结算

(1)以操作员402身份重新登录应用平台。

(2)在采购管理系统中,执行"采购发票-专用采购发票"命令,进入采购专用发票窗口。单击"增加"按钮,再单击工具栏上的"生单"按钮旁边的倒三角按钮,选择其中的入库单,进入"采购入库单列表过滤"对话框,单击"确定"按钮,进入"拷贝并执行"窗口。

(3)找到该笔业务的入库单,在选择框中双击,选择框中出现"Y"字样,同时,发票拷贝入库单标题列表中出现新的记录行。单击"确定"按钮,将采购入库单信息带入采购专用发票。输入发票号24785412,单击"保存"按钮,再单击"现付"按钮,打开采购现付对话框。

(4)选择结算方式101,输入结算金额14 464.00、票据号0058414,单击"确定"按钮,发票左上角显示"已现付"红色字样。再单击工具栏上的"结算"按钮,发票左上角显示"已结算"红色字样。

❖ 确认应付款-审核并生成采购凭证

(1)以操作员205身份重新登录应用平台。

(2)在应付款管理系统中,执行"应付单据处理-应付单据审核"命令,打开"单据过滤条件"对话框,选中"包含已现结发票"选项、"已审核和未完全报销"选项,选择供应商"辽宁祥云包装物公司",单击"确定"按钮。

(3)选择需要审核的单据,单击"审核"按钮,系统弹出"审核成功"信息提示框。

(4)执行"制单处理"命令,打开制单查询对话框,选择供应商"辽宁祥云包装物公司",单击"确定"按钮,进入"采购发票制单"窗口。选择要制单的记录行,选择凭证类别,单击"制单"按钮,进入"填制凭证"窗口,改借方科目为"在途物资-包装箱"。单击"保存"按钮,如图3-111所示。

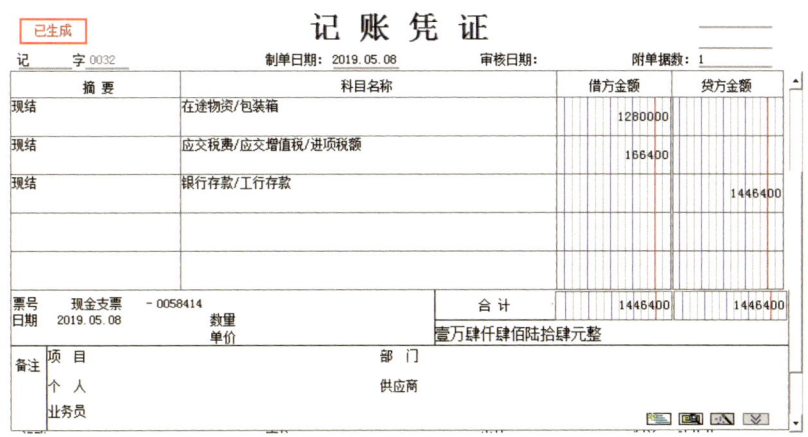

图3-111 采购凭证

❖ 确认采购成本—记账并生成入库凭证

(1)以操作员203身份重新登录应用平台。

(2)在存货核算系统中,执行"业务核算—正常单据记账"命令,打开正常单据记账条件对话框。选择查询条件,单击"确定"按钮,进入"正常单据记账"窗口,选择要记账的单据,单击"记账"按钮,记账完毕后退出正常单据记账窗口。

(3)执行"财务核算—生成凭证"命令,进入"生成凭证"窗口,单击工具栏上的"选择"按钮,打开查询条件对话框,选择"采购入库单(报销记账)"选项,单击"确定"按钮。进入未生成凭证一览表窗口,选择要制单的记录行,填写科目代码"140204",单击"生成"按钮,进入生成凭证窗口。

(4)选择凭证类别"记账凭证",修改贷方科目"在途物资—包装箱"。再单击"生成"按钮,进入"填制凭证"窗口。单击"保存"按钮,如图3-112所示。

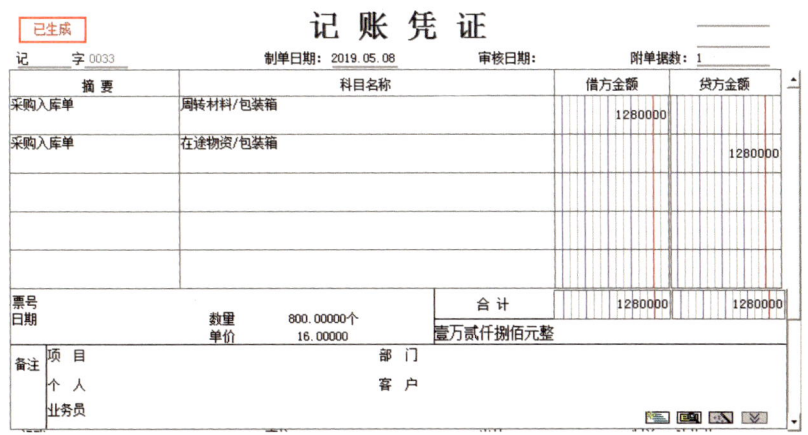

图3-112 采购入库凭证

29.收到上月广东大友电器公司购入的工程塑料发票,并支付货款。

操作步骤:

❖采购专用发票

(1)以操作员 402 身份，选择账套“辽宁远东伟业公司”，操作日期“2019—05—08”，登录应用平台。

(2)在采购管理系统中，执行“采购发票—专用采购发票”命令，进入采购专用发票窗口，单击“增加”按钮，再单击工具栏上的“生单”按钮旁边的倒三角按钮，选择其中的入库单，进入“采购入库单列表过滤”对话框，单击“确定”按钮，进入“拷贝并执行”窗口。

(3)找到该笔业务的入库单，在选择框中双击，选择框中出现“Y”字样，同时，发票拷贝入库单标题列表中出现新的记录行。单击“确定”按钮，将采购入库单信息带入采购专用发票，修改单价 27.50，发票号 33125454，单击“保存”按钮，然后单击“现付”按钮，打开“采购现付”对话框。

(4)选择结算方式电汇，输入结算金额 24 860.00，票据号 85245687，单击“确定”按钮，发票左上角显示“已现付”红色字样。再单击工具栏上的“结算”按钮，发票左上角显示“已结算”红色字样。也可以保存好采购专用发票，在采购结算中作自动结算或手工结算。

❖确认应付款—审核并合并制单

(1)以操作员 205 身份重新登录应用平台。

(2)在付款管理系统中，执行“应付单据处理—应付单据审核”命令，打开单据过滤条件对话框。

(3)选择供应商“广东大友电器公司”，选择左下角“包含已现结发票”复选框。单击“确定”按钮返回后退出。选择需要审核的单据，单击“审核”按钮，系统弹出“审核成功”信息提示框。执行“制单处理”命令，选择“现结制单”，单击“确定”按钮，选择要制单的单据后，单击“制单”按钮，进入填制凭证窗口。单击“保存”按钮，如图 3—113 所示。

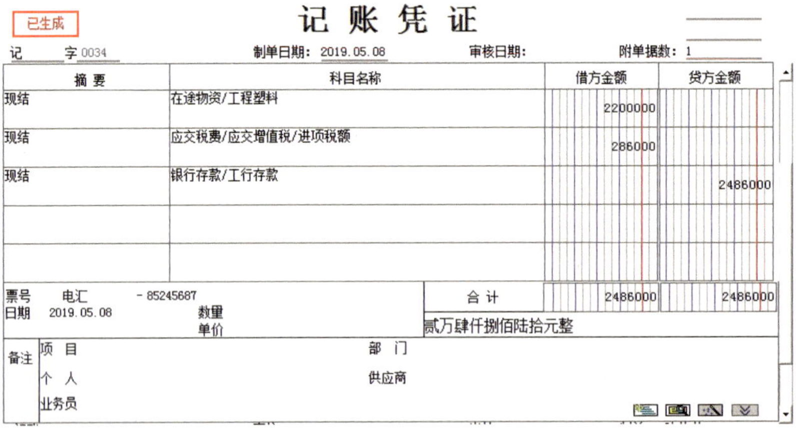
已生成

记账凭证

记 字 0034 制单日期：2019.05.08 审核日期： 附单据数：1

摘要	科目名称	借方金额	贷方金额
现结	在途物资/工程塑料	2200000	
现结	应交税费/应交增值税/进项税额	286000	
现结	银行存款/工行存款		2486000
票号 电汇 - 85245687 日期 2019.05.08 数量 单价	合计	2486000	2486000
	贰万肆仟捌佰陆拾元整		

备注 项目 部门 个人 供应商 业务员

图 3—113 采购发票凭证

❖确认采购成本—记账并生成入库凭证

(1)以操作员 203 身份重新登录应用平台。

(2)在存货核算系统中,执行"业务核算-结算成本处理"命令,打开暂估处理查询对话框。选择"原料库",选择"未全部结算完的单据是否显示"复选框。单击"确定"按钮,进入结算成本处理窗口。选择需要进行暂估结算的单据,单击"暂估"按钮,暂估结算完成。

(3)执行"财务核算-生成凭证"命令,进入"生成凭证"窗口。单击工具栏上的"选择"按钮,打开"查询条件"对话框,选择"蓝字回冲单(报销)"选项,再单击"确定"按钮,进入"未生成凭证一览表"窗口,选择要制单的记录行,然后单击"确定"按钮,进入"生成凭证"窗口。

(4)选择凭证类别"记账凭证",单击"生成"按钮,进入填制凭证窗口,然后,单击"保存"按钮,如图3-114所示。

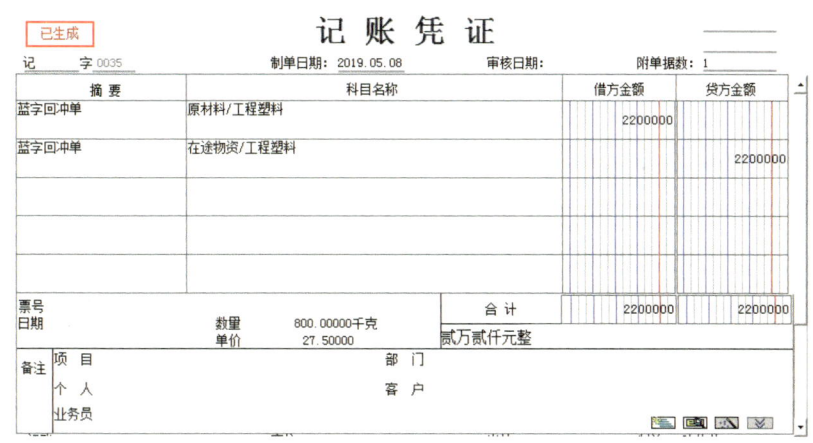

图3-114 采购入库凭证

30.4日自山东鹏翔公司订购的工程塑料到货。

操作步骤:

❖采购到货单

(1)以操作员402身份,选择账套"辽宁远东伟业公司"操作日期"2019-05-09",登录应用平台。

(2)在采购管理系统中,执行"采购到货-到货单"命令,进入"到货单"窗口,单击"增加"按钮,选择"生单采购订单",出现"查询条件过滤"窗口,单击"确定"按钮,在"参照生单"窗口,选择采购订单,单击"确定"按钮,在"到货单"窗口,单击"保存"按钮并退出。

(3)以操作员401身份重新登录应用平台。

(4)选择采购到货单,单击"下一页"按钮,出现该笔业务的发货单,单击"审核"按钮并退出。

❖采购入库单

(1)以操作员501身份重新登录应用平台。

(2)在库存管理系统中,执行"入库业务-采购入库单"命令,单击"生单-采购到货单(蓝字)",出现"查询条件过滤"窗口,单击"确定"按钮,在"到货单生单"窗口,选择采购订单,单击"确定"按钮。在"采购入库单"窗口,选择仓库材料库,单击"保存"按钮。

(3)单击"审核"按钮,系统弹出"该单据审核成功"信息提示框,单击"确定"按钮并返回。

❖ 采购发票

(1)以操作员402身份重新登录应用平台。

(2)在采购管理系统中,执行"采购发票－专用采购发票"命令,进入采购专用发票窗口,单击"增加"按钮,再单击工具栏上的"生单"按钮旁边的倒三角按钮,选择其中的入库单,进入"采购入库单列表过滤"对话框,单击"确定"按钮,进入"拷贝并执行"窗口。

(3)找到该笔业务的入库单,在选择框中双击,选择框中出现"Y"字样,同时,发票拷贝入库单标题列表中出现新的记录行。单击"确定"按钮,将采购入库单信息带入采购专用发票,输入发票号46982183,单击"保存"按钮,然后再单击工具栏上的"现付"按钮,打开现付对话框。

(4)在现付对话框中输入结算方式301,结算金额56 500.00,票据号78541354等信息,单击"确定"按钮返回,专用发票上的左上角显示"已现付"的红字字体。再单击"结算"按钮,专用发票上的左上角显示"已结算"的红字字体。

❖ 确认应付款－审核并制单

(1)以操作员205身份重新登录应用平台。

(2)在付款管理系统中,执行"应付单据处理－应付单据审核"命令,打开单据过滤条件对话框。

(3)选择供应商"山东翱翔公司",选择左下角"包含已现结发票"复选框。单击"确定"按钮返回后退出。选择需要审核的单据,单击"审核"按钮,系统弹出"审核成功"信息提示框。执行"制单处理"命令,选择"现结制单",单击"确定"按钮,选择要制单的单据后,单击"制单"按钮,进入填制凭证窗口。单击"保存"按钮,如图3－115所示。

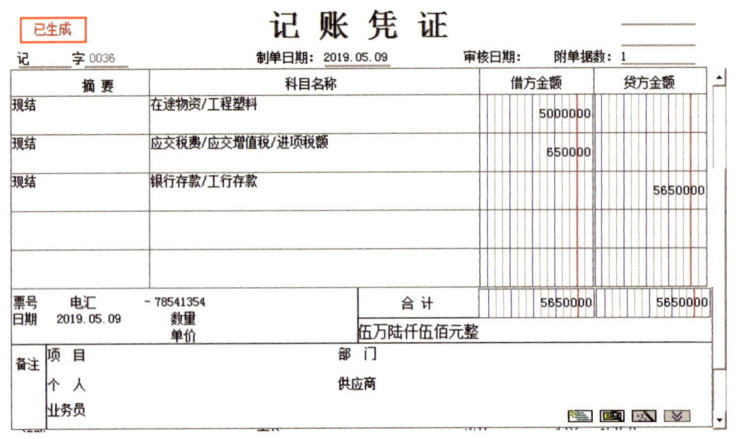

图3－115 采购发票凭证

❖ 确认采购成本－记账并生成入库凭证

(1)以操作员203身份重新登录应用平台。

(2)在存货核算系统中,执行"业务核算－正常单据记账"命令,打开"正常单据记账条件"对话框,选择查询条件,单击"确定"按钮,进入"正常单据记账"窗口。选择要记账的单据,单击"记账"按钮,记账完毕后退出"正常单据记账"窗口。

(3)执行"财务核算－生成凭证"命令,进入"生成凭证"窗口。单击工具栏上的"选择"按钮,打开"查询条件"对话框,选择"采购入库单(报销记账)"选项,单击"确定"按钮,进入"未生成凭证一览表"窗口,选择要制单的记录行,然后单击"确定"按钮,进入"生成凭证"窗口。

(4)选择凭证类别"记账凭证",单击"生成"按钮,进入填制凭证窗口,然后,单击"保存"按钮,如图3－116所示。

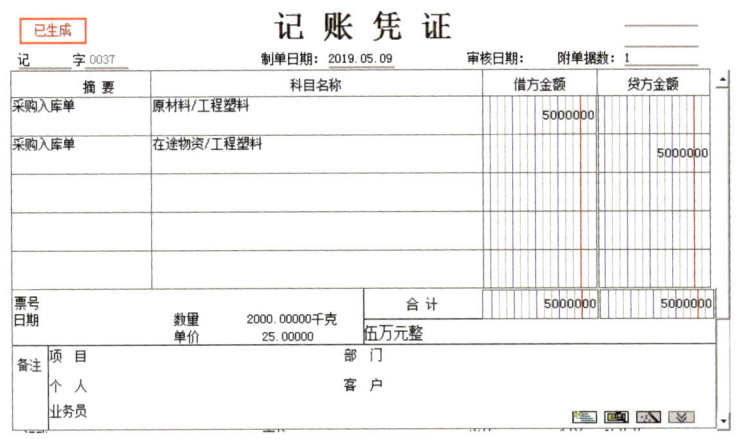

图3－116 采购入库凭证

31.领用原材料。

操作步骤:

❖ 材料出库单

(1)以操作员501身份,选择账套"辽宁远东伟业公司",操作日期"2019－05－09",登录应用平台。

(2)在库存管理系统中,执行"出库业务－材料出库单"命令,进入材料出库单窗口。

(3)单击"增加"按钮,填写出库日期"2019.5.9",选择仓库"原材料",出库类别"领料出库",部门"生产车间"。

(4)选择"001,工程塑料",输入数量"1500",单击"保存"按钮,再单击"审核"按钮。

重复此步骤,完成第二张出库单的填制。注意修改数量和部门。

❖ 确认出库成本－记账并生成凭证

(1)以操作员203身份重新登录应用平台。

(2)在存货核算系统中,执行"业务核算－正常单据记账"命令,弹出"过滤条件"对话框,单击"确定"按钮,进入"正常单据记账列表"窗口,单击工具栏上的"全选"按钮,再单击工具栏上的“记账”按钮，对材料出库单记账。

(3)执行“财务核算—生成凭证”命令，单击工具栏上的“选择”按钮，弹出“查询条件”对话框，选择“材料出库单”，单击“确定”按钮，进入“未生成凭证单据一览表”。依次单击工具栏的“全选”和“确定”按钮，进入“生成凭证”窗口。领用工程塑料制单生成的凭证如图3—117所示。

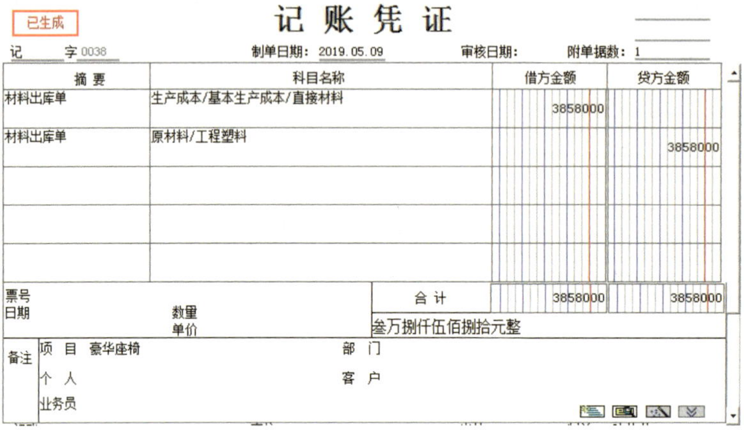

已生成

记账凭证

记 字 0038　制单日期：2019.05.09　审核日期：　附单据数：1

摘要	科目名称	借方金额	贷方金额
材料出库单	生产成本/基本生产成本/直接材料	3858000	
材料出库单	原材料/工程塑料		3858000
票号 日期	数量 单价 合计	3858000	3858000
	叁万捌仟伍佰捌拾元整		

备注　项目 豪华座椅　部门

个人　客户

业务员

图3—117　领料生产凭证

(4)对生成的凭证进行修改。将鼠标指针置于生产成本分录行，慢慢向下方移动，当鼠标指针变成笔头形状时双击，输入项目名称“豪华座椅”。单击“保存”按钮，凭证左上角出现“已生成”红色字样，表示该凭证已经传递到总账系统。

在凭证窗口中的工具栏上单击“下一张”按钮，生成维修车间领用材料记账凭证。将借方科目修改为“生产成本—基本生产成本—直接材料”。单击“保存”按钮，凭证左上角出现“已生成”红色字样，如图3—118所示，表示该凭证已经传递到总账系统。

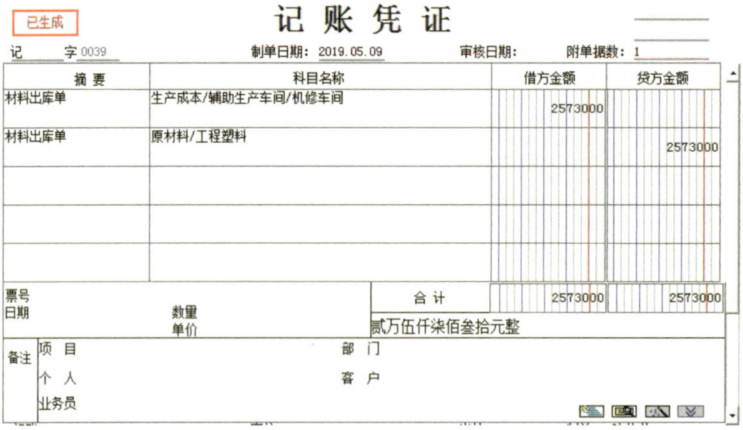

已生成

记账凭证

记 字 0039　制单日期：2019.05.09　审核日期：　附单据数：1

摘要	科目名称	借方金额	贷方金额
材料出库单	生产成本/辅助生产车间/机修车间	2573000	
材料出库单	原材料/工程塑料		2573000
票号 日期	数量 单价 合计	2573000	2573000
	贰万伍仟柒佰叁拾元整		

备注　项目　部门

个人　客户

业务员

图3—118　领料生产凭证

32.预付货款。

操作步骤：

(1)以操作员205身份,选择账套"辽宁远东伟业公司",操作日期"2019-05-11",登录应用平台。

(2)在付款管理系统中,执行"付款单据处理-付款单据录入"命令,进入付款单据窗口。

(3)单击"增加"按钮,选择供应商"吉林恒丰公司",结算方式"301",金额50 000.00,票据号00068716,选中付款单第一行中自动生成的记录,修改款项类型为"预付款",单击工具栏上的"保存"按钮。

(4)再单击工具栏上的"审核"按钮,审核该单据,系统弹出"是否立即制单?"信息提示对话框,单击"是"按钮,进入"生成凭证"窗口。

(5)选择凭证类别"记账凭证",单击"保存"按钮,如图3-119所示。退出预付款管理系统。

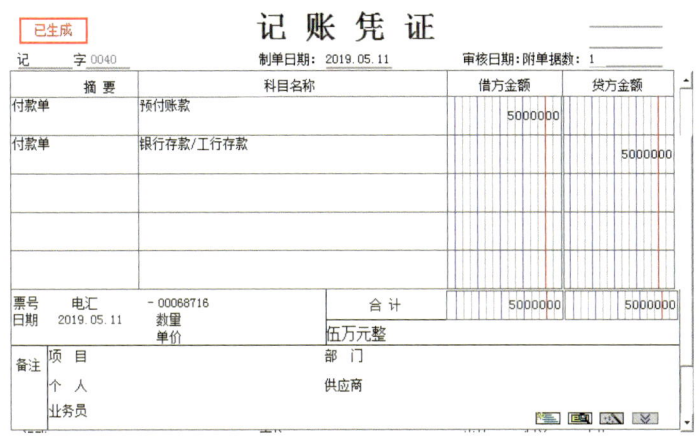

图3-119 预付账款凭证

33. 4日与北京顺联公司签订的购销合同,第二批货物发货。

操作步骤:

❖销售发货单

(1)以操作员302身份,选择账套"辽宁远东伟业公司",操作日期"2019-05-11",登录应用平台。

(2)在销售管理系统中,执行"销售发货-发货单"命令,进入"发货单"窗口。单击"增加"按钮,出现"参照订单生成对话框"窗口,单击"确定"按钮,在"参照生单"窗口,选择销售订单,单击"确定"按钮,在"发货单"窗口,选择"仓库名称-成品库",单击"保存"并退出。

(3)以操作员301身份重新登录应用平台。

(4)选择销售发货单,单击"下一页"按钮,出现该笔业务的发货单,单击"审核"按钮并退出。

❖销售出库单

(1)以操作员501身份重新登录应用平台。

(2)在库存管理系统中,选择"出库业务－销售出库单"命令,单击"下一页"按钮,找到该笔业务的出库单。

(3)单击"审核"按钮,系统弹出"该单据审核成功"信息提示框,单击"确定"按钮并返回。

❖ 销售发票

(1)以操作员 302 身份重新登录应用平台。

(2)在销售管理系统中,执行"销售开票－销售专用发票"命令,进入销售专用发票窗口。单击"增加"按钮,取消默认的过滤窗口,选择"生单－参照发货单",选择要参照的发货单,本业务选择客户为北京顺联公司的发货单,单击"确定"按钮,将发货单信息自动带入销售专用发票,输入发票号 15227826,单击"保存"按钮。

(3)单击"现结"按钮,打开现结对话框,在现结对话框中输入结算方式 301,结算金额 128 820.00,票据号 80033221 等信息,单击"确定"按钮返回,专用发票上的左上角显示"现结"的红字字体。

(4)以操作员 301 身份重新登录应用平台。

(5)选择销售专用发票,单击"下一页"按钮,出现该笔业务的销售专用发票。再单击"复核"按钮,复核销售专用发票,单击"退出"按钮。

❖ 确认收入－审核并生成销售收入凭证

(1)以操作员 204 身份重新登录应用平台。

(2)在应收款管理系统中,执行"应收单据处理－应收单据审核"命令,打开"单据过滤条件"对话框,勾选包含现结,单击"确定"按钮,进入"应收单据列表"窗口。

(3)双击要审核的单据,单击"审核"按钮,弹出"是否立即制单"对话框,单击"是"按钮。修改凭证日期,输入附件数,单击"保存"按钮,如图 3－120 所示。

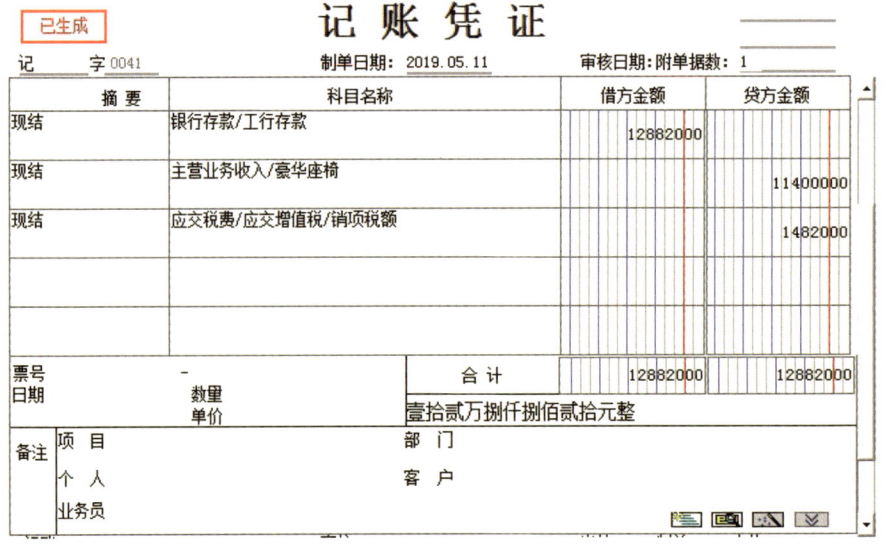

图 3－120　销售发票凭证

❖ 确认销售成本－记账并生成凭证

(1)以操作员203身份重新登录应用平台。

(2)在存货核算系统中，执行"业务核算－正常单据记账"命令，打开"正常单据记账条件"对话框。选中"成品库"复选框，单击"确定"按钮，进入"正常单据记账"窗口，选择要记账的单据单击"记账"按钮，记账完毕后退出正常单据记账窗口。

(3)执行"财务核算－生成凭证"命令，进入生成凭证窗口，单击工具栏上的"选择"，打开"查询条件"对话框，选择"销售专用发票"选项，再单击"确定"按钮、进入"未生成凭证一览表"窗口，选择要制单的记录行，最后，单击"确定"按钮，进入"生成凭证"窗口，选择凭证类别"记账凭证"，单击"生成"按钮，进入"填制凭证"窗口。将对方科目修改为"主营业务成本－豪华座椅"，存货科目修改为"库存商品－豪华座椅"单击"保存"按钮，如图3－121所示。

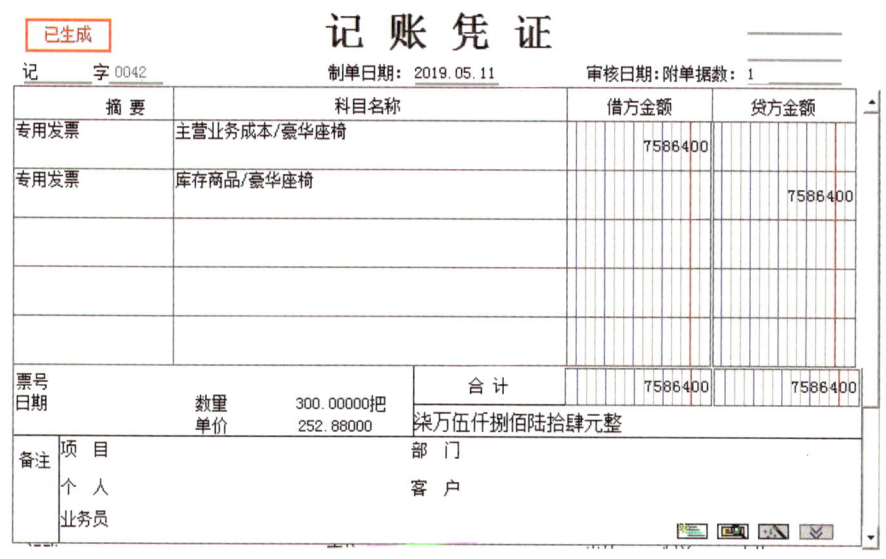

图3－121 销售成本凭证

34.收到本月7日上海永康公司所欠货款。

操作步骤：

❖ 收款单

(1)以操作员204身份，选择账套"辽宁远东伟业公司"，操作日期"2019－05－12"，登录应用平台。

(2)在应收款管理系统中，执行"收款单据处理－收款单据录入"命令，单击工具栏上的"增加"按钮，进入"收款单录入"窗口。

(3)按收款单资料输入收款信息，客户上海永康公司，结算方式电汇，金额90 400.00，票据号000878638。单击"保存"按钮，再单击"审核"按钮，系统弹出"是否立即制单"信息提示框，单击"是"按钮。在"填制凭证"窗口，单击"保存"按钮，保存生成的记账凭证，如图3－122所示。退出"填制凭证"窗口。

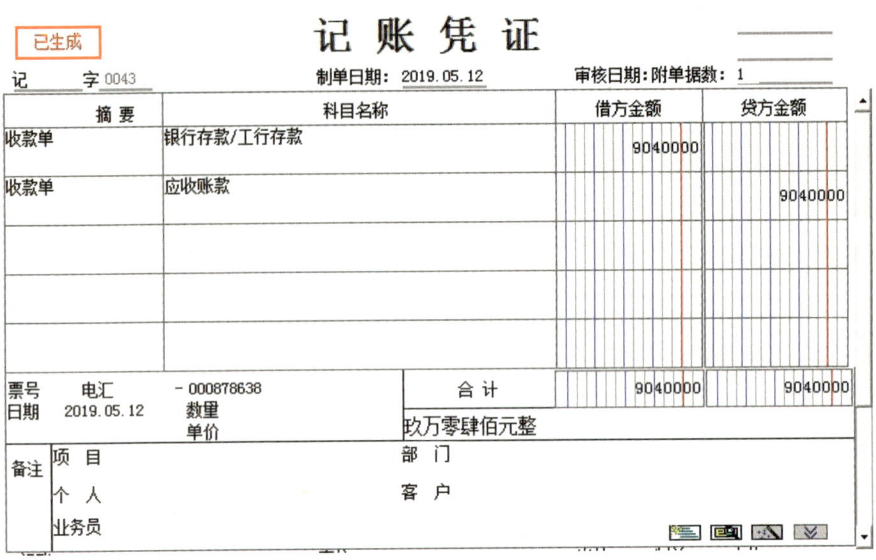

```
已生成    记 账 凭 证
记  字 0043         制单日期：2019.05.12    审核日期：附单据数：1
摘 要        科目名称              借方金额      贷方金额
收款单       银行存款/工行存款              9040000
收款单       应收账款                             9040000
票号  电汇  -000878638      合 计      9040000    9040000
日期  2019.05.12  数量
                   单价    玖万零肆佰元整
备注  项 目              部 门
      个 人              客 户
      业务员
```

图 3－122 收到货款凭证

（4）核销。单击工具栏上的"核销"按钮，进入"核销条件"对话框，单击"确定"按钮，进入单据核销窗口。找到上海永康公司的应付单，在本次结算金额中输入"90 400.00"。再单击工具栏上的"保存"按钮。被核销的单据消失，剩下的是尚未支付的款项。最后单击"关闭"按钮退出。

35.预收货款。

操作步骤：

❖收款单

（1）以操作员 204 身份，选择账套"辽宁远东伟业公司"，操作日期"2019－05－12"，登录应用平台。

（2）在应收款管理系统中，执行"收款单据处理－收款单据录入"命令，单击工具栏上的"增加"按钮，进入"收款单录入"窗口。

（3）按收款单资料输入收款信息，客户上海永康公司，结算方式电汇，金额 60 000.00，票据号 000878639。单击"保存"按钮，修改款项类型为预收款。再单击"审核"按钮，系统弹出"是否立即制单"信息提示框，单击"是"按钮。在"填制凭证"窗口，单击"保存"按钮，保存生成的记账凭证，如图 3－123 所示。

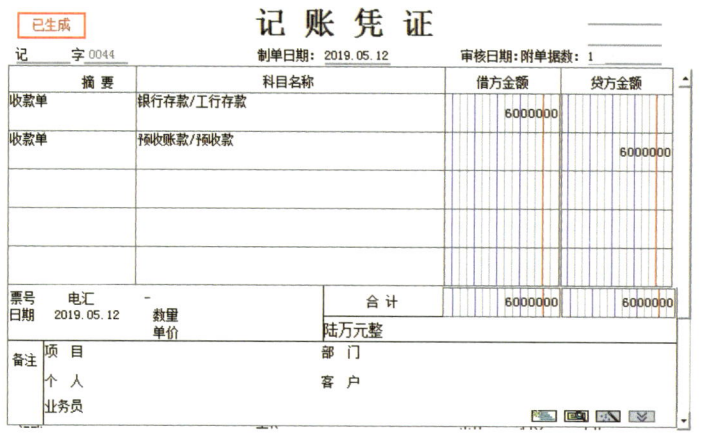

图 3－123 收到预收款凭证

36.收到本月初上海永康公司所欠货款十万元。

操作步骤：

❖ 收款单

(1)以操作员 204 身份，选择账套"辽宁远东伟业公司"，操作日期"2019－05－13"，登录应用平台。

(2)在应收款管理系统中，执行"收款单据处理－收款单据录入"命令，单击工具栏上的"增加"按钮，选择客户"上海永康公司"，结算方式电汇，金额 100 000.00，票据号 000878655，部门财务部。单击"保存"按钮，付款单第一行中自动生成一条记录，款项类型为应收款。

(3)再单击"审核"按钮，系统弹出"是否立即制单"信息提示框，单击"是"按钮。在"填制凭证"窗口，修改凭证日期，选择凭证类别为记账凭证，单击"保存"按钮，保存生成的记账凭证，如图 3－124 所示。

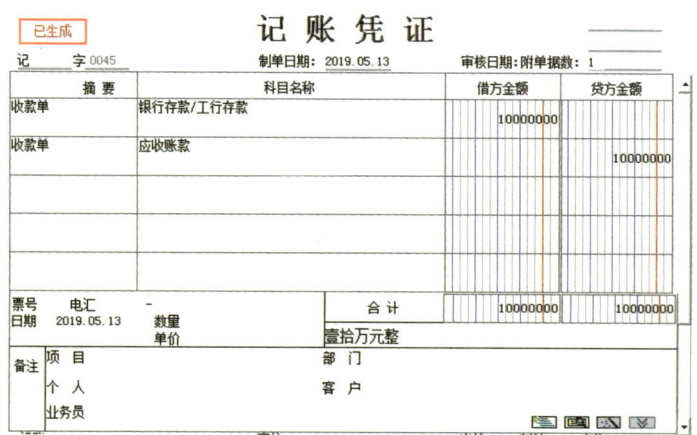

图 3－124 收到货款凭证

(4)核销。执行"核销处理－手工核销"命令，进入"核销条件"对话框。选择客户"上海永康公司”并单击“确定”按钮，进入“单据核销”窗口。找到上海永康公司的收款单，双击“原币金额 100 000.00”。再单击工具栏上的“保存”按钮。被核销的单据消失，剩下的是尚未核销的款项，单击“关闭”按钮退出。单击“单据查询－凭证查询”可以查看凭证。

37.办公楼竣工投入使用。

操作步骤：

(1)以操作员 203 身份，选择账套“辽宁远东伟业公司”，操作日期“2019－05－13”，登录应用平台。

(2)进入固定资产系统，执行“卡片－资产增加”命令，进入“资产类别参照”窗口。选择资产类别“房屋类”，单击“确认”按钮，进入“固定资产卡片新增”窗口。

(3)输入固定资产名称“办公楼”，双击“增加方式”选择“在建工程转入”，双击“使用状况”选择“在用”，开始使用日期“2019－05－13”，输入原值“290 000.00”，输入净残值“50 000.00”，可使用年限“50 年”，双击“部门名称”按钮，弹出“本资产部门使用方式”信息提示对话框，选择“多部门使用”选项，单击“确定”按钮，打开“使用部门”对话框，单击“增加”，使用部门选择“行政部”，使用比例“20％”，单击“增加”按钮相应增加其他 4 个使用部门之后，单击“确定”按钮。最后，单击“保存”按钮，系统提示数据保存成功。

(4)选择“处理”菜单中的批量制单，单击“确定”进入“批量制单”窗口。找到该笔业务的卡片，在选择栏内双击，选择栏内出现红色“Y”字符。单击“制单设置”选项，在各部门的空白科目内填写“160401”，再单击工具栏上的“凭证”按钮。

(5)选择凭证类型为记账凭证，修改制单日期、附件数，单击“保存”按钮，凭证左上角出现“已生成”红色字样，如图 3－125 所示，表示凭证已经传递到总账系统。

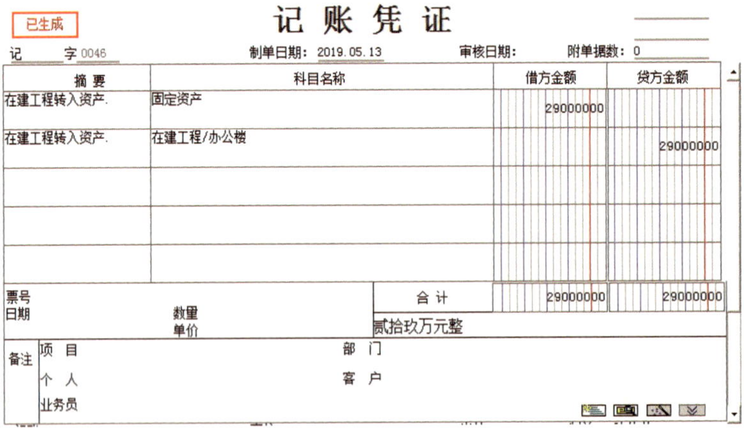
已生成

记 账 凭 证

记 字 0046 制单日期：2019.05.13 审核日期： 附单据数：0

摘要	科目名称	借方金额	贷方金额
在建工程转入资产.	固定资产	29000000	
在建工程转入资产.	在建工程/办公楼		29000000
票号 日期	数量 单价 合计	29000000	29000000
	贰拾玖万元整		

备注 项目 部门
个人 客户
业务员

图 3－125 办公楼交付使用凭证

38.缴纳印花税。

操作步骤：

(1)以操作员 203 身份，选择账套“辽宁远东伟业公司”，操作日期“2019－05－15”，登录应用平台。

(2)选择在"财务会计"下的"总账"—"凭证"中的"填制凭证"命令,单击"增加"按钮,输入摘要缴纳印花税、借方科目名称"应交税费－应交印花税"、贷方科目"银行存款－工行存款",金额200.00。单击"保存"按钮,如图3－126所示。

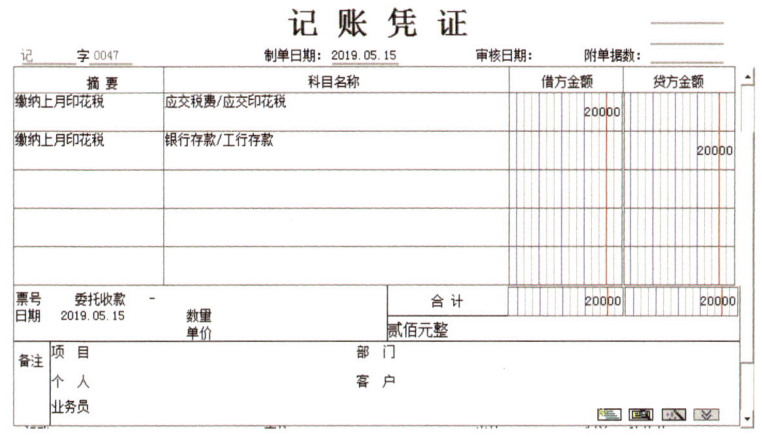

图3－126 缴纳印花税凭证

39.上海永康退货。

业务分析:

本题是7日销售给上海永康公司的一批风尚座椅,其中有2台有质量问题,经协商后给予退货处理。

操作步骤:

❖退货单

(1)以操作员302身份,选择账套"辽宁远东伟业公司",操作日期"2019－05－15",登录应用平台。

(2)在销售管理系统中,执行"销售发货－退货单"命令,单击"查询条件窗口"的"确定"按钮,选择相应的订单后确定,进入"退货单"窗口。仓库名称成品库,数量－2,单击"保存"按钮。

(3)以操作员301身份登录企业应用平台,找到相应退货单,单击工具栏上的"审核"按钮,之后单击"退出"按钮。

❖销售出库单和红字专用发票

(1)以操作员501身份登录企业应用平台,在库存管理系统中,执行"出库业务－销售出库单"命令,单击"下一页"按钮找到相应的销售出库单,单击"审核"按钮后退出。

(2)以操作员302身份登录企业应用平台,在销售管理系统中,执行"销售开票－红字专用销售发票"命令,单击"增加"按钮,单击"查询条件窗口"的"确定"按钮,选择相应的订单后确定,进入销售专用发票(红字)窗口,发票号码15227827,仓库名称成品库,数量－2,最后单击"保存"按钮。

(3)以操作员 301 身份登录企业应用平台,找到相应红字专用销售发票,单击工具栏上的"复核"按钮,再单击"退出"按钮。

❖ 确认销售退货收入—审核红字销售专用发票

(1)以操作员 204 身份重新登录应用平台。

(2)在应收款管理系统中,执行"应收单据处理—应收单据审核"命令,打开"单据过滤条件"对话框,单击"确定"按钮,进入"应收单据列表"窗口。

(3)双击要审核的单据,单击"审核"按钮,弹出"是否立即制单"对话框,单击"是"按钮。补充完整凭证科目,输入数量单价,单击"保存"按钮,如图 3－127 所示。

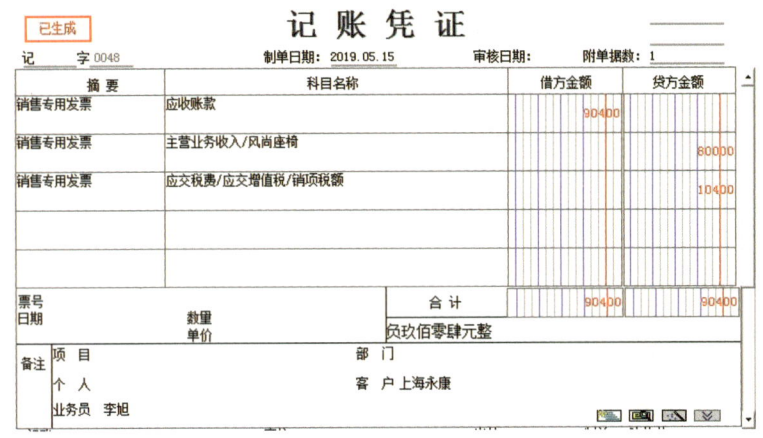

图 3－127　销售退货凭证

❖ 确认销售退货成本

(1)以操作员 203 身份重新登录应用平台。

(2)在存货核算系统中,执行"业务核算—正常单据记账"命令,打开"正常单据记账条件"对话框。选择查询条件,单击"确定"按钮,进入"正常单据记账"窗口,选择要记账的单据,单击"记账"按钮,记账完毕后退出正常单据记账窗口。

(3)执行"财务核算—生成凭证"命令,单击"选择"按钮,在查询条件界面单击"确定"按钮,在未生成凭证单据一览表中单击"全选""确定"按钮,再单击"生成"按钮,最后保存,如图 3－128 所示。

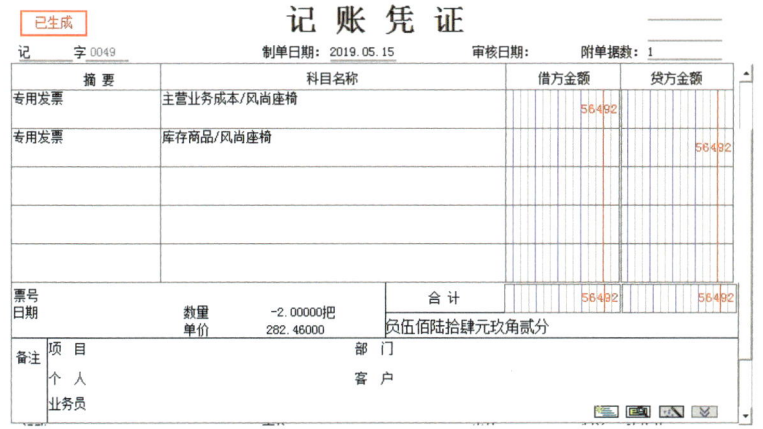

图 3－128　销售退货成本凭证

❖ 退款

（1）以操作员 204 身份重新登录应用平台。

（2）在应收款管理系统中，执行"收款单据处理－收款单据录入"命令，在收款单界面单击"切换"按钮，切换成付款单，单击"增加"按钮，增加日期 2019－05－15，客户上海永康公司，结算方式电汇，金额 904.00，票据号 0003654638，部门财务部，单击"保存""核销"按钮，立即制单，在核销条件界面单击"确定"按钮，双击需要核销的金额为 904 元，单击"保存"按钮，保存生成的凭证，如图 3－129 所示。

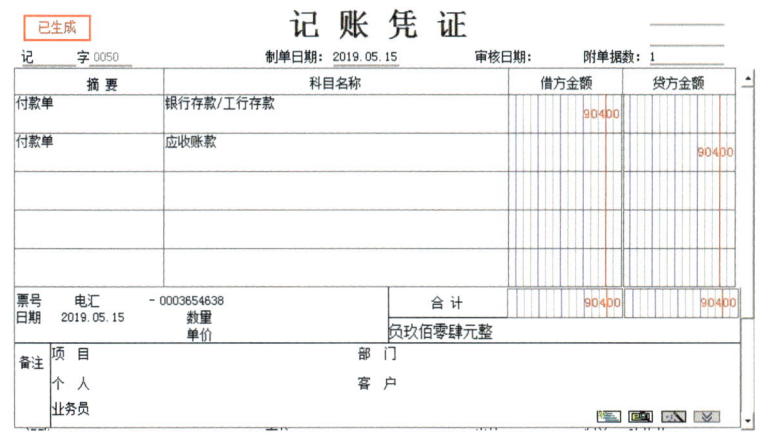

图 3－129　销售退款凭证

40.出售原材料。

操作步骤：

❖ 销售发货单

（1）以操作员 302 身份重新登录应用平台。选择账套"辽宁远东伟业公司"，操作日期"2019－05－18"，登录应用平台。

（2）在销售管理系统中，执行"销售发货－发货单"命令，进入"发货单"窗口。单击"增加"按钮，出现"参照订单生成对话框"窗口，单击"取消"按钮，进入"发货单输入"窗口，按该笔业务的实验资料输入发货单的相关内容，选择业务员李旭，客户简称北京顺联公司，仓库名称原材料，存货编码003—着色剂，数量输入500，无税金额9 000.00，单击"保存"并退出。

(3)以操作员301身份重新登录应用平台。

(4)选择销售发货单，单击"下一页"按钮，出现该笔业务的发货单，单击"审核"按钮并退出。

❖ 销售出库单

(1)以操作员501身份重新登录应用平台。

(2)在库存管理系统中，选择"出库业务—销售出库单"命令，单击"下一页"按钮，找到该笔业务的出库单。

(3)单击"审核"按钮，系统弹出"该单据审核成功"信息提示框，单击"确定"按钮并返回。

❖ 销售发票

(1)以操作员302身份重新登录应用平台。

(2)在销售管理系统中，执行"销售开票—销售专用发票"命令，进入销售专用发票窗口。单击"增加"按钮，取消默认的过滤窗口，选择"生单—参照发货单"，选择要参照的发货单，单击"确定"按钮，将发货单信息自动带入销售专用发票，输入发票号15227828，单击"保存"按钮。单击"现结"按钮，选择结算方式"电汇"，原币金额"10 170.00"，票据号"80033221"，最后单击"确定"按钮退出。

(3)以操作员301身份重新登录应用平台。

(4)选择销售专用发票，单击"下一页"按钮，出现该笔业务的销售专用发票。再单击"复核"按钮，复核销售专用发票，单击"退出"按钮。

❖ 确认收入—审核并生成销售收入凭证

(1)以操作员204身份重新登录应用平台。

(2)在应收款管理系统中，执行"应收单据处理—应收单据审核"命令，打开"单据过滤条件"对话框，勾选"包含已现结发票"，单击"确定"按钮，进入"应收单据列表"窗口。

(3)双击要审核的单据，单击"审核"按钮，弹出"是否立即制单"对话框，单击"是"按钮。补充完整凭证科目，选择"其他业务收入"，输入数量，单击"保存"按钮，如图3—130所示。

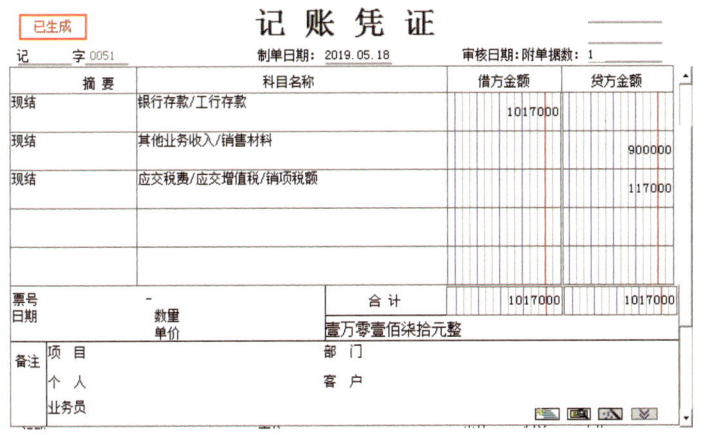

图 3－130　销售材料凭证

❖确认销售成本－记账并生成凭证

(1)以操作员 203 身份重新登录应用平台。

(2)在存货核算系统中，执行"业务核算－正常单据记账"命令，打开"正常单据记账条件"对话框。选择查询条件，单击"确定"按钮，进入"正常单据记账"窗口，选择要记账的单据，单击"记账"按钮，记账完毕后退出正常单据记账窗口。

(3)执行"财务核算－生成凭证"命令，进入生成凭证窗口，单据工具栏上的"选择"，打开"查询条件"对话框，选择"销售专用发票"选项，再单击"确定"按钮、进入"未生成凭证一览表"窗口，选择要制单的记录行，最后，单击"确定"按钮，进入"生成凭证"窗口，选择凭证类别"记账凭证"，核对会计科目，单击"生成"按钮，进入"填制凭证"窗口。单击"保存"按钮，如图 3－131 所示。

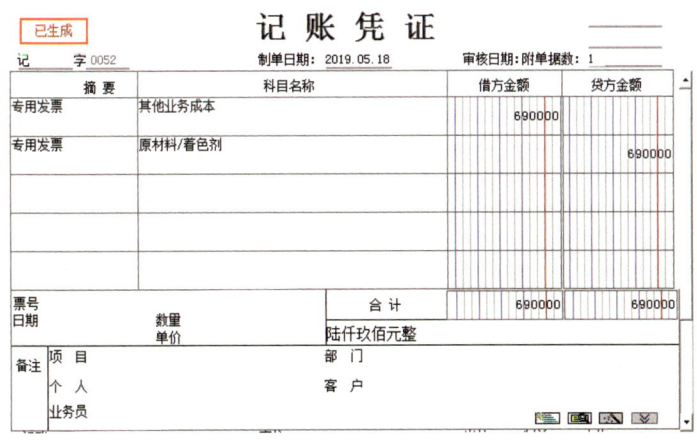

图 3－131　销售材料成本凭证

41.票据贴现。

操作步骤：

(1)以操作员 204 身份，时间"2019－05－19"，登录企业应用平台。

(2)在应收款管理系统中,执行"票据管理"命令,在"查询条件选择"界面,方向选择"收款",在"票据管理"界面勾选"收款单"。

(3)选择"贴现",输入贴现净额"196 800.00",结算科目"100201",贴现方式"异地",然后立即制单,填好科目信息,单击"确定"按钮,如图3-132所示。

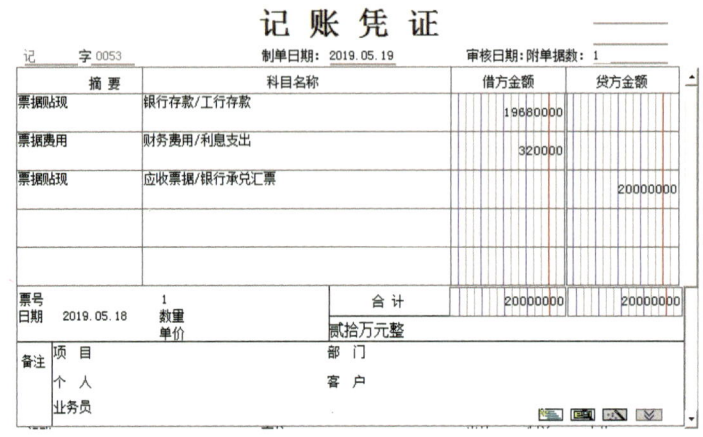

图3-132 票据贴现凭证

42.支付所欠货款。

操作步骤:

(1)以操作员205,时间"2019-05-19",登录企业应用平台。

(2)在应付款管理系统中,执行"付款单据处理—付款单据录入"命令,进入付款单据窗口。单击"增加"按钮,时间2019-05-19,选择供应商山东翱翔公司,结算方式电汇,金额300 000.00,票据号00075425,部门财务部,然后单击"保存"按钮。付款单第一行中自动生成一条记录,款项类型为应付款。

(3)保存应付单后,单击"审核"按钮,系统弹出"是否立即制单?"信息提示对话框,单击"是"按钮,进入"生成凭证"窗口,确定之后,再单击"保存"退出凭证窗口,如图3-133所示。

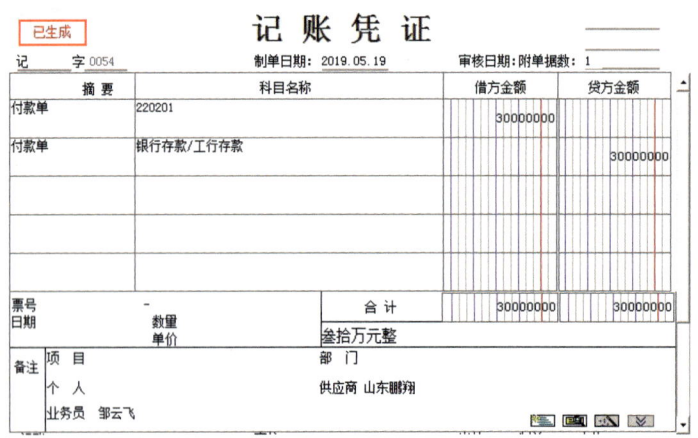

图3-133 支付货款凭证

(4)核销。单击工具栏上的"核销"按钮,进入"核销条件"对话框,单击"确定"按钮,进入"单据核销"窗口,找到山东翱翔公司的应付单,双击金额"503 400.00"。再单击工具栏上的"保存"按钮。被核销的单据消失,剩下的是尚未支付的款项,单击"关闭"按钮退出。

43.缴纳养老保险及住房公积金。

操作步骤:

(1)以操作员 203 身份,时间"2019-05-19",登录企业应用平台。

(2)在总账系统中,执行"凭证-填制凭证"命令,单击"增加"按钮,直接填制记账凭证,会计分录同手工方式。

(3)单击"保存"按钮,出现凭证已保存成功对话框,如图 3-134 所示,确定并退出。

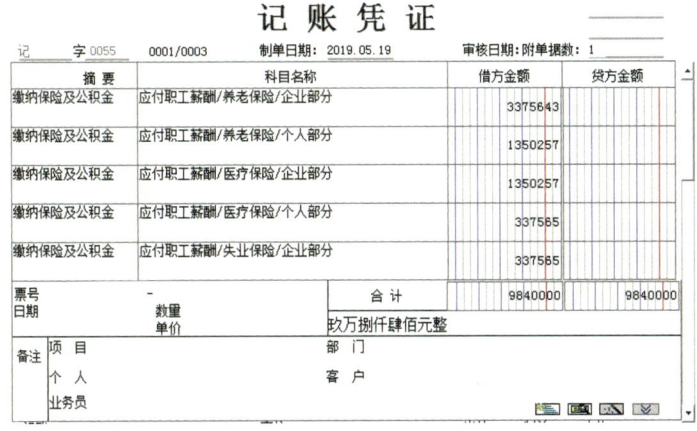

图 3-134 缴纳保险及公积金凭证

44.支付工资。

操作步骤:

(1)以操作员 203 身份,时间"2019-05-19",登录企业应用平台。

(2)在总账系统中,执行"凭证-填制凭证"命令,单击"增加"按钮,直接填制记账凭证,会计分录同手工方式。结算方式"现金支票",票号"0058415"。

(3)单击"保存"按钮,出现凭证已保存成功对话框,如图 3-135 所示,确定并退出。

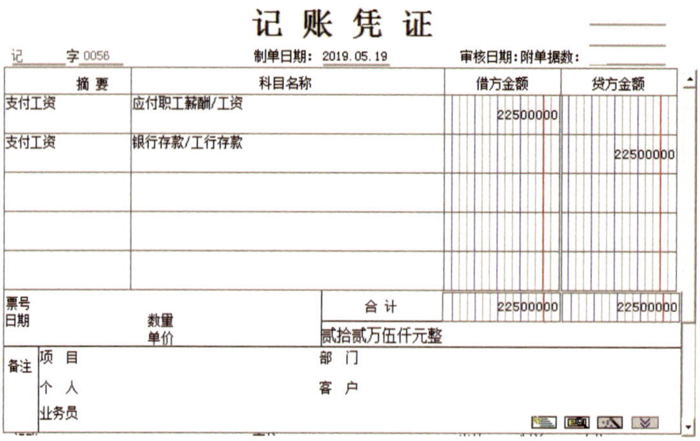
记账凭证

记 字 0056 制单日期：2019.05.19 审核日期：附单据数：

摘要	科目名称	借方金额	贷方金额
支付工资	应付职工薪酬/工资	22500000	
支付工资	银行存款/工行存款		22500000
票号 日期 数量 单价	合计	22500000	22500000
	贰拾贰万伍仟元整		

备注 项目 部门

个人 客户

业务员

图 3—135 支付工资凭证

45.库房盘点出现盘亏。

操作步骤：

❖盘点表

(1)以操作员 501 身份，时间“2019—05—22”，登录企业应用平台。

(2)在库存管理系统中，执行“盘点业务－盘点单”命令，进入“盘点单”窗口。单击“增加”按钮，输入日期，选择盘点仓库“原料库”，出库类别“盘亏出库”，入库类别”盘盈入库”，部门“库管部”。

(3)单击“盘库”按钮，系统弹出“盘库将删除未保存的所有记录，是否继续?”信息提示，单击“是”按钮，弹出“盘点处理”对话框。选择盘点方式“按仓库盘点”，单击“确定”按钮，稍后系统将盘点结果带回盘点单。

(4)输入着色剂的盘点数量“4950”，单击“保存”按钮，再单击“审核"按钮。盘点单审核后将自动生成相应的其他入库单或是其他出库单。

❖确认成本－记账并生成凭证

(1)以操作员 203 身，时间“2019—05—22”，登录企业应用平台。

(2)在存货核算系统中，执行“业务核算－正常单据记账”命令，打开“正常单据记账条件”对话框。选择查询条件，单击“确定”按钮，进入“正常单据记账”窗口，选择要记账的单据单击“记账”按钮，记账完毕后退出正常单据记账窗口。

(3)执行“财务核算－生成凭证”命令，进入生成凭证窗口，单击工具栏上的“选择”，打开“查询条件”对话框，选择“其他出库单”选项，再单击“确定”按钮、进入“未生成凭证一览表”窗口，选择要制单的记录行，最后，单击“确定”按钮，进入“生成凭证”窗口。

(4)选择凭证类别“记账凭证”，修改借方科目为“待处理财产损益－待处理流动资产损益”，贷方科目为“原材料－着色剂”，单击“生成”按钮，单击“保存”按钮，如图 3—136 所示。

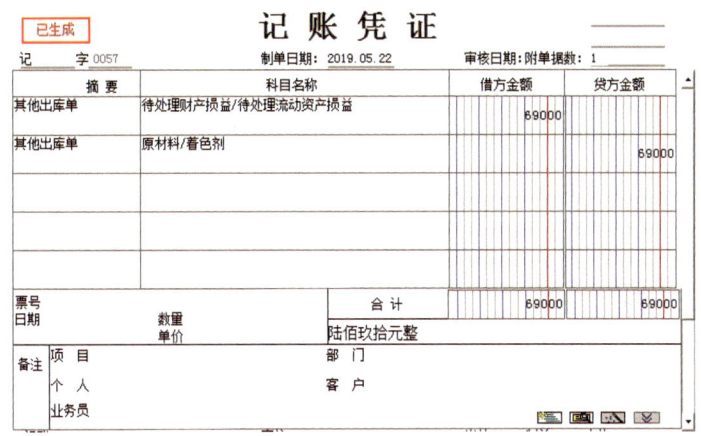

图 3-136 盘亏凭证

（注：因本业务涉及税额较小。企业在实际处理过程中不考虑进项税额转出。本业务在批准盘亏时处理）

46.签订委托代销合同。

操作步骤：

❖销售订单

(1)以操作员 302 身份，操作日期"2019－05－22"，登录应用平台。

(2)在销售管理系统中，执行"销售订货－销售订单"命令，进入"销售订单"窗口。单击"增加"按钮，按委托代销合同给出的资料填写订单的内容，客户简称辽宁永旭公司，业务员李旭、存货编码 005、数量 500、无税单价 350.00，单击"保存"按钮。

(3)以操作员 301 身份，重新登录应用平台。

(4)选择销售订单，单击"下一页"按钮，出现该笔业务的订单，单击"审核"按钮并退出。

❖委托代销发货单

(1)在销售管理系统中，执行"委托代销－委托代销发货单"命令，进入"委托代销发货单"窗口，选择"增加"，在过滤窗口中录入"辽宁永旭公司"，单击"确定"按钮后，订单的信息拷贝到委托代销发货单，选择仓库名称"成品库"。单击"保存"按钮。

(2)以操作员 301 身份，重新登录应用平台。

(3)选择委托代销发货单，找到相应单据，单击"审核"按钮。

❖销售出库单

(1)以操作员 301 身份，重新登录应用平台。

(2)在库存管理系统中，执行"出库业务－销售出库单"命令，单击工具栏上的"浏览"按钮，找到"委托代销业务"的出库单，再单击工具栏上的"审核"按钮。

❖确认成本－记账并生成凭证

(1)以操作员 203 身份，重新登录应用平台。

(2)在存货核算系统中,执行"业务核算－发出商品记账"命令,打开"发出商品记账条件"对话框。选择业务类型"委托代销",单击类型"发票",仓库"成品库",再单击"确定"按钮,进入"未记账发出商品"一览表,选择要记账的单据,单击"记账"按钮,记账完毕后退出发出商品记账窗口。

(3)执行"财务核算－生成凭证"命令,进入生成凭证窗口,单击工具栏上的"选择",打开"查询条件"对话框,选择"委托代销发货单"选项,再单击"确定"按钮、进入"未生成凭证一览表"窗口,选择要制单的记录行,最后单击"确定"按钮,进入"生成凭证"窗口。

(4)修改发出商品科目为"发出商品－豪华座椅",存货科目为"库存商品－豪华座椅",单击"确定"按钮,进入"生成凭证"窗口,然后单击"合成"按钮,生成出库凭证。最后单击"保存"按钮,如图3－137所示。

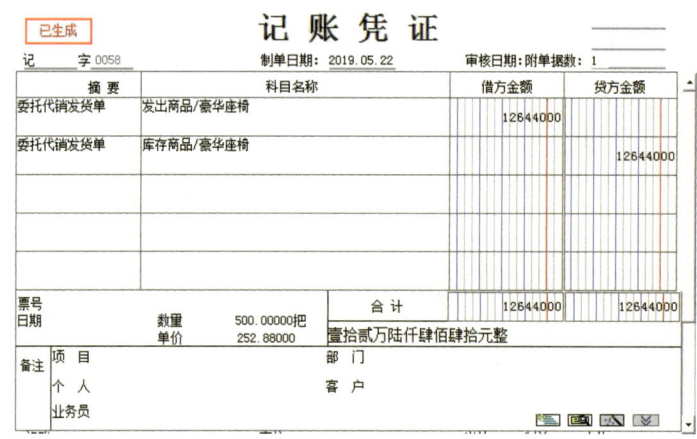

图3－137　委托代销发货凭证

47.批准盘亏。

操作步骤:

(1)以操作员203身份,时间"2019－05－23",登录企业应用平台。

(2)在总账系统中,执行"凭证－填制凭证"命令,单击"增加"按钮,直接填制记账凭证,借方科目为"其他应收款",贷方科目为"待处理财产损益—待处理流动资产损益""应交税费－应交增值税—进项税额转出",合计金额为779.70。

(3)单击"保存"按钮,出现凭证已保存成功对话框,如图3－138所示,确定并退出。

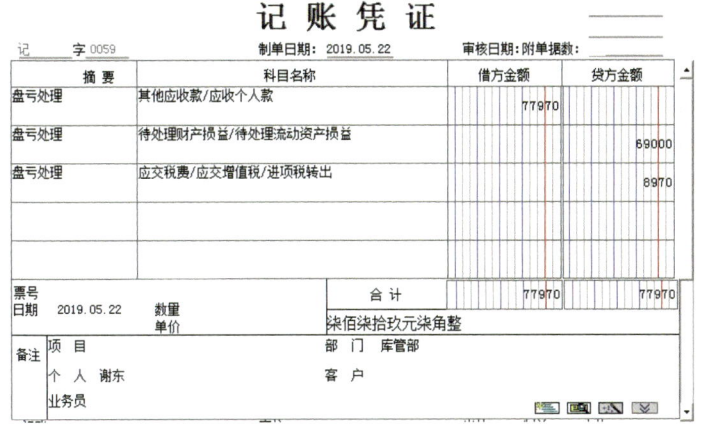

图 3-138 盘亏处理凭证

48.发生坏账。

操作步骤：

(1)以操作员 204 身份,时间"2019-05-24",登录企业应用平台。

(2)在应收款管理系统中,执行"坏账处理-坏账发生"命令,打开"坏账发生"对话框。选择客户"天津润丰公司",输入日期"2019.5.24",选择币种"人民币"。单击"确认"按钮,进入"坏账发生单据明细"窗口,系统列出该客户所有未核销的应收单据。

(3)在本次发生坏账金额处输入"3 000.00"元,单击"确定"按钮。

(4)系统弹出"是否立即制单?"信息提示框,确定之后生成记账凭证。选择凭证类别为"记账凭证",单击"保存"按钮,生成记账凭证,如图 3-139 所示。

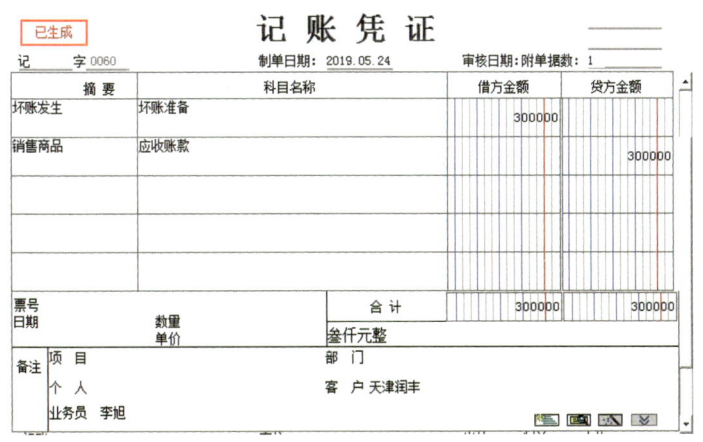

图 3-139 发生坏账凭证

49.发原材料着色剂支援灾区。

操作步骤：

❖ 其他出库单

(1)以操作员 501 身份,时间"2019-05-24",登录企业应用平台。

(2)在库存管理系统中,执行"出库业务-其他出库单"命令,进入"其他出库单"窗口,单击"增加"按钮,输入出库日期,选择仓库"原料库",出库类别"其他出库",部门"库管部"。选择存货编码"003着色剂",输入数量"600"。

(3)单击"保存"按钮。再单击"审核"按钮,完成对该单据的审核。

❖ 确认捐赠成本-记账并生成凭证

(1)以操作员203身份,时间"2019-05-24",登录企业应用平台。

(2)在存货核算系统中,执行"业务核算-正常单据记账"命令,打开"正常单据记账条件"对话框。单击选择"查询条件对话框"中的"确定"按钮,进入"正常单据记账"窗口,选择要记账的单据,单击"记账"按钮,记账完毕后,退出"正常单据记账"窗口。

(3)执行"财务核算-生成凭证"命令,进入"生成凭证"窗口,单击工具栏上的"选择"按钮,打开"查询条件"对话框,选择"其他出库单"选项,单击"确定"按钮,进入"未生成凭证一览表"窗口,选择要制单的记录行,单击"确定"按钮,进入"生成凭证"窗口。

(4)修改借方科目为"营业外支出-捐赠支出",贷方科目为"原材料-着色剂",单击工具栏上的"生成"按钮,并在记账凭证上单击"保存"按钮,如图3-140所示。

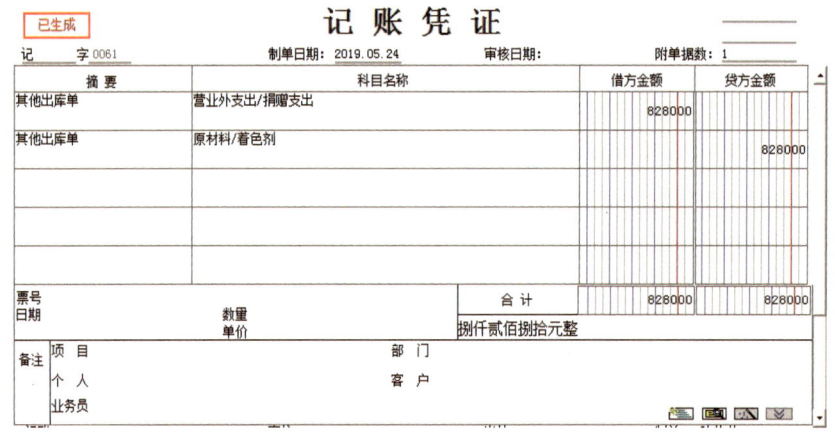

图3-140 捐赠凭证

50.收到吉林恒丰公司发来的原材料,发票未到,暂估入库。

操作步骤:

❖ 采购入库单

(1)以操作员501身份,时间"2019-05-24",登录企业应用平台。

(2)在库存管理系统中,执行"入库业务-采购入库单"命令,进入"采购入库单"窗口,单击"增加"按钮,选择仓库"原料库",选择供应商"吉林恒丰公司",部门"库管部",入库类别"采购入库",存货编码"001工程塑料",数量"1500",单价"25.00"。

(3)单击"保存"按钮,再单击"审核"按钮,系统弹出"该单据审核成功"信息提示框,单击"确定"按钮返回后退出(暂估入库时采购入库单不必填写单价)。

51.月末发票未到,在存货核算系统中录入暂估入库成本并记生成凭证。

(1)以操作员 203 身份登录企业应用平台。

(2)在存货核算系统中,执行"业务核算－正常单据记账"命令,在"查询条件选择"界面单击"确定"按钮,在"正常单据记账列表"界面单击"全选"并单击记账。

(3)执行"财务核算－生成凭证"命令,进入生成凭证窗口。单击"选择"按钮,打开查询条件对话框。再单击"确定"按钮,进入未生成凭证一览表窗口,选择要制单的记录行,单击"确定"按钮,进入生成凭证窗口。

(4)修改借方科目为"原材料－工程塑料",贷方科目为"应付账款－暂估应付款",单击工具栏上的"合成"按钮,然后在记账凭证上单击"保存"按钮,如图3－141所示。

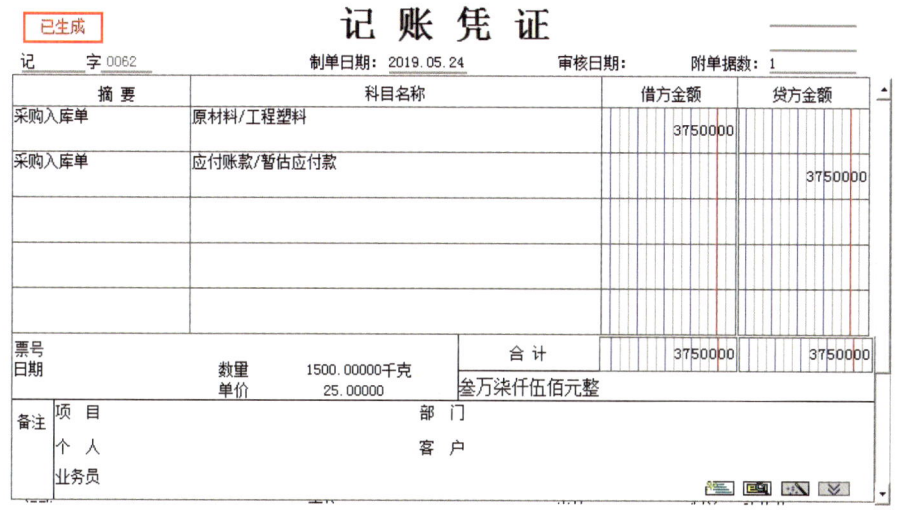

图3－141　暂估入库凭证

52.计提折旧。

操作步骤:

(1)以操作员 203 的身份,时间"2019－05－25",登录企业应用平台。

(2)在固定资产系统中,执行"处理－计提本月折旧"命令,系统弹出"是否要查看折旧清单?"信息提示对话框,单击"是"或"否"按钮都可以。

(3)系统继续弹出"本操作将计提本月折旧,并花费一定时间,是否要继续?"信息提示对话框,单击"是"按钮。跳出折旧明细,单击"退出"按钮。系统计提折旧完成后,进入"折旧分配表"窗口,关闭界面,进入"批量制单"界面,生成记账凭证,如图3－142所示。

(4)批量制单。在批量制单窗口找到该笔业务的卡片,双击"选择"框,框中出现红色的字母"Y"。再单击"制单设置"选项卡,单击工具栏上的"凭证"按钮,进入填制凭证窗口。单击"保存"按钮,凭证左上角出现"已生成"红色字样,表示凭证已经传递到总账系统。

已生成

记账凭证

记 字 0063 0001/0002 制单日期：2019.05.25 审核日期： 附单据数：0

摘要	科目名称	借方金额	贷方金额
计提第[5]期间折旧	管理费用/折旧费	46008	
计提第[5]期间折旧	管理费用/折旧费	14418	
计提第[5]期间折旧	销售费用/折旧费	83268	
计提第[5]期间折旧	管理费用/折旧费	135918	
计提第[5]期间折旧	管理费用/折旧费	14418	
票号 日期 数量 单价	合计	2708786	2708786

贰万柒仟零捌拾柒元捌角陆分

备注 项目 部门 个人 客户 业务员

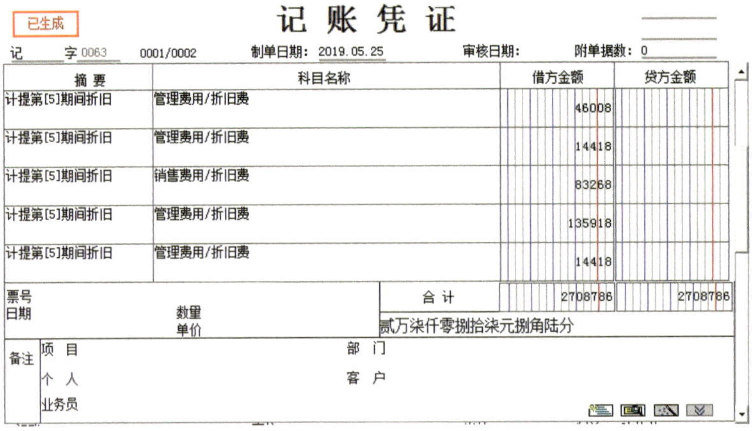

图 3－142 计提折旧凭证

52.支付辅助生产车间修理费。

操作步骤：

(1)以操作员 203 身份，时间“2019－05－26”，登录企业应用平台。

(2)在总账系统中，执行“凭证－填制凭证”命令，单击“增加”按钮，直接填制记账凭证，修改时间，借方科目为“生产成本－辅助生产车间－机修车间”，金额 40 000.00，“应交税费－应交增值税－进行税额”，金额 5 200.00，贷方科目为“银行存款－工行存款”，金额为 45 200.00。选择结算方式“转账支票”，票号“006871418”。

(3)单击“保存”按钮，出现凭证已保存成功对话框，如图 3－143 所示，确定并退出。

记账凭证

记 字 0064 制单日期：2019.05.26 审核日期： 附单据数：

摘要	科目名称	借方金额	贷方金额
支付修理费	生产成本/辅助生产车间/机修车间	4000000	
支付修理费	应交税费/应交增值税/进项税额	520000	
支付修理费	银行存款/工行存款		4520000
票号 - 日期 数量 单价	合计	4520000	4520000

肆万伍仟贰佰元整

备注 项目 部门 个人 客户 业务员

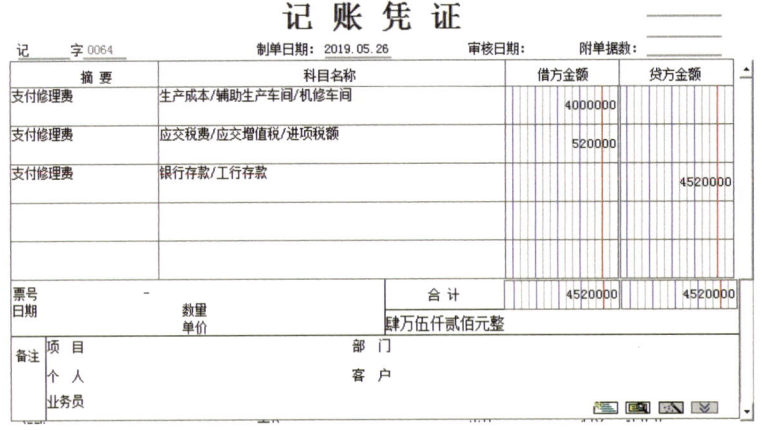

图 3－143 支付维修费凭证

53.损毁固定资产。

操作步骤：

❖资产减少处理

(1)以操作员 203 身份，时间“2019－05－26”，登录企业应用平台。

(2)在固定资产系统中，执行“卡片－资产减少”命令，进入资产减少窗口。单击卡片编号旁边的按钮，在固定资产卡列表中选择“金杯货车”。选择卡片编号单击“增加”按钮。

(3)双击减少方式栏，选择减少方式为“毁损”，输入清理收入“2 035.40”，增值税“264.60”，清理费用“400.00”，清理原因“交通肇事报废”，最后单击“确定”按钮，屏幕提示卡片减少成功，单击“确定”按钮。

(4)在“处理批量制单”窗口找到该笔业务的卡片，双击选择，框中出现红色的字母“Y”，再单击“制单设置”选项卡，修改科目，单击“凭证”按钮，输入结算方式“转账支票”，保存凭证，出现现金流量录入修改界面，银行存款对应输入项目“10 一处置固定资产”，库存现金对应“07 一支付的与其他”凭证生成，如图 3－144 所示。

记 账 凭 证

记 字 0065 0001/0002 制单日期：2019.05.26 审核日期：附单据数：0

摘要	科目名称	借方金额	贷方金额
资产减少	银行存款/工行存款	230000	
资产减少	累计折旧	1556350	
资产减少	固定资产清理	6983650	
资产减少	库存现金		40000
资产减少	固定资产		8500000
票号 日期	数量 单价	合计 8770000	8770000
		捌万柒仟柒佰元整	
备注	项目 个人 业务员	部门 客户	

图 3－144 资产毁损凭证

(5)在总账中直接填制固定资产损益处理凭证，如图 3－145 所示。

记 账 凭 证

记 字 0066 制单日期：2019.05.26 审核日期：附单据数：

摘要	科目名称	借方金额	贷方金额
固定资产损益处理	营业外支出/处理非流动资产损益	6780110	
固定资产损益处理	固定资产清理		6780110
票号 日期	数量 单价	合计 6780110	6780110
		陆万柒仟捌佰零壹元壹角整	
备注	项目 个人 业务员	部门 客户	

图 3－145 损益处理凭证

54.对外捐赠电脑。

操作步骤：

(1)以操作员 203 身份，时间“2019－05－26”，登录企业应用平台。

(2)在固定资产系统中,执行"卡片—资产减少"命令,进入资产减少窗口。选择"联想扬天电脑",单击"增加"按钮。

(3)选择减少方式为"捐赠转出",清理原因为"捐赠",单击"确定"按钮,屏幕提示"卡片减少成功"。

(4)在"处理批量制单"窗口找到该笔业务的卡片,双击选择框,框中出现大写的字母"Y"。再单击"制单设置"选项卡,修改会计科目,单击工具栏上的"凭证"按钮,进入"填制凭证"窗口。最后单击"保存"按钮,如图3—146所示。

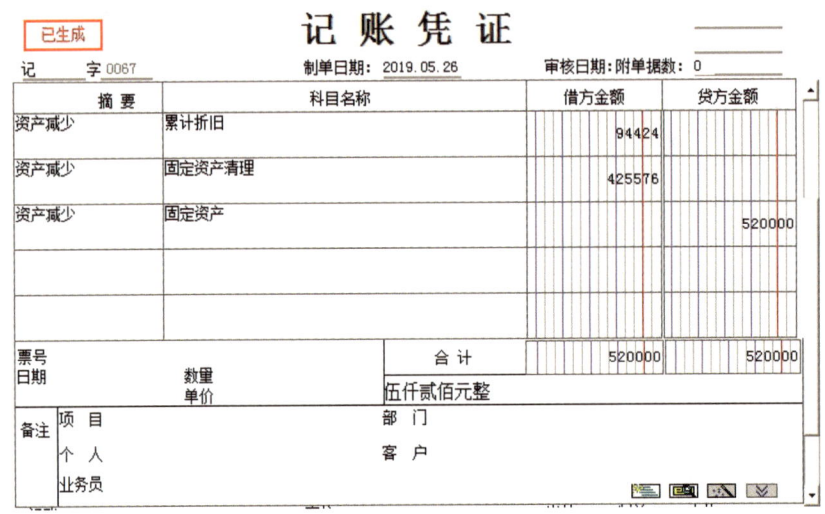

图3—146 资产捐赠凭证

(5)在总账中直接填制固定资产损益处理凭证,如图3—147所示。

图3—147 损益处理凭证

55.向上海建国通用销售豪华座椅,对方分期付款,发货时收到第一笔货款。

操作步骤:

❖ 销售订单

(1)以操作员 302 身份,时间"2019－05－26",登录企业应用平台。

(2)在销售管理系统中,执行"销售订货－销售订单"命令,进入"销售订单"窗口。单击"增加"按钮,关闭"参照生成"对话框窗口,按资料输入发货单内容,业务类型是"分期收款"。单击"保存"按钮,再单击"审核"按钮。

(3)以操作员 301 身份,登录企业应用平台。在"销售订货－销售订单"中找到该销售订单,单击"审核"按钮。

❖ 销售发货单

(1)以操作员 302 身份,登录企业应用平台。

(2)在销售管理系统中,执行"销售发货－发货单"命令,单击"增加"按钮,取消过滤窗口,进入"发货单"窗口。修改业务类型为"分期收款",单击菜单上"订单"按钮,选择该笔业务,单击"确定"按钮,修改仓库名称为"成品库",再单击"保存"按钮。

(3)以操作员 301 身份,登录企业应用平台,找到该发货单,单击"审核"按钮完成审核。

❖ 销售出库单

(1)以操作员 501 身份,登录企业应用平台。

(2)在库存管理系统中,执行"出库业务－销售出库单"命令,进入"销售出库单"窗口。单击工具栏上的"下一页"按钮,找到该笔业务的出库单。单击"审核"按钮,系统弹出"该单据审核成功"信息提示框,单击"确定"按钮返回。

❖ 销售专用发票

(1)以操作员 302 身份,登录企业应用平台。

(2)在销售管理系统中,执行"销售开票－销售专用发票",单击"增加"按钮,取消过滤窗口,修改业务类型为"分期收款",单击菜单中"生单参照发货单",单击"确定"按钮,选择该业务后再确定,修改数量为"200",发票号"15227829",最后单击"保存"按钮。

(3)单击菜单"现结"按钮,填写结算方式等信息,再单击"确定"后关闭。

(4)以操作员 301 身份,登录企业应用平台。在"销售专用发票"中找到该销售专用发票,单击"复核"按钮。

❖ 确认销售收入－审核销售发票及生成应收凭证

(1)以操作员 204 身份,登录企业应用平台。

(2)在应收款管理系统中,执行"应收单据处理－应收单据审核"命令,打开"单据过滤条件"对话框,选中"包含已现结发票"选项,单击"确定"按钮,进入"应收单据列表"窗口。选择要审核的单据,单击"审核"按钮,系统弹出"审核成功"信息提示框,单击"确定"按钮。

(3)执行"应收款管理－制单处理",在过滤窗口中选择"现结制单"后确定,选中要制单的单据,单击"制单"按钮,然后保存,如图 3－148 所示。

```
记 账 凭 证
已生成
记 字 0069     制单日期：2019.05.26    审核日期：        附单据数：1

摘要              科目名称                    借方金额         贷方金额
现结          银行存款/工行存款              8588000
现结          主营业务收入/豪华座椅                           7600000
现结          应交税费/应交增值税/销项税额                     988000

票号
日期                                    合计   8588000    8588000
          数量
          单价                    捌万伍仟捌佰捌拾元整
备注  项目                    部门
      个人                    客户
      业务员
```

图 3-148 分批收款销售凭证

❖ 确认销售成本－发出商品记账并生成出库凭证

(1)以操作员 203 身份，登录企业应用平台。

(2)在存货核算系统中，执行"业务核算－发出商品记账"命令，打开发出商品记账对话框，依次单击"全选""记账"按钮，提示记账成功。

(3)执行"财务核算－生成凭证"命令，进入生成凭证窗口。单击"选择"按钮，打开"查询条件"对话框，单击"确定"按钮。在"未生成凭证一览表"中，在每条记录的第一列填写不同的数字后，单击"确定"按钮。

(4)进入"生成凭证"窗口，双击科目编码修改科目，单击"生成"按钮，生成两张记账凭证：一张是将库存商品转入到发出商品，另一张是结转销售成本，如图 3-149、图 3-150 所示，单击"下一页"按钮，依次保存凭证。

```
记 账 凭 证
已生成
记 字 0070     制单日期：2019.05.26    审核日期：        附单据数：1

摘要              科目名称                    借方金额         贷方金额
发货单        发出商品/豪华座椅              12644000
发货单        库存商品/豪华座椅                              12644000

票号
日期                                    合计   12644000   12644000
          数量     500.00000 把
          单价     252.88000         壹拾贰万陆仟肆佰肆拾元整
备注  项目                    部门
      个人                    客户
      业务员
```

图 3-149 发出商品凭证

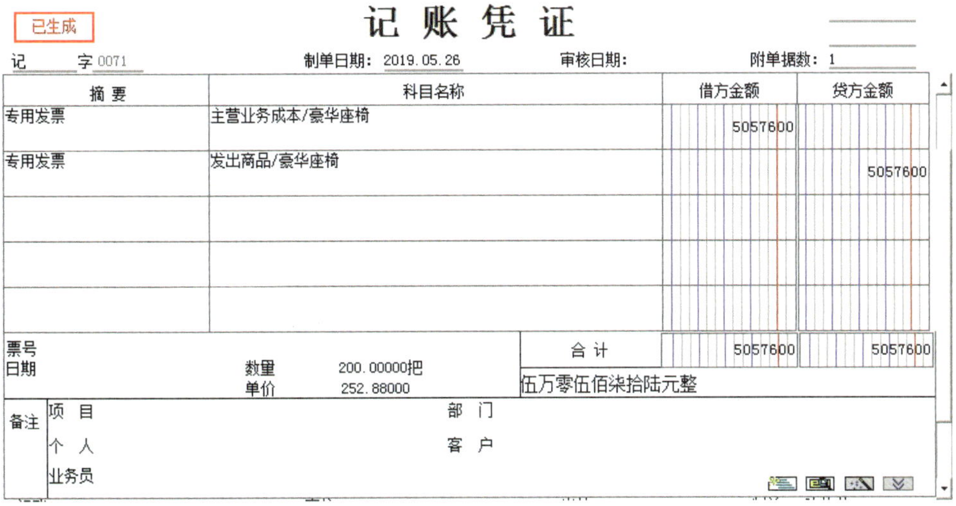

```
已生成
记字 0071    制单日期: 2019.05.26    审核日期:          附单据数: 1
```

摘要	科目名称	借方金额	贷方金额
专用发票	主营业务成本/豪华座椅	5057600	
专用发票	发出商品/豪华座椅		5057600
	合计	5057600	5057600

票号
日期   数量 200.00000把   合计 伍万零伍佰柒拾陆元整
        单价   252.88000
备注 项目   部门
      个人   客户
      业务员

图 3—150 分批收款销售成本凭证

56.向天津润丰公司销售风尚座椅。

操作步骤:

❖ 销售专用发票

(1)以操作员 302 身份,时间"2019—05—27",登录企业应用平台。

(2)在销售管理系统中,执行"销售开票—销售专用发票"命令,取消过滤窗口,进入"销售专用发票"窗口。单击"增加"按钮,按资料输入销售发票相关内容,然后单击"保存"按钮。

(3)以操作员 301 身份,登录企业应用平台,在"销售开票—销售专用发票"中找到该销售专用发票,单击"复核"按钮完成复核发票。

❖ 销售出库单

(1)以操作员 301 身份,登录企业应用平台。

(2)在库存管理系统中,执行"出库业务—销售出库单"命令,进入"销售出库单"窗口,单击工具栏上的"下一页"按钮,找到该笔业务的出库单。单击"审核"按钮,系统弹出"该单据审核成功"信息提示框,单击"确定"按钮返回。

❖ 确认销售收入—审核销售发票及生成应收凭证

(1)以操作员 204 身份,登录企业应用平台。

(2)在应收款管理系统中,执行"应收单据处理—应收单据审核"命令,打开"单据过滤条件"对话框,单击"确定"按钮,进入"应收单据列表"窗口。双击要审核的单据,单击"审核"按钮,系统提示"是否立即制单?",选择"是",然后单击保存"按钮,如图 3—151 所示。

```
┌─────────────────────────────────────────────────────────┐
│ 已生成          记 账 凭 证                              │
│ 记    字 0072   制单日期：2019.05.27  审核日期：附单据数：1 │
│   摘  要          科目名称         借方金额    贷方金额   │
│ 销售专用发票    应收账款           21865500              │
│ 销售专用发票    主营业务收入/风尚座椅          19350000  │
│ 销售专用发票    应交税费/应交增值税/销项税额    2515500  │
│                                                         │
│ 票号                            合计  21865500  21865500│
│ 日期    数量                                            │
│         单价      贰拾壹万捌仟陆佰伍拾伍元整            │
│ 备注  项  目                 部  门                     │
│       个  人                 客  户 天津润丰            │
│       业务员 李旭                                       │
└─────────────────────────────────────────────────────────┘

图 3－151　销售发票凭证

❖确认销售成本－记账并生成凭证

(1)以操作员 203 身份，登录企业应用平台。

(2)在存货核算系统中，执行"业务核算－正常单据记账"命令，打开"正常单据记账条件"对话框。双击需要记账的单据前的选择栏，出现"√"标志，或单击工具栏上的"全选"按钮，选择所有单据，然后单击工具栏上的"记账"按钮。屏幕显示"记账成功"提示，已经记账的单据在列表中消失。

(3)执行"财务核算－生成凭证"命令，进入"生成凭证"窗口。单击"选择"按钮，打开"查询条件"对话框。选择"销售专用发票"选项，再单击"确定"按钮，进入选择单据窗口。

(4)在未生成凭证单据一览表中，找到该笔业务的单据，双击选中框，单击工具栏中的"确定"按钮，返回"生成凭证"窗口，单击工具栏上"合成"按钮，生成记账凭证，如图 3－152 所示。

```
┌───┐
│ 已生成   记 账 凭 证   │
│ 记   字 0073   制单日期：2019.05.27 审核日期：附单据数：1 │
│   摘 要   科目名称   借方金额   贷方金额   │
│ 专用发票   主营业务成本/风尚座椅 12710700   │
│ 专用发票   库存商品/风尚座椅   12710700 │
│   │
│ 票号   合计 12710700 12710700│
│ 日期   数量   450.00000把   │
│   单价   282.46000   │
│   壹拾贰万柒仟壹佰零柒元整   │
│ 备注 项 目   部 门   │
│   个 人   客 户   │
│   业务员   │
└───┘

图 3－152　销售成本凭证

57.分配工资。

操作步骤：

❖ 设置工资分摊类型

(1)以操作员203身份,登录企业应用平台。

(2)在人力资源－薪资管理系统中,执行"设置－人员类别"命令,打开"人员档案"对话框,执行"工资项目设置""公式设置"选项,修改交通补贴公式,然后确认。

(3)执行"业务处理－工资变动"命令,打开"工资变动"对话框。单击"计算"按钮。输入工资项目"基本工资""奖励工资"相关数据,然后单击"汇总""计算"按钮。

(4)单击"业务处理－工资分摊"命令,单击"工资分摊设置"按钮,打开"分摊类型设置"对话框。单击"增加"按钮,打开"分摊计提比例设置"对话框。

(5)输入计提类型名称为"分配工资费用",分摊比例为100%,单击"下一步"按钮,打开"分摊构成设置"对话框。

具体设置步骤:

部门名称	人员类别	工资项目	借方科目	贷方科目	备注
行政部、财务部、采购部、库管部	管理人员	应发合计	管理费用—职工薪资	应付职工薪酬—工资	
销售部	销售人员	应发合计	销售费用—职工薪资	应付职工薪酬—工资	
生产车间、组装车间、维修车间、用电车间	车间管理人员	应发合计	制造费用—工资	应付职工薪酬—工资	
生产车间、组装车间	生产人员	应发合计	生产成本—基本生产成本—直接人工	应付职工薪酬—工资	项目大类:生产成本、项目:风尚或是豪华
用电车间	生产人员	应发合计	生产成本—辅助生产成本—用电车间	应付职工薪酬—工资	
维修车间	生产人员	应发合计	生产成本—辅助生产成本—维修车间	应付职工薪酬—工资	

设置完成后单击"完成"按钮,返回分摊计提比例设置对话框。再单击"返回"按钮,返回工资分摊对话框。在计提类型中出现"分配本月工资费用"分摊类型。

❖ 生成凭证

(1)完成设置后返回,在"工资分摊"界面选择所有部门后,勾选"分配工资费用"选项框,再单击"明细到工资项目",最后确定。

(2)在"分配工资费用一览表"中勾选"合并科目相同、辅助项相同的分录",然后单击工具栏上的"制单"按钮,即可生成记账凭证。

(3)修改凭证字为"记账凭证",选中"生产成本－基本生产成本－直接人工"科目,填写凭证辅助项,项目名称选择"风尚座椅",修改金额,单击"插入",增加"生产成本－基本生产成本－直接人工"科目,项目名称选择"豪华座椅",并输入金额。单击"保存"按钮,如图3－153所示。

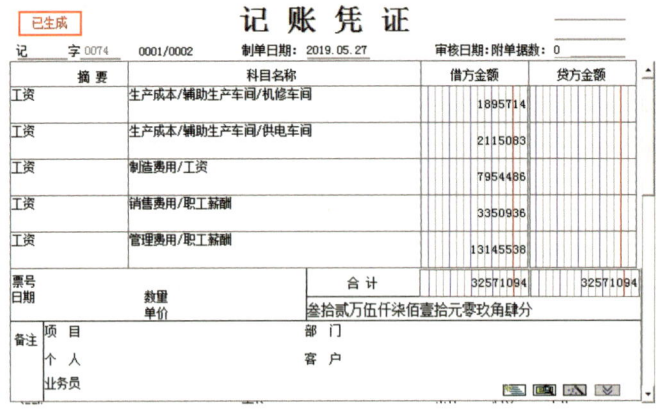

图 3-153 计提工资凭证

知识点链接：

基本生产成本的直接人工需要按工时在两个产品间分，并在生成的凭证中增加分录行。

分摊过程：$(21338.53+19754.84)÷(15000+16000+8275+12500)=0.7936913$

风尚座椅$=31000×0.7936913=24604.43$（元）

豪华座椅$=20775×0.7936913=16488.94$（元）

58.计提三险一金。

操作步骤：

◆计提养老保险设置

(1)以操作员 203 身份，时间"2019-05-27"，登录企业应用平台。

(2)在人力资源-薪资管理系统中，执行"业务处理-工资分摊"命令，打开"工资分摊"对话框。单击"工资分摊设置"按钮，打开"分摊类型设置"对话框。

(3)单击"增加"按钮，打开"分摊计提比例设置"对话框，输入计提比例"20%"，输入计提类型名称为"计提养老保险金"。单击"下一步"按钮，打开"分摊构成设置"对话框。

部门名称	人员类别	工资项目	借方科目	贷方科目	备注
行政部、财务部、采购部、库管部	管理人员	应发合计	管理费用—职工薪资	应付职工薪酬—养老保险—企业部分	
销售部	销售人员	应发合计	销售费用—职工薪资	应付职工薪酬—养老保险—企业部分	
生产车间、组装车间、维修车间、用电车间	车间管理人员	应发合计	制造费用—社会保险费	应付职工薪酬—养老保险—企业部分	
生产车间、组装车间	生产人员	应发合计	生产成本—基本生产成本—直接人工	应付职工薪酬—养老保险—企业部分	项目大类：生产成本 项目：风尚或是豪华
用电车间	生产人员	应发合计	生产成本—辅助生产成本—用电车间	应付职工薪酬—养老保险—企业部分	
维修车间	生产人员	应发合计	生产成本—辅助生产成本—维修车间	应付职工薪酬—养老保险—企业部分	

(4)单击"完成"按钮,返回"分摊类型设置"对话框。

❖ 生成计提养老保险记账凭证

(1)执行"业务处理-工资分摊"命令,打开"工资分摊"对话框。选择需要分摊的计提费用类型为计提养老金,确定分摊计提的月份为"2019.05"。

(2)选择核算部门,选中"明细到工资项目"复选框,单击"确定"按钮,打开"计提养老保险金一览表"对话框。

(3)选中"合并科目相同、辅助项相同的分录"复选框,单击工具上的"制单"按钮,即可生成记账凭证。

(4)修改凭证字为"记账凭证",单击"保存"按钮,如图 3-154 所示。

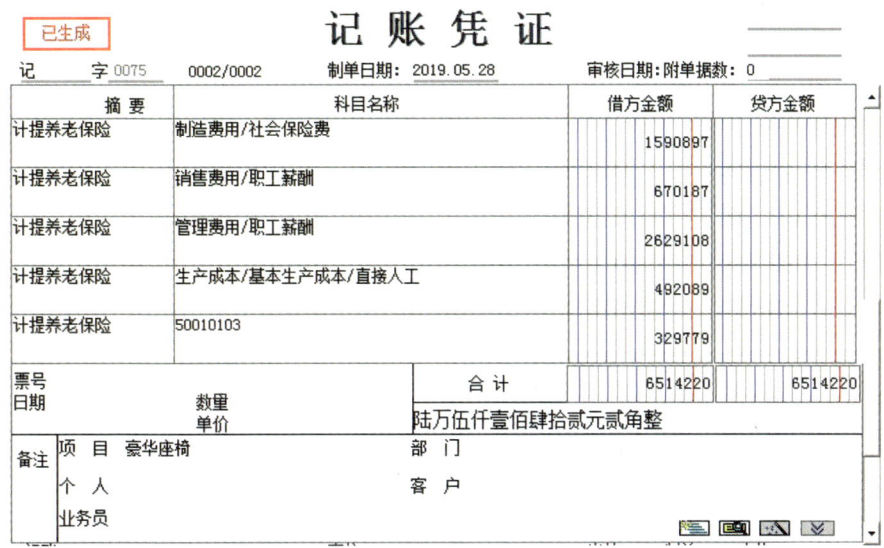

图 3-154 计提养老保险凭证

知识点链接:

按风尚座椅、豪华座椅生产工时分配

分摊过程:8218.68÷(15000+16000+8275+12500)=0.1587384

风尚座椅:31000×0.1587384=4920.89(元)

豪华座椅:20776×0.1587384=3297.79(元)

重复上诉步骤,完成失业保险、医疗保险和公积金的计提,并生成记账凭证如图 3-155、图 3-156 和图 3-157 所示。

记 账 凭 证

已生成

记 字 0076　0002/0002　制单日期: 2019.05.28　审核日期: 附单据数: 0

摘要	科目名称	借方金额	贷方金额
计提医疗保险	制造费用/社会保险费	795449	
计提医疗保险	销售费用/职工薪酬	335094	
计提医疗保险	管理费用/职工薪酬	1314554	
计提医疗保险	生产成本/基本生产成本/直接人工	264044	
计提医疗保险	生产成本/基本生产成本/直接人工	146889	
	合 计	3257109	3257109

叁万贰仟伍佰柒拾壹元零玖分

票号 日期　数量 单价
备注　项目 豪华座椅　部门
　　　个 人　　　客户
　　　业务员

图 3－155　计提医疗保险凭证

记 账 凭 证

已生成

记 字 0077　0002/0002　制单日期: 2019.05.28　审核日期: 附单据数: 0

摘要	科目名称	借方金额	贷方金额
计提失业保险	销售费用/职工薪酬	33509	
计提失业保险	管理费用/职工薪酬	131455	
计提失业保险	生产成本/基本生产成本/直接人工	26404	
计提失业保险	生产成本/基本生产成本/直接人工	14690	
计提失业保险	应付职工薪酬/失业保险/企业部分		325710
	合 计	325710	325710

叁仟贰佰伍拾柒元壹角整

票号 日期　数量 单价
备注　项目 豪华座椅　部门
　　　个 人　　　客户
　　　业务员

图 3－156　计提失业保险凭证

记 账 凭 证

已生成

记 字 0078　0002/0002　制单日期: 2019.05.28　审核日期: 附单据数: 0

摘要	科目名称	借方金额	贷方金额
计提公积金	销售费用/职工薪酬	335094	
计提公积金	管理费用/职工薪酬	1314554	
计提公积金	生产成本/基本生产成本/直接人工	246044	
计提公积金	生产成本/基本生产成本/直接人工	164889	
计提公积金	应付职工薪酬/住房公积金/企业部分		3257109
	合 计	3257109	3257109

叁万贰仟伍佰柒拾壹元零玖分

票号 日期　数量 单价
备注　项目 豪华座椅　部门
　　　个 人　　　客户
　　　业务员

图 3－157　计提公积金凭证

59.计提工会经费。

操作步骤：

❖ 计提工会经费设置

(1)以操作员203身份，登录企业应用平台。

(2)在人力资源－薪资管理系统中，执行"业务处理－工资分摊"命令，打开"工资分摊"对话框。

(3)单击"增加"按钮，打开"分摊计提比例设置"对话框。输入计提比例"2％"，输入计提类型名称为"计提工会经费"，单击"下一步"按钮，打开"分摊构成设置"对话框。

部门名称	人员类别	工资项目	借方科目	货方科目	备注
行政部、财务部、采购部、库管部	管理人员	应发合计	管理费用—职工薪资	应付职工薪酬—工会经费	
销售部	销售人员	应发合计	销售费用—职工薪资	应付职工薪酬—工会经费	
生产车间、组装车间、维修车间、用电车间	车间管理人员	应发合计	制造费用—工资	应付职工薪酬—工会经费	
生产车间、组装车间	生产人员	应发合计	生产成本—基本生产成本—直接人工	应付职工薪酬—工会经费	项目大类:生产成本、项目:风尚或是豪华
用电车间	生产人员	应发合计	生产成本—辅助生产成本—用电车间	应付职工薪酬—工会经费	
维修车间	生产人员	应发合计	生产成本—辅助生产成本—维修车间	应付职工薪酬—工会经费	

(4)单击"完成"按钮，返回"分摊类型设置"对话框。

❖ 生成计提工会经费记账凭证

(1)执行"业务处理－工资分摊"命令，打开"工资分摊"对话框。选择需要分摊的计提费用类型为计提养老金，确定分摊计提的月份为"2019.05"。

(2)选择核算部门，选中"明细到工资项目"复选框，单击"确定"按钮，打开"计提工会经费一览表"对话框。

(3)选中"合并科目相同、辅助项相同的分录"复选框，单击工具上的"制单"按钮，即可生成记账凭证。

(4)修改凭证字为"记账凭证"，单击"保存"按钮，如图3－158所示。（基本生产车间生产人员的工会经费需要按照生产工时在两个产品间分摊，具体方法参考计提养老保险金。分配完毕后在生成的凭证中增加分录行。）

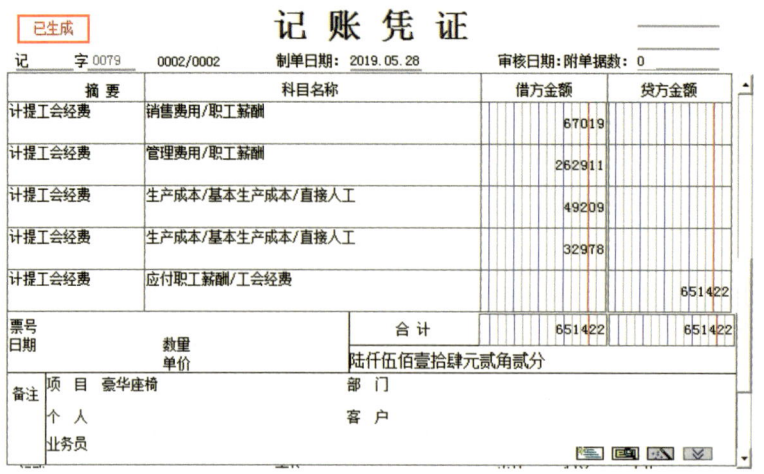

图 3-158 计提工会经费凭证

60.结算委托代销。

操作步骤：

❖ 委托代销结算单和专用发票

(1)以操作员 302 身份，时间"2019－05－28"，登录企业应用平台。

(2)在销售管理系统中，选择"委托代销－委托代销结算单"命令中生成结算单，单击"增加"按钮，修改委托代销结算数量为"150"并保存。（委托代销结算单通过审核后，由系统自动生成相应的销售出库单，并将其传递到库存管理系统。修改单据格式：委托代销结算单的表头项目增加发票号，然后在结算单中输入发票号 15227831。）

(3)以操作员 301 身份，登录企业应用平台，找到该结算单，单击"审核"按钮，打开"请选择发票类型"对话框，选择"专用发票"选项，单击"确定"按钮返回。

(4)以操作员 302 身份，登录企业应用平台，在销售管理系统中，查看根据委托代销结算单生成的销售专用发票，进行"现结"处理，然后以操作员 301 身份对其进行复核。

❖ 确认销售收入－审核销售发票生成记账凭证

(1)以操作员 204 身份，在应收款管理系统中，执行"应收单据处理－应收单据审核"命令，打开"单据过滤条件"对话框，选择"包含现结发票"选项，单击"确定"按钮，进入"应收单据列表"窗口。

(2)选择要审核的单据，单击"审核"按钮，系统弹出"审核成功"信息提示框。最后，单击"确定"按钮返回并退出。

(3)执行"制单处理"命令，打开"制单查询"对话框。选中"现结制单"复选框，单击"确定"按钮进入销售发票制单窗口。

(4)选择凭证类别，单击工具栏上的"全选"按钮，选择窗口上的所有单据，单击"制单"按钮，屏幕上出现根据发票生成凭证，如图 3－159 所示。

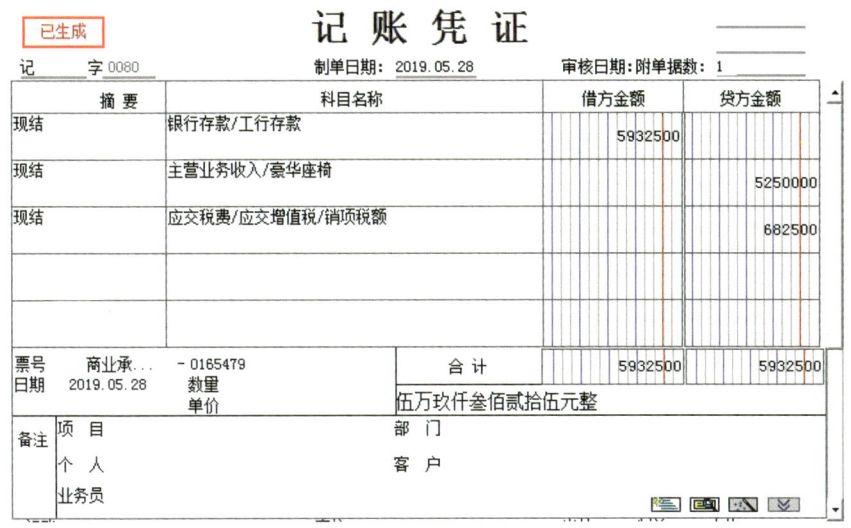

图 3－159　委托代销结算凭证

❖ 确认销售成本——在存货核算系统中结转成本

(1) 以操作员 203 身份，在存货核算系统中，执行"业务核算－发出商品记账"命令，打开发出商品记账条件对话框。

(2) 单击需要记账的单据前的选择栏，出现"Y"标志，或单击工具栏上的"全选"按钮，选择所有单据，然后单击工具栏上的"记账"按钮，记账成功后退出。

(3) 执行"财务核算－生成凭证"命令，进入"生成凭证"窗口。单击"选择"按钮，打开"查询条件"对话框。选择"委托代销商品专用发票"选项，单击确定后在"未生成凭证单据一览表"中选中单据，单击"确定"按钮，修改科目。

(4) 单击"生成"按钮，进入填制凭证窗口。然后单击"保存"按钮，如图 3－160 所示。

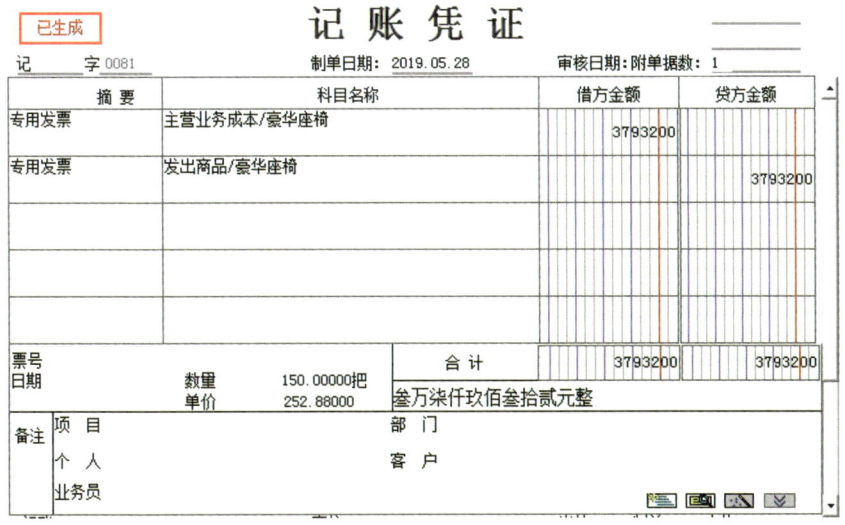

图 3－160　委托代销成本凭证

61.向北京顺联公司销售风尚座椅。

操作步骤：

❖ 销售订单

(1)以操作员 302 身份，时间"2019－05－28"，登录企业应用平台。

(2)在销售管理系统中，执行"销售订货－销售订单"，单击"增加"按钮，取消过滤窗口，本月开出发票 500 把，题干说明分三次发货，订单总数应为 1500，分三行录入，注意预计发货时间。单击"保存"按钮。

(3)以操作员 301 身份登录企业应用平台，在"销售订货－销售订单"中找到该销售订单，单击"审核"按钮。

❖ 销售专用发票

(1)以操作员 302 身份，时间"2019－05－28"，登录企业应用平台。

(2)在销售管理系统中，执行"销售开票－销售专用发票"，单击"增加"按钮，取消过滤窗口，按资料填写发票，选择成品库，单击"保存"按钮。

(3)以操作员 302 身份登录企业应用平台，在"销售管理－销售开票销售专用发票"中找到该销售发票，单击"复核"按钮。

(4)查看自动生成的销售发货单，修改为"500 把"，保存并审核。

❖ 销售出库单

(1)以操作员 501 身份，登录企业应用平台。

(2)在库存管理系统中，执行"出库业务－销售出库单"命令，进入"销售出库单"窗口。单击工具栏上的按钮，找到该笔业务的出库单。单击"审核"按钮，系统弹出"该单据审核成功"信息提示框，单击"确定"按钮返回。

❖ 确认销售收入——审核销售发票及生成应收凭证

(1)以操作员 204 身份，登录企业应用平台。

(2)在应收款管理系统中，执行"应收单据处理－应收单据审核"命令，打开"单据过滤条件"对话框，单击"确定"按钮，进入"应收单据列表"窗口。选择要审核的单据，单击"审核"按钮，系统弹出"审核成功"信息提示框。然后单击"确定"按钮。

(3)执行"制单处理"命令，打开"制单查询"对话框。选中"发票制单"复选框，单击"确定"按钮进入"销售发票制单"窗口。

(4)选中要制单的单据，单击"制单"按钮，屏幕上出现根据发票生成的转账凭证。修改凭证日期，输入附件数，单击"保存"按钮，如图 3－161 所示。

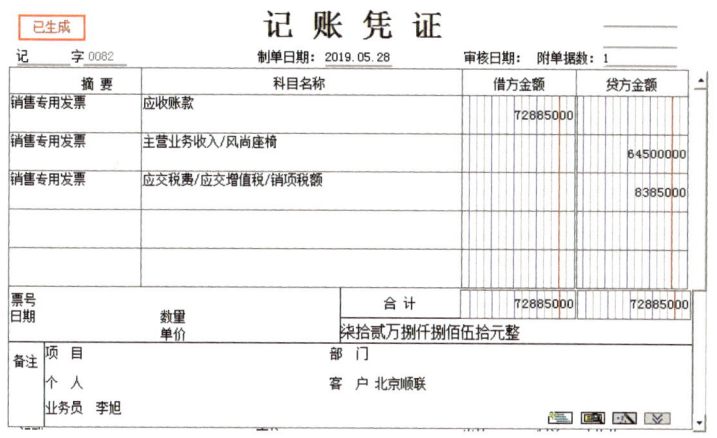

图 3—161 销售凭证

❖ **确认销售成本——记账并生成凭证**

(1)以操作员 203 身份,登录企业应用平台。

(2)在存货核算系统中,执行"业务核算－正常单据记账"命令,打开"正常单据记账条件"对话框。选择查询条件,单击"确定"按钮,进入"正常单据记账"窗口。选择要记账的单据,单击"记账"按钮,记账完毕后退出正常单据记账窗口。

(3)执行"财务核算－生成凭证"命令,进入"生成凭证"窗口。单击工具栏上的"选择"按钮,打开"查询条件"对话框,选择"销售专用发票"选项,然后单击"确定"按钮,进入"未生成凭证一览表"窗口,选择要制单的记录行,最后单击"确定"按钮,进入生成凭证窗口。

(4)单击"生成"按钮,进入填制凭证窗口。单击"保存"按钮,如图 3－162 所示。

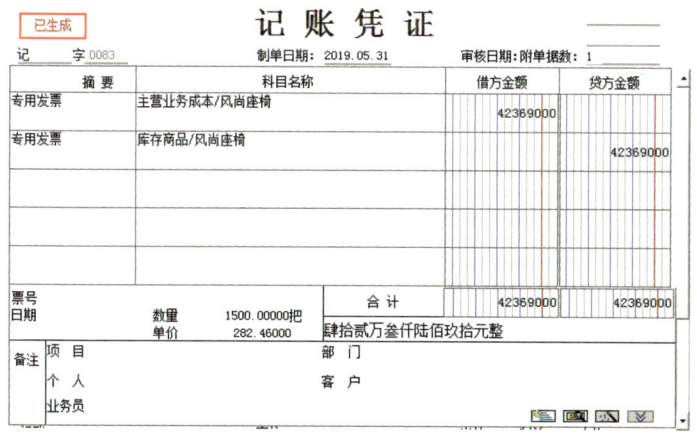

图 3—162 销售成本凭证

62.计提坏账准备。

操作步骤:

(1)以操作员 204 身份,时间"2019－05－31",登录企业应用平台。

(2)在应收款管理系统中,执行"坏账处理－计提坏账准备"命令,进入"应收账款百分比法"窗口。系统根据应收账款余额、坏账准备余额、坏账准备初始设置情况自动计算出来本次计提金额。

(3)单击"确定"按钮,系统弹出"是否立即制单?"信息提示框。单击"否"按钮,在批量制单功能下生成记账凭证(插分处理),如图3-163所示。

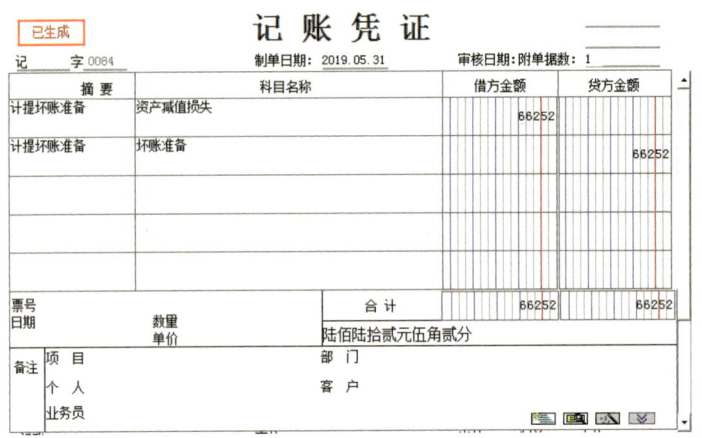

图3-163 计提坏账凭证

63.计算本月应交税金。

操作步骤:

❖ 自定义转账

(1)以操作员203身份,时间"2019-05-31",登录企业应用平台。

(2)在总账系统中,执行"期末-转账定义-自定义转账"命令,进入"自定义转账设置窗口"。单击"增加"按钮,打开"转账目录"设置对话框。

(3)输入转账序号"0001",转账说明"结转未交增值税";选择凭证类别"记账凭证",单击"确认"按钮,进入自定义转账设置窗口,单击工具栏上的"增行"按钮,增加借方分录行。

(4)输入摘要"结转未交增值税",科目编码"22210107",方向"借",单击金额公式栏的按钮,进入公式向导窗口,选择期末函数"QM()",再单击下一步按钮,单击"完成"金额公式栏出现公式"QM(22210107,月)"将公式改成"QM(22210103,月)-QM(22210101,月)+QM(2220102,月)",再增加下一行,科目编码"222102",方向"贷",单击金额公式栏的按钮选择期末函数"JG()"单击"下一步"按钮,完成后保存。

(5)单击"增加"按钮,输入转账序号"0002",转账说明"计提税金及附加",再单击"确定"按钮。单击"增行",输入第一行摘要"计提税金及附加",科目编码"6403",方向"借",金额公式选择"JG()",单击"下一步"。单击"增行"按钮,增加第二行,输入科目编码"222113",方向为"贷",金额公式选择"QM()",在公式说明对话框中将科目栏的默认科目删除,重新选择科目编码"222102"。依次选择"继续输入公式"和"*(乘)"选项后,单击"下一步"按钮,选择"常数",再单击"下一步"按钮。然后在常数栏继续输入"0.07",单击"完成"按钮。

(6)单击"增行",输入第三行信息,科目编码"222114",方向"贷",双击金额公式,输入公式"QM(222102,月)*0.03"。修改第四行的科目编码为"222115",方向为"贷",输入公式"QM(222102,月)*0.02",保存后退出。

将之前生成的所有凭证进行出纳签字、审核、主管签字,然后记账。

◆ 转账生成

(1)执行"期末-转账生成"命令,进入转账生成窗口。

(2)选择"自定义转账"按钮,在结转未交增值税后面的"是否结转"栏双击,出现"Y"。单击"确定"按钮,生成转账凭证。单击"保存"按钮,如图3-164所示。

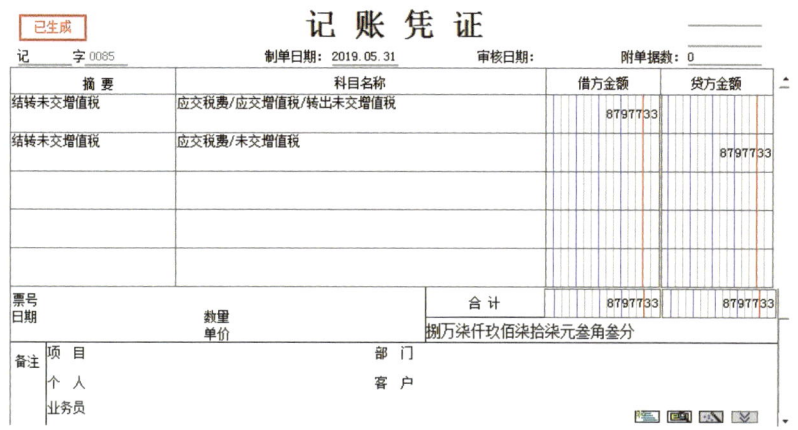

图3-164 结转未交增值税凭证

(3)以操作员201身份,登录企业应用平台。在总账系统中,对新生成的凭证,进行审核,以操作员203身份将该凭证记账,同理作计提税金及附加的转账生成处理。生成的记账凭证如图3-165。

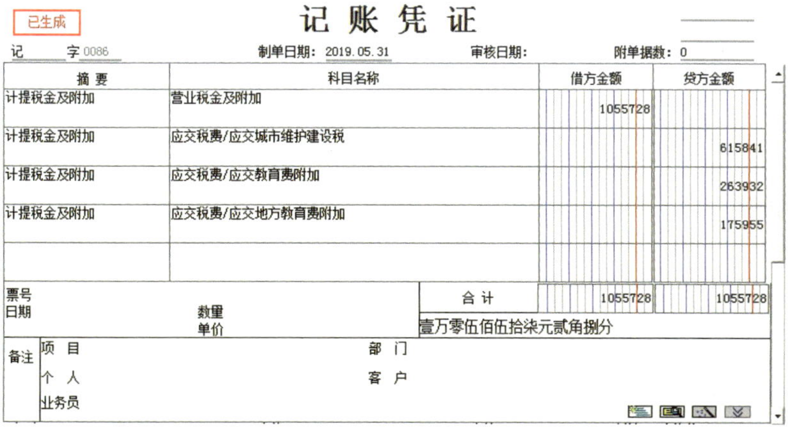

图3-165 计提税金凭证

64.分配辅助生产费用。

操作步骤:

(1)以操作员 203 身份,操作日期"2019－05－31",登录企业应用平台。

(2)选择在"财务会计"下的"总账"－"凭证"中的"填制凭证"命令,单击"增加"按钮,输入摘要分配辅助生产费用,根据计算表填制记账凭证 2 张。

(3)单击"保存"按钮,出现凭证已保存成功对话框,如图 3－166 和图 3－167 所示,确定并退出。

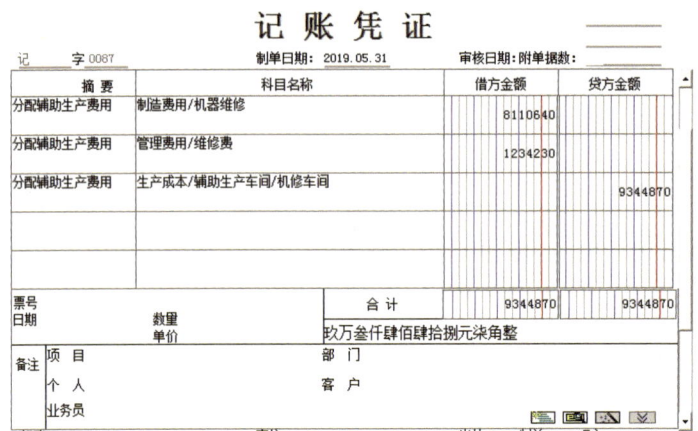

图 3－166　机修车间辅助生产费用分配凭证

图 3－167　用电车间辅助生产费用分配凭证

65.分配制造费用。

操作步骤:

(1)以操作员 203 身份,操作日期"2019－05－31",登录企业应用平台。

(2)选择在"财务会计"下的"总账"－"凭证"中的"填制凭证"命令,单击"增加"按钮,输入摘要分配辅助生产费用,根据计算表填制记账凭证 2 张。

(3)单击"保存"按钮,出现凭证已保存成功对话框,如图 3－168,确定并退出。

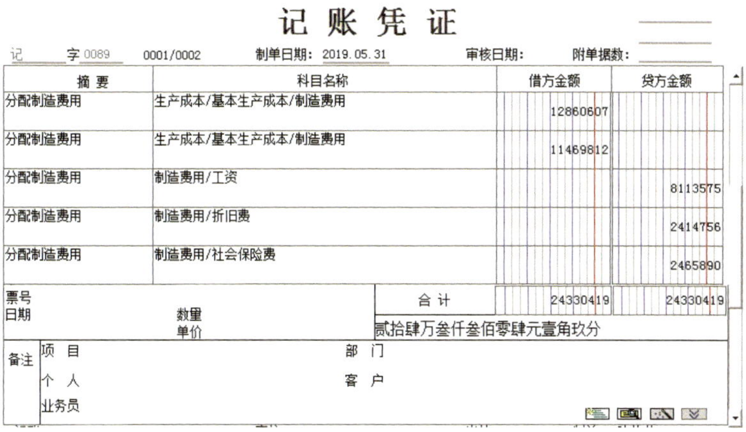

记 账 凭 证

记 字 0089 0001/0002 制单日期：2019.05.31 审核日期： 附单据数：

摘要	科目名称	借方金额	贷方金额
分配制造费用	生产成本/基本生产成本/制造费用	12860607	
分配制造费用	生产成本/基本生产成本/制造费用	11469812	
分配制造费用	制造费用/工资		8113575
分配制造费用	制造费用/折旧费		2414756
分配制造费用	制造费用/社会保险费		2465890
票号 日期	数量 单价 合计	24330419	24330419
	贰拾肆万叁仟叁佰零肆元壹角玖分		

备注 项目 部门 个人 客户 业务员

图 3－168 制造费用分配凭证

66.完工产品入库。

操作步骤：

(1)以操作员 501 身份，时间“2019－5－31”，登录企业应用平台。

(2)在库存管理系统中，执行“入库业务－产成品入库单”命令，增加产成品入库单，仓库为成品库，部门为组装车间，入库类别为产成品入库，编号 004 产品 1600 把，编号 005 产品 1200 把。保存后直接审核。

(3)以操作员 203 身份重新登录。

(4)在存货核算系统中，执行“业务核算－正常单据记账”命令，在“正常单据记账列表”窗口中选中全部单据后，单击“记账”按钮，在手工输入单价列表中分别输入单价，确定后系统提示记账成功。

(5)执行“财务核算－生成凭证”命令，进入“生成凭证”窗口。单击“选择”按钮，在打开“查询条件”对话框中直接确定，选择未生成凭证的单据后再次确定，在“生成凭证”窗口中修改第二个科目代码 140501 为 140502，单击“生成”按钮。将第三条贷方分录分解为：

“生产成本－基本生产成本－直接材料”，项目“风尚座椅”；

“生产成本－基本生产成本－直接材料”，项目“豪华座椅”；

“生产成本－基本生产成本－燃料动力”，项目“风尚座椅”；

“生产成本－基本生产成本－燃料动力”，项目“豪华座椅”；

“生产成本－基本生产成本－直接人工”，项目“风尚座椅”；

“生产成本－基本生产成本－直接人工”，项目“豪华座椅”；

“生产成本－基本生产成本－制造费用”，项目“风尚座椅”；

“生产成本－基本生产成本－制造费用”，项目“豪华座椅”。

最后保存后退出，如图 3－169 所示。

(注：借贷方数据可以在填完科目代码后按“余额”按钮直接查看该科目的余额进行填制。)

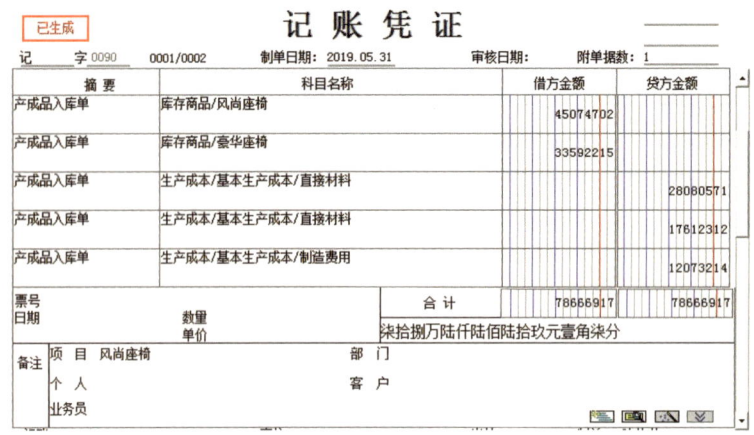

图 3-169 完工入库凭证

67. 摊销无形资产。

操作步骤：

(1)以操作员 203 身份，操作日期"2019-05-31"，登录企业应用平台。

(2)选择在"财务会计"下的"总账"-"凭证"中的"填制凭证"命令，单击"增加"按钮，输入摘要摊销无形资产，根据无形资产摊销表填制记账凭证。

(3)单击"保存"按钮，出现凭证已保存成功对话框，如图 3-170 所示，确定并退出。

图 3-170 摊销凭证

68. 结转期间损益。

操作步骤：

(1)以操作员 203 身份，操作日期"2019-05-31"，登录企业应用平台。

(2)在总账系统中，执行"期末-转账生成"命令，进入"转账生成"窗口。选择"期间损益结转"单选按钮，再选择"本年利润科目 4103"，单击"确定"按钮。

(3)单击类型旁的下拉框，选择"收入"，单击"全选"按钮，再单击"确定"按钮，生成记账凭证，如图 3-171 所示，保存该凭证。

已生成

记 账 凭 证

记 字 0092 制单日期：2019.05.31 审核日期： 附单据数：0

摘要	科目名称	借方金额	贷方金额
期间损益结转	其他业务收入/销售材料	900000	
期间损益结转	主营业务收入/风尚座椅	95130000	
期间损益结转	主营业务收入/豪华座椅	35650000	
期间损益结转	本年利润		131680000
票号 日期 数量 950把 单价 375.26316	合计	131680000	131680000
	壹佰叁拾壹万陆仟捌佰元整		

备注 项 目 部 门 个 人 客 户 业务员

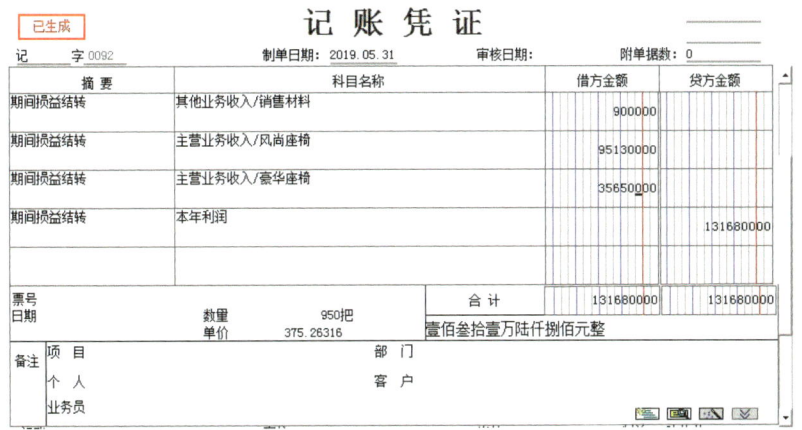

图 3—171 期间损益—收入结转凭证

(4)单击类型旁的下拉框，选择“支出”，单击“全选”按钮，再单击“确定”按钮，生成记账凭证，如图 3—172 所示，保存该凭证。

已生成

记 账 凭 证

记 字 0093 0001/0004 制单日期：2019.05.31 审核日期： 附单据数：0

摘要	科目名称	借方金额	贷方金额
期间损益结转	本年利润	123679293	
期间损益结转	主营业务成本/风尚座椅		62932088
期间损益结转	主营业务成本/豪华座椅		24023600
期间损益结转	其他业务成本		690000
期间损益结转	营业税金及附加		1055728
票号 日期 数量 单价	合计	123679293	123679293
	壹佰贰拾叁万陆仟柒佰玖拾贰元玖角叁分		

备注 项 目 部 门 个 人 客 户 业务员

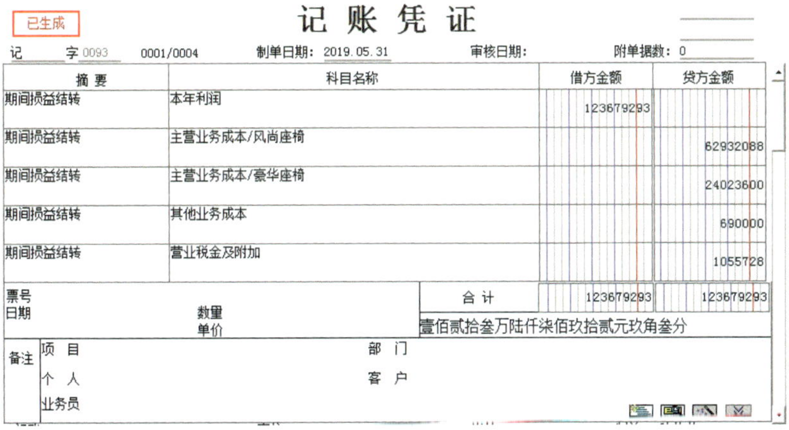

图 3—172 期间损益—支出结转凭证

69.计提并结转所得税。

操作步骤：

❖定义计提企业所得税

(1)以操作员 203 身份，操作日期“2019—05—31”，登录企业应用平台。

(2)在总账系统中，执行“期末—转账定义—自定义转账”命令，进入“自定义转账设置”窗口。单击“增加”按钮，打开“转账目录设置”对话框。

(3)输入转账序号“0004”，转账说明“计提所得税”，选择凭证类别“记账凭证”。单击“确认”按钮，进入“自定义转账设置”窗口。

(4)单击工具栏上的“增行”按钮，增加借方分录行。选择科目“680101 所得税费用”，方向为“借”，单击金额公式栏的按钮，进入公式向导窗口，选择期末余额函数，再单击“下一步”按钮。在公式说明对话框将科目栏中的默认科目修改为“4103 本年利润”。依次选中“继续输入公式""*（乘）"后，单击"下一步"按钮，公式名称选择常数后单击下一步，在常数栏中输入"0.25"，单击"完成"按钮。

❖ 转账生成

(1)执行"期末－转账生成"命令，进入"转账生成"窗口。选择"自定义转账"，单击按钮，双击计算所得税记录行。再单击"确定"按钮，生成转账凭证。选择"期间损益"按钮，生成结转凭证。

(2)单击"保存"按钮，凭证传递到总账系统，如图3－173、图3－174所示。

(3)将生成的计提、结转所得税费用的记账凭证审核记账。

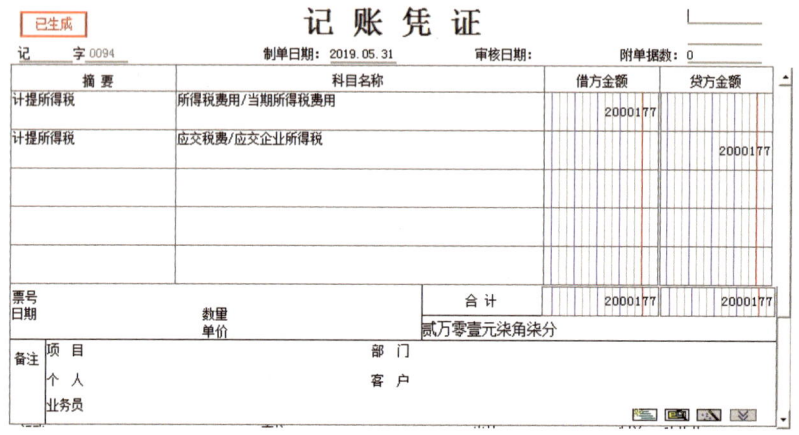

图3－173 计提所得税凭证

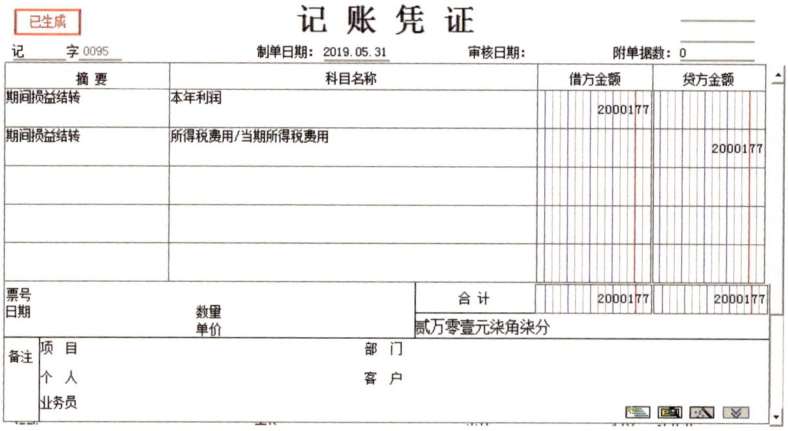

图3－174 结转所得税凭证

70.结转本年利润、提取公积金、分配利润、结转未分配利润。

可以根据利润分配计算表在总账系统中填制记账凭证，如图3－175至图3－178所示，也可以不编制利润分配计算表，在总账系统做期末自定义转账，具体做法可以参照业务"69.计提所得税费用"。

★更换具有审核权限的操作员，将所有的未审核记账的凭证审核记账，日常的账务处理完成。

在自定义转账中设置,增加 0005,0006,0007,0008 号转账。

表 4-1 自定义转账设置

转账序号	摘要	科目编码	方向	全额公式
0005	结转本年	4103	借	QM(4103,月)
		410406	贷	JG()
0006	提取公积	410401	借	FS(410406,月,贷)*0.1
		410402	借	FS(410406,月,贷)*0.05
		410101	贷	FS(410406,月,贷)*0.1
		410102	贷	FS(410406,月,贷)*0.05
0007	分配利润	410406	借	JG()
		410401	贷	FS(410406,月,贷)*0.85*0.875*0.6
		410402	贷	FS(410406,月,贷)*0.85*0.075*0.6
		410403	贷	FS(410406,月,贷)*0.85*0.05*0.6
0008	结转未分配利润	410406	借	JG()
		410401	贷	FS(410401,月,借)
		410402	贷	FS(410402,月,借)
		410403	贷	FS(410403,月,借)

注:将表 4-1 中的转账定义全部生成凭证,并审核记账。

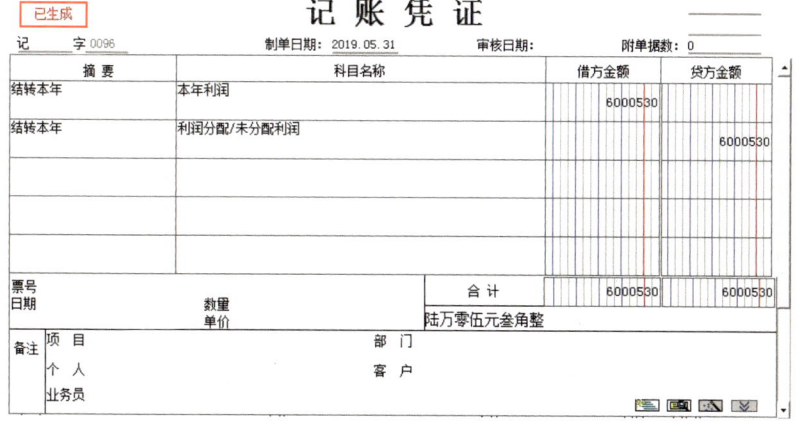

图 3-175 结转本年利润凭证

已生成		记 账 凭 证		
记 字 0097		制单日期：2019.05.31 审核日期：	附单据数：0	
摘 要	科目名称		借方金额	贷方金额
提取公积金	利润分配/提取法定盈余公积		600053	
提取公积金	利润分配/提取任意盈余公积		300027	
提取公积金	盈余公积/法定盈余公积			600053
提取公积金	盈余公积/任意盈余公积			300027
票号 日期	数量 单价	合计 玖仟元零捌角整	900080	900080
备注	项目 个人 业务员	部门 客户		

图 3－176 计提公积金凭证

已生成		记 账 凭 证		
记 字 0098		制单日期：2019.05.31 审核日期：	附单据数：0	
摘 要	科目名称		借方金额	贷方金额
分配利润	利润分配/应付现金股利或利润		3060271	
分配利润	应付股利/单位投资利润			2677737
分配利润	应付股利/个人投资利润/杨远东			229520
分配利润	应付股利/个人投资利润/陈伟业			153014
票号 日期	数量 单价	合计 叁万零陆佰零贰元柒角壹分	3060271	3060271
备注	项目 个人 业务员	部门 客户		

图 3－177 分配利润凭证

已生成		记 账 凭 证		
记 字 0099		制单日期：2019.05.31 审核日期：	附单据数：0	
摘 要	科目名称		借方金额	贷方金额
结转未分配利润	利润分配/未分配利润		3960351	
结转未分配利润	利润分配/提取法定盈余公积			600053
结转未分配利润	利润分配/提取任意盈余公积			300027
结转未分配利润	利润分配/应付现金股利或利润			3060271
票号 日期	数量 单价	合计 叁万玖仟陆佰零叁元伍角壹分	3960351	3960351
备注	项目 个人 业务员	部门 客户		

图 3－178 结转利润凭证

第三部分　期末处理操作

每个月月末,当所有经济业务全部处理完成后,无论手工方式还是会计信息化方式都要进行期末结账处理和报表编制工作。

(一)结账处理

当本月全部凭证都填制完成,并且对所有凭证签字审核记账后,就需要对各个模块进行结账处理,结账的顺序是先对业务模块结账,然后对财务模块对账,总账要最后结账。具体结账顺序:采购管理、销售管理结账后,应付款管理、应收款管理、库存管理、存货核算才能结账,总账最后结账。薪资管理和固定资产可与采购销售、应收应付等业务模块并行结账,但必须要在总账结账前结账。

各模块结账的注意事项如下:

采购管理:

采购管理结账要求所有采购单据必须审核,且入库单已经记账、采购发票全部结算。

销售管理:

销售管理结账要求所有销售单据必须审核,且发货单已经记账、销售发票全部复核结算。

应付款管理:

(1)应付款管理与采购管理的集成要求是采购管理结账后,才能对应付款管理结账处理。

(2)若选项中设置要求审核日期为单据日期,结账前本月的业务单据必须全部审核;若选项中设置要求审核日期为业务日期,结账前不要求所有业务单据全部审核,但付款单有未审核的,则不能结账。

(3)若选项中设置要求月结时必须将当月单据以及处理业务全部制单,则当月有未制单记录的不能月结;若选项中设置月结时不要求检查是否全部制单,则可以进行结账处理。

应收款管理:

(1)应收款管理与销售管理的集成要求是销售结账后,应收款管理才能结账处理。

(2)若选项中设置要求审核日期为单据日期,结账前本月的业务单据必须全部审核;若选项中设置要求审核日期为业务日期,结账前不要求所有业务单据全部审核,但收款单有未审核的,则不能结账。

(3)若选项中设置要求月结时将必须当月单据以及处理业务全部制单,则当月有未制单记录的不能月结,如选项中设置月结时不要求检查是否全部制单,则可以进行结账处理。

库存管理:

(1)库存结账的前提条件是采购销售、委外等业务模块结账,并要检查所有出入库单是否都已经完成审核处理,库存与存货的对账是否平衡。

(2)结账后,不允许再做当月业务,取消月末结账只能从最后一个月开始依次取消,不允许跳月取消结账。

存货核算：

(1)存货核算结账的前提条件是采购销售、库存等业务模块结账，并且要求所有业务单据都已经完成记账处理，结账后不能再进行业务处理。

(2)取消月末结账只能从最后一个月开始倒序依次取消，不允许跳月取消结账。

总账：

(1)凭证审核后才能记账，记账人可以是审核人或制单人，但制单和审核不能是同一个人。

(2)期初余额不平或上月未结账本月不能记账，只有本月所有凭证记账后方可结账，结账后不能再填制任何凭证，当月未制单也要进行结账处理，本月不结账下月不能记账，但可以填制下月凭证。

(二)报表编制

执行"财务会计－UFO报表"命令。打开UFO报表窗口，单击"新建"按钮，打开一个空白报表，按现行会计制度要求，编制资产负债表和利润表，具体内容如表3－1和表3－2所示。

表3-1 资产负债表

编制单位：辽宁远东伟业公司　　2019年5月31日　　会企01表　单位：元

资产	行次	期末余额	年初余额	负债和所有者权益（或股东权益）	行次	期末余额	年初余额
流动资产：				流动负债：			
货币资金	1	300883.67	391807	短期借款	32	50000	100000
交易性金融资产	2	500000	500000	交易性金融负债	33		
应收票据	3		200000	应付票据	34		150000
应收账款	4	944842.48	211000	应付账款	35	678900	961400
预付款项	5	50000		预收款项	36		60000
应收利息	6			应付职工薪酬	37	480766.64	338400
应收股利	7			应交税费	38	118336.38	41000
其他应收款	8	6779.7	56000	应付利息	39		
存货	9	1466935.59	1741198	应付股利	40	30602.71	
一年内到期的非流动资产	10			其他应付款	41		
其他流动资产	11			一年内到期的非流动负债	42		
流动资产合计	12	3269441.44	3100005	其他流动负债	43		
非流动资产：				流动负债合计	44	1418605.73	1590800
可供出售金融资产	13			非流动负债：			
持有至到期投资	14	600000	600000	长期借款	45	500000	
长期应收款	15			应付债券	46		
长期股权投资	16	1412000	1400000	长期应付款	47		
投资性房地产	17			专项应付款	48		
固定资产	18	5023819.88	4426400	预计负债	49		
在建工程	19		290000	递延所得税负债	50		
工程物资	20			其他非流动负债	51		
固定资产清理	21			非流动负债合计	52	500000	
生产性生物资产	22			负债合计	53	1918605.73	1590800
油气资产	23			所有者权益（或股东权益）：			
无形资产	24	130852	143500	实收资本（或股本）	54	8119000	8000000
开发支出	25			资本公积	55	178900	178900
商誉	26			减：库存股	56		
长期待摊费用	27			盈余公积	57	109205.8	100205
递延所得税资产	28			未分配利润	58	110401.79	90000
其他非流动资产	29			所有者权益（或股东权益）合计	59	8517507.59	8369105
非流动资产合计	30	7166671.88	6859900				
资产总计	31	10436113.32	9959905	负债和所有者权益（或股东权益）总计	60	10436113.32	9959905

表3-2　　　　　　　　　　　　　利润表

编制单位：辽宁远东伟业公司　　　　　2019年5月　　　　　　　　　　会企02表
　　　　　　　　　　　　　　　　　　　　　　　　　　　　　　　　　　　单位：元

项目	行数	本期金额	上期金额
一、营业收入	1	1316800	
减：营业成本	2	876456.88	
营业税金及附加	3	10557.28	
销售费用	4	48751.07	
管理费用	5	216828.32	
财务费用	6	3200	
资产减值损失	7	662.52	
加：公允价值变动收益（损失以"-"号填列）	8		
投资收益（损失以"-"号填列）	9		
其中：对联营企业和合营企业的投资收益	10		
二、营业利润（亏损以"-"号填列）	11	160343.93	
加：营业外收入	12		
减：营业外支出	13	80336.86	
其中：非流动资产处置损失	14		
三、利润总额（亏损总额以"-"号填列）	15	80007.07	
减：所得税费用	16	20001.77	
四、净利润（净亏损以"-"号填列）	17	60005.3	
五、每股收益：	18		
（一）基本每股收益	19		
（二）稀释每股收益	20		

刚刚打开的 UFO 报表默认是在格式状态下的，按资产负债表和利润表的标准模板设计表格，并设置数据单元格的函数公式。资产负债表的关键字设置为"编制单位、年、月、日"，利润表的关键字设置为"编制单位、年、月"，以方便数据更新。

第四章 实训资料

一、账套信息

(一)账套信息

账套号:班级(例如:193)

账套名称:自己姓名+洪福

账套路径:默认

启用会计期:2019年1月

单位名称:洪福商贸有限公司

单位简称:洪福商贸

单位地址:芜湖市鸠江区弋江路

联系电话:0553—5820888

税号:913402030987657688

企业类型:商业

行业性质:2007年新会计制度科目

基础信息:存货、客户、供应商是否分类(是),是否有外币核算(是)

编码方案:科目编码级次4—2—2—2,收发类别编码:1—2,其他默认

数据精度:默认

启用系统:总账、应收、应付、采购、销售、库存、存货核算子系统(启用日期:2019年1月1日)

(二)操作员及其权限

编号	姓名	操作分工
A01	李金泽	账套主管
W01	宋清	总账
W02	黄小明	总账、应收、应付、存货、UFO报表
W03	李卉	总账(出纳签字)、应收、应付
G01	叶敏	采购管理
X01	张立	销售管理
C01	李红	公用目录、公共单据、库存管理

二、基础信息设置

(一)机构人员设置

1.部门档案设置

部门编码	部门名称
1	总经办
2	财务部
3	采购部
4	销售部
5	仓储部

2.人员类别设置

一级档案编码	二级档案编码	分类名称
101	01	管理人员
101	02	采购人员
101	03	销售人员

3.人员档案设置

编码	姓名	部门	人员类别	是否业务员	业务或费用部门
101	李金泽	总经办	管理人员		总经办
201	宋清	财务部	管理人员		财务部
202	黄小明	财务部	管理人员		财务部
203	李卉	财务部	管理人员		财务部
301	叶敏	采购部	采购人员	是	采购部
302	王宏伟	采购部	采购人员		采购部
401	张立	销售部	销售人员		销售部
402	李丽珊	销售部	销售人员		销售部
501	李红	仓储部	管理人员		仓储部

(二)客商信息

1.地区分类

地区分类编码	地区分类	地区分类编码	地区分类
01	安徽	05	广东
02	河北	09	境外
03	北京		
04	浙江		

2.客户分类

客户分类编码	客户分类
01	超市类
02	商贸类
03	零售商店

3.客户档案

编码	名称	简称	所属分类	所属地区	纳税人识别号	地址电话	开户银行	账号	分管部门	分管业务员
0001	华联超市有限公司	华联	超市	安徽	913402017357608877	芜湖市镜泊区长江路46号 0553－3617288	中国工商银行芜湖长江路支行	1307310182600024932	销售部	张立
0002	欧尚超市有限公司	欧尚	超市	安徽	913402028747907576	芜湖市弋江区花津路20号 0553－4774219	中国银行芜湖花津路支行	6217620195600024346	销售部	张立
0003	沃尔玛超市有限公司	沃尔玛	超市	安徽	913402019652303334	芜湖市镜泊区中山路339号 0553－3137566	中国建设银行芜湖中山路支行	6217670188600024689	销售部	张立

续表

编码	名称	简称	所属分类	所属地区	纳税人识别号	地址电话	开户银行	账号	分管部门	分管业务员
0004	大润发超市有限公司	大润发	超市	安徽	913402013212603482	芜湖市镜坡区北京路9号 0553—3766169	中国农业银行芜湖北京路支行	6227680183600024178	销售部	张立
0005	兴旺商贸公司	兴旺	商贸	安徽	913402023212603548	芜湖市弋江区利民路308号 0553—4137562	中国工商银行芜湖利民路支行	1307310182600025688	销售部	李丽珊
0006	日新商贸公司	日新	商贸	安徽	9134020232 12603686	芜湖市弋江区利民路28号 0553—4774238	中国建设银行芜湖利民路支行	6217620195600022986	销售部	李丽珊
0007	聚鑫商贸公司	聚鑫	商贸	安徽	913402033212603766	芜湖市鸠江区万春西路8号 0553—5663275	中国农业银行芜湖万春路支行	6227670188600023688	销售部	李丽珊
0008	同福进出口有限公司	同福	商贸	安徽	913402033212604885	芜湖市鸠江区万春西路18号 0553—5617399	中国银行芜湖市万春路支行	6217680183600022768	销售部	李丽珊
0009	佳和便利店	佳和	零售商店	安徽	91345678986654543	芜湖市镜泊区集合北路21号 0553—3687526	交通银行芜湖北京路支行	622265768764654555	销售部	李丽珊
0010	农夫山泉有限公司	农夫山泉	商贸	浙江	913301005457313478	杭州市曙光路148号 57187631808	招商银行杭州西溪支行	23006002369345226237	销售部	李丽珊

4. 供应商分类（乳制品、果蔬汁、乳酸菌从属商品类下）

供应商分类编码	供应商分类
01	商品
01 001	乳制品
01 002	果蔬汁
01 003	乳酸菌
09	其他

5. 供应商档案

编码	名称	简称	所属分类	所属地区	纳税人识别号	地址电话	开户银行	账号	分管部门	分管业务员
0001	君乐宝乳业有限公司	君乐宝	乳制品	河北	911301857233544866	石家庄市石桐路68号 0311—83830123	中国工商银行石家庄石铜路支行	1307022029249363661	采购部	叶敏
0002	汇源果汁有限公司	汇源	果蔬汁	北京	911201157773216638	北京顺义区北小营16号 010—60483388	中国银行北京顺义东兴支行	6217600597934526278	采购部	叶敏
0003	农夫山泉有限公司	农夫山泉	果蔬汁	浙江	913301005457313478	杭州市曙光路148号 57187631808	招商银行杭州市西溪支行	23006002369345226237	采购部	叶敏
0004	喜乐食品有限公司	喜乐	乳酸菌	广东	914403005887315556	广州市金华一街3号 20—82821822	中国工商银行广州经开区支行	1307005090026669884	采购部	王宏伟
005	华联超市有限公司	华联	果蔬汁	山东	913402017357608876	芜湖市镜泊区长江路46号 553—3617288	中国工商银行芜湖长江路支行	1307310182600024932	采购部	王宏伟
0006	富光实业有限公司	富光	其他	安徽	9134012371 39222326	合肥市肥西县三河镇北街169号 0551—68759028	中国农业银行肥西三河分理处	6227320104000012987	采购部	王宏伟

(三)财务信息设置

1.凭证类别设置:通用"记账凭证"
2.外币设置:美元,币符 USD,汇率为"固定汇率"
3.会计科目设置:
(1)指定现金科目为库存现金,银行科目为银行存款。
(2)增加或修改相应的会计科目。

科目编码	科目名称	外币币种	辅助账类型	方向	受控科目	银行账	日记账
1002	银行存款			借		Y	Y
100201	工行存款(人民币)			借		Y	Y
100202	工行存款(美元)	美元		借		Y	Y
1012	其他货币资金			借			
101201	存出投资款			借			
1121	应收票据		客户往来	借	应收系统		
112101	银行承兑汇票		客户往来	借	应收系统		
112102	商业承兑汇票		客户往来	借	应收系统		
1122	应收账款		客户往来	借	应收系统		
112201	人民币		客户往来	借	应收系统		
112202	美元	美元	客户往来	借	应收系统		
1123	预付账款		供应商往来	借	应付系统		
112301	人民币		供应商往来	借	应付系统		
112302	美元	美元	供应商往来	借	应付系统		
1321	受托代销商品			借			
2201	应付票据		供应商往来	贷	应付系统		
220101	银行承兑汇票		供应商往来	贷	应付系统		
220102	商业承兑汇票		供应商往来	贷	应付系统		
2202	应付账款		供应商往来	贷			
220201	一般应付款		供应商往来	贷	应付系统		
220202	暂估应付款		供应商往来	贷	空		
2203	预收账款			贷			
220301	人民币		客户往来	贷	应收系统		
220302	美元	美元	客户往来	贷	应收系统		
220303	定金		客户往来	贷	空		

续表

科目编码	科目名称	外币币种	辅助账类型	方向	受控科目	银行账	日记账
2211	应付职工薪酬			贷			
221101	工资			贷			
221102	社会保险			贷			
221103	设定提存计划			贷			
221104	住房公积金			贷			
221105	工会经费			贷			
221106	职工教育经费			贷			
221107	职工福利			贷			
221108	非货币性福利			贷			
221109	其他			贷			
2221	应交税费			贷			
222101	应交增值税			贷			
22210101	进项税额			借			
22210106	销项税额			贷			
22210107	进项税额转出			贷			
2314	受托代销商品款		供应商往来	贷	空		
4104	利润分配			贷			
410415	未分配利润			贷			
6601	销售费用			借			
660101	职工薪酬			借			
660102	广告费			借			
660103	委托代销手续费			借			
660104	赠品费用			借			
660109	其他			借			
6602	管理费用			借			
660201	职工薪酬			借			
660202	办公费			借			
660209	其他			借			

(四)收付结算信息设置

1.结算方式设置

编号	结算方式名称	编号	结算方式名称
1	现金	302	商业承兑汇票
2	支票	4	电汇
201	现金支票	5	托收承付
202	转账支票	6	委托收款
3	汇票	9	其他
301	银行承兑汇票		

2.付款条件设置

编号	信用天数	优惠天数1	优惠率1	优惠天数2	优惠率2
01	30	10	2	20	1

3.开户银行信息设置

项目	内容
企业开户银行编码	01
开户银行名称	中国工商银行芜湖市弋江路支行
账号	13070005267829879947
账户名	洪福商贸有限公司
币种	人民币
所属银行	中国工商银行
企业开户银行编码	02
开户银行名称	中国工商银行济南天桥支行
账号	13070005267829876116
账户名	洪福商贸有限公司
币种	美元
所属银行	中国工商银行

(五)存货信息设置

1.存货分类设置

分类编码	分类名称
01	商品

续表

分类编码	分类名称
0101	乳制品
0102	果蔬汁
0103	乳酸菌
09	其他

2.存货计量单位组设置

计量单位组编码	计量单位组名称	计量单位组类别	计量单位编码	计量单位名称
01	自然单位	无换算	01	箱
			02	公里
			03	个
			04	次

3.存货档案设置

分类编码	所属类别	存货编码	存货名称	计量单位	税率	规格	存货属性
0101	乳制品	010101	君乐宝200mL原味开菲尔酸奶	箱	13%	1*24	外购、内销
		010102	君乐宝200mL优致牧场纯牛奶	箱	13%	1*24	外购、内销
		010103	君乐宝200mL香蕉牛奶	箱	13%	1*24	外购、内销
0102	果蔬汁	010201	汇源2.5L 30%山楂汁	箱	13%	1*6	外购、内销
		010202	汇源2L 100%橙汁	箱	13%	1*6	外购、内销
		010203	汇源1L 100%苹果汁	箱	13%	1*12	外购、内销
		010204	汇源1L 100%葡萄汁	箱	13%	1*12	外购、内销
		010205	汇源1L 100%橙+苹果礼盒套装	箱	13%	1*6*6	外购、内销
		010206	汇源1L 100%桃+葡萄礼盒套装	箱	13%	1*6*6	外购、内销
		010207	汇源450mL冰糖葫芦汁	箱	13%	1*15	外购、内销
		010208	农夫果园380mL 100%番茄果蔬汁	箱	13%	1*24	外购、内销、受托代销
		010209	农夫果园380mL 100%橙汁	箱	13%	1*24	外购、内销、受托代销
		010210	农夫果园380mL 30%混合果蔬汁	箱	13%	1*24	外购、内销、受托代销
0103	乳酸菌	010301	喜乐368mL蓝莓味	箱	13%	1*24	外购、内销
		010302	喜乐368mL香橙味	箱	13%	1*24	外购、内销
		010303	喜乐368mL原味	箱	13%	1*24	外购、内销
09	其他	0901	运输费	公里	9%		外购、内销、应税劳务
		0902	富光500mL太空杯	个	13%		外购、内销
		0903	代销手续费	次	6%		外购、内销、应税劳务

（六）业务信息设置

1.仓库档案设置

仓库编码	仓库名称	计价方式
01	乳制品库	先进先出
02	果蔬汁库	先进先出
03	乳酸菌库	先进先出
04	受托代销库	先进先出
05	赠品仓库（不勾选"计入成本"）	先进先出

2.收发类别设置

编码	名称	收发标志	编码	名称	收发标志
1	入库	收	2	出库	发
101	采购入库	收	201	销售出库	发
102	采购退货	收	202	销售退货	发
103	盘盈入库	收	203	盘亏出库	发
104	受托代销入库	收	204	委托代销出库	发
109	其他入库	收	205	赠品出库	发
			209	其他出库	发

3.采购和销售类型设置

	名称	出入库类别		名称	出入库类别
采购类型	01 正常采购	采购入库	销售类型	01 正常销售	销售出库
	02 受托采购	受托代销入库		02 委托代销	委托代销出库
	03 采购退货	采购退货		03 销售退货	销售退货
				04 赠品销售	赠品出库

4.费用项目设置

费用项目分类编码	费用项目分类名称	费用项目编码	费用项目名称
0	无分类	01	运输费
		02	委托代销手续费

5.非合理损耗类型设置

非合理损耗类型编码	非合理损耗类型名称
01	运输部门责任

(七)单据设置

1.单据格式设置

修改销售订单、销售专用发票、发货单表头汇率可编辑；

修改销售发票表体"退补标志"，数量删除"必输"项；

增加委托代销结算单"发票号"表头；

增加销售订单"必有定金""定金原币金额""定金本币金额"表头；

增加应收收款单"订单号"表头。

2.单据编号设置

采购订单、采购(专用、普通)发票完全手工编号；

销售订单、销售(专用、普通)发票、零售日报完全手工编号。

三、各系统初始化设置

(一)应收款管理初始设置

1.选项设置

应收款管理子系统中单据审核日期依据单据日期，受控科目制单方式明细到单据，销售科目依据存货；

自动计算现金折扣；

坏账处理方式为应收款余额百分比；

其他参数为系统默认。

2.科目设置

(1)基本科目设置：应收科目为112201，预收科目为220301，税金科目为22210106，销售收入科目为6001，销售退回科目为6001，现金折扣科目为6603，坏账入账科目为1231；银行承兑汇票科目为112101；商业承兑汇票科目为112102，销售定金科目为220303。

(2)控制科目设置：同福进出口公司应收科目为112202，预收科目为220302，其余客户的应收科目为112201，预收科目为220301。

(3)产品科目设置：

存货编码	存货名称	规格	销售收入科目	应交增值税科目	销售退回科目
010101	君乐宝200mL原味开菲尔酸奶	1*24	6001	22210106	6001
010102	君乐宝200mL优致牧场纯牛奶	1*24	6001	22210106	6001
010103	君乐宝200mL香蕉牛奶	1*24	6001	22210106	6001
010201	汇源2.5L 30%山楂汁	1*6	6001	22210106	6001

续表

存货编码	存货名称	规格	销售收入科目	应交增值税科目	销售退回科目
010202	汇源2L 100％橙汁	1*6	6001	22210106	6001
010203	汇源1L 100％苹果汁	1*12	6001	22210106	6001
010204	汇源1L 100％葡萄汁	1*12	6001	22210106	6001
010205	汇源1L 100％橙＋苹果礼盒套装	1*6*6	6001	22210106	6001
010206	汇源1L 100％桃＋葡萄礼盒套装	1*6*6	6001	22210106	6001
010207	汇源450mL 冰糖葫芦汁	1*15	6001	22210106	6001
010208	农夫果园380mL 100％番茄果蔬汁	1*24	220202	22210106	220202
010209	农夫果园380mL 100％橙汁	1*24	220202	22210106	220202
010210	农夫果园380mL 30％混合果蔬汁	1*24	220202	22210106	220202
010301	喜乐368mL 蓝莓味	1*24	6001	22210106	6001
010302	喜乐368mL 香橙味	1*24	6001	22210106	6001
010303	喜乐368mL 原味	1*24	6001	22210106	6001
0901	运输费		6051	22210106	6051
0902	富光500mL 太空杯		6001	22210106	6001
0903	代销手续费		6051	22210106	6051

(4)结算方式科目设置:现金对应1001,现金支票、转账支票、电汇、托收承付、委托收款、其他均为100201。

(5)坏账准备设置:提取比例为0.5％,坏账准备期初余额为520.00,坏账准备科目为1231,对方科目为6701。

3.期初余额录入

(1)应收账款(112201)期初余额

日期	供应商名称	摘要	方向	余额
2018—12—18	沃尔玛超市有限公司	销售君乐宝200mL 原味开菲尔酸奶300箱,不含税单价96元/箱,票号32567787	借	332,544.00
2018—12—30	兴旺商贸公司	销售汇源100％橙＋苹果礼盒200箱,不含税单价468元/箱,票号21075648	借	105,768.00

(2)预收账款(220301)期初余额

日期	供应商名称	摘要	方向	余额	结算方式
2018—12—31	华联超市	收到华联超市预付的货款,票号51894748	贷	5,000.00	转账支票

(3)应收票据(112101)期初余额

日期	供应商名称	摘要	方向	余额	结算方式
2018—11—08	欧尚超市	收到欧尚超市签发的银行承兑汇票,签发日期为2018—11—08,到期日2019—02—08,票号35678332	借	8,136.00	银行承兑汇票

(二)应付款管理初始设置

1.选项设置

应付款管理子系统中单据审核日期依据单据日期;

自动计算现金折扣,受控科目制单方式明细到单据;

采购科目依据按存货,其他参数为系统默认。

2.科目设置

(1)基本科目设置:应付科目为220201,预付科目为112301,税金科目为22210101,采购科目为1402,现金折扣科目为6603,银行承兑科目为220101,商业承兑科目为220102。

(2)控制科目设置:应付科目为220201,预付科目为112301。

(3)产品科目设置:

存货编码	存货名称	规格	采购科目	产品采购税金科目
010101	君乐宝200mL原味开菲尔酸奶	1*24	1402	22210101
010102	君乐宝200mL优致牧场纯牛奶	1*24	1402	22210101
010103	君乐宝200mL香蕉牛奶	1*24	1402	22210101
010201	汇源2.5L 30%山楂汁	1*6	1402	22210101
010202	汇源2L 100%橙汁	1*6	1402	22210101
010203	汇源1L 100%苹果汁	1*12	1402	22210101
010204	汇源1L 100%葡萄汁	1*12	1402	22210101
010205	汇源1L 100%橙+苹果礼盒套装	1*6*6	1402	22210101
010206	汇源1L 100%桃+葡萄礼盒套装	1*6*6	1402	22210101
010207	汇源450mL冰糖葫芦汁	1*15	1402	22210101
010208	农夫果园380mL 100%番茄果蔬汁	1*24	220202	22210101
010209	农夫果园380mL 100%橙汁	1*24	220202	22210101
010210	农夫果园380mL 30%混合果蔬汁	1*24	220202	22210101
010301	喜乐368mL蓝莓味	1*24	1402	22210101
010302	喜乐368mL香橙味	1*24	1402	22210101
010303	喜乐368mL原味	1*24	1402	22210101
0901	运输费		1402	22210101

续表

存货编码	存货名称	规格	采购科目	产品采购税金科目
0902	富光500mL太空杯		1402	22210101
0903	代销手续费		660103	22210101

（4）结算方式科目设置：现金对应1001，现金支票、转账支票、电汇、托收承付、委托收款、其他对应100201。

3.期初余额录入

（1）应付账款——一般应付款（220201）期初余额

日期	供应商名称	摘要	方向	余额
2018-12-08	君乐宝乳业有限公司	业务员王宏伟，购入君乐宝200mL优质牧场纯牛奶200箱，不含税单价52.8元/箱，票号55438098	贷	11,932.80
2018-12-21	汇源果汁有限公司	业务员王宏伟，购入汇票2L 100%橙汁300箱，不含税单价108元/箱，票号11238744	贷	36,612.00

（2）预付账款（112301）期初余额

日期	供应商名称	摘要	方向	余额	结算方式
2018-12-17	喜乐食品有限公司	预付喜乐食品货款，票据号19782436	借	2,000.00	电汇

（三）总账初始设置

1.参数设置

取消制单序时控制；

取消允许修改、作废他人填制的凭证。

2.期初余额录入

科目编码	科目名称	方向	年初余额
1001	库存现金	借	10,000.00
1002	银行存款	借	
100201	工行存款（人民币）	借	507,921.00
1012	其他货币资金	借	
101201	存出投资款	借	50,000.00
1121	应收票据	借	
112101	银行承兑汇票	借	8,136.00
1122	应收账款	借	

续表

科目编码	科目名称	方向	年初余额
112201	人民币	借	138,312.00
1231	坏账准备	贷	520.00
1123	预付账款	借	
112301	人民币	借	2,000.00
1321	受托代销商品	借	50,400.00
1405	库存商品	借	30,7800.00
1601	固定资产	借	847,000.00
1602	累计折旧	贷	156,503.40
2202	应付账款	贷	57,463.20
220201	一般应付款	贷	48,544.80
220202	暂估应付款	贷	7,200.00
2203	预收账款	贷	
220301	人民币	贷	5,000.00
2314	受托代销商品款	贷	50,400.00
4001	实收资本	贷	1,600,000.00
4104	利润分配	贷	
410415	未分配利润	贷	53,400.80

辅助核算账户期初余额资料如下:

(1)应收账款(112201)期初余额

日期	供应商名称	摘要	方向	余额
2018-12-18	沃尔玛超市有限公司	销售君乐宝200mL原味开菲尔酸奶300箱,不含税单价96元/箱,票号32567787	借	332,544.00
2018-12-30	兴旺商贸公司	销售汇源100%橙+苹果礼盒200箱,不含税单价468元/箱,票号21075648	借	105,768.00

(2)预收账款(220301)期初余额

日期	供应商名称	摘要	方向	余额	结算方式
2018-12-31	华联超市	收到华联超市预付的货款,票号51894748	贷	5,000.00	转账支票

(3)应收票据(112101)期初余额

日期	供应商名称	摘要	方向	余额	结算方式
2018—11—08	欧尚超市	收到欧尚超市签发的银行承兑汇票,签发日期为2018—11—08,到期日2019—02—08,票号35678332	借	8,136.00	银行承兑汇票

(4)应付账款——一般应付款(220201)期初余额

日期	供应商名称	摘要	方向	余额
2018—12—08	君乐宝乳业有限公司	业务员王宏伟,购入君乐宝200mL优质牧场纯牛奶200箱,不含税单价52.8元/箱,票号55438098	贷	11,932.80
2018—12—21	汇源果汁有限公司	业务员王宏伟,购入汇票2L 100%橙汁300箱,不含税单价108元/箱,票号11238744	贷	36,612.00

(5)预付账款(112301)期初余额

日期	供应商名称	摘要	方向	余额	结算方式
2018—12—17	喜乐食品有限公司	预付喜乐食品货款,票据号19782436	借	2,000.00	电汇

(6)应付账款——暂估应付款(220202)期初余额

日期	供应商名称	摘要	方向	余额
2018—12—18	君乐宝乳业有限公司	购入君乐宝200mL香蕉牛奶	贷	7,200.00

(7)受托代销商品款(2314)期初余额

日期	供应商名称	摘要	方向	余额
2018—12—31	农夫山泉有限公司	受托代销农夫山泉系列果蔬汁	贷	50,400.00

(四)采购管理初始设置

1.采购选项设置

采购管理子系统中启用受托代销,允许超订单到货及入库,其他默认。

2.期初数据录入

期初采购入库单:

2018年12月18日,采购部叶敏采购君乐宝200mL香蕉牛奶200箱,不含税单价36元/箱,已入乳制品库,正常采购,入库类别为采购入库,购自君乐宝乳业有限公司,采购发票未到,款项未付。

3.采购期初记账(易忘)

(五)销售管理初始设置

销售选项设置

(1)销售管理子系统中启用有零售日报业务、有委托代销业务、有直运销售业务;

(2)取消销售生成出库单;

(3)新增退货单参照发货单,新增发票参照订单。

(六)库存管理初始设置

1.库存管理选项设置

(1)库存管理子系统中启用受托代销业务、有委托代销业务;

(2)修改现存量时点为采购入库审核、销售出库审核、其他出入库审核。

2.库存期初数据录入

分类编码	所属类别	存货编码	存货名称	计量单位	税率	规格	数量	单价	金额
0101	乳制品	010101	君乐宝200mL原味开菲尔酸奶	箱	13%	1*24	120	60.00	7,200.00
		010102	君乐宝200mL优致牧场纯牛奶	箱	13%	1*24	100	52.80	5,280.00
		010103	君乐宝200mL香蕉牛奶	箱	13%	1*24	280	36.00	10,080.00
0102	果蔬汁	010201	汇源2.5L 30%山楂汁	箱	13%	1*6	300	60.00	18,000.00
		010202	汇源2L 100%橙汁	箱	13%	1*6	100	108.00	10,800.00
		010203	汇源1L 100%苹果汁	箱	13%	1*12	200	120.00	24,000.00
		010204	汇源1L 100%葡萄汁	箱	13%	1*12	240	120.00	28,800.00
		010205	汇源1L 100%橙+苹果礼盒套装	箱	13%	1*6*6	160	360.00	57,600.00
		010206	汇源1L 100%桃+葡萄礼盒套装	箱	13%	1*6*6	180	360.00	64,800.00
		010207	汇源450mL 冰糖葫芦汁	箱	13%	1*15	140	42.00	5,880.00
		010208	农夫果园380mL 100%番茄果蔬汁	箱	13%	1*24	150	108.00	16,200.00
		010209	农夫果园380mL 100%橙汁	箱	13%	1*24	200	108.00	21,600.00
		010210	农夫果园380mL 30%混合果蔬汁	箱	13%	1*24	150	84.00	12,600.00
0103	乳酸菌	010301	喜乐368mL蓝莓味	箱	13%	1*24	200	117.60	23,520.00
		010302	喜乐368mL香橙味	箱	13%	1*24	300	117.60	35,280.00
		010303	喜乐368mL原味	箱	13%	1*24	150	110.40	16,560.00
			合计				2970		358,200.00

(七)存货核算初始设置

1.参数设置

(1)存货核算子系统中,核算方式为按仓库核算;

(2)暂估方式为单到回冲;

(3)销售成本核算方式为销售发票;

(4)委托代销按发出商品核算,其余参数默认。

2.期初数据

从库存管理系统取数。

3.存货期初记账(易忘)

4.科目设置

(1)设置存货科目

乳制品库、果蔬汁库、乳酸菌库存货科目为"1405 库存商品";

乳制品库、果蔬汁库、乳酸菌库的发出商品科目为"1406 发出商品";

乳制品库、果蔬汁库、乳酸菌库的直运科目为"1402 在途物资";

受托代销库的存货科目为"1321 受托代销商品"。

(2)设置存货对方科目

采购入库的对方科目为"1402 在途物资",暂估科目为"220202 应付账款——暂估应付款";

采购退货的对方科目为"1402 在途物资";

盘盈入库的对方科目为"1901 待处理财产损溢";

受托代销入库的对方科目、暂估科目均为"2314 受托代销商品款";

销售出库、销售退货、委托代销出库的对方科目均为"6401 主营业务成本";

盘亏出库的对方科目为"1901 待处理财产损溢";

赠品出库的对方科目为"660104 赠品费用"。

四、经济业务

(一)普通采购业务

业务一、【业务描述】2019 年 1 月 1 日,采购部叶敏向汇源果汁有限公司采购汇源 2L100％橙汁。

购销合同

供货方：汇源果汁有限公司　　　　　合同号：CG0001
购买方：洪福商贸有限公司　　　　　签订日期：2019年1月01日

经双方协议签订合同如下：

商品型号	名　称	数量	单价	总额	其他要求
1*6	汇源2L100%橙汁	500	122.04	61020	
合　　计		500		￥61020	

货款合计（大写）人民币陆万壹仟零贰拾元整

质量验收标准： 验收合格。

交 货 日 期： 2019年1月1日

交 货 地 点： 芜湖市镜湖区弋江路48号，洪福商贸有限公司

结 算 方 式： 申汇，支付时间：2019年2月1日。

发 运 方 式： 公路运输，运费由销售方承担

违约条款： 违约方需赔偿对方一切经济损失，但遇天灾人祸或其他不可抗力因素导致延期交货，购买方不能要求供货方赔偿任何损失。

解决合同纠纷的方式： 经双方友好协商解决，如协商不成的，可向当地仲裁委员会提出仲裁申请。

本合同一式两份，供需双方各一份，自签订之日起生效。

供货方（签章）　　　　　　　　　　购买方（签章）
地　址：北京顺义区北小街16号　　　地　址：芜湖市鸠江区弋江路48号
法定代表：张胜　　　　　　　　　　法定代表：李金泽
联系电话：010-60483388　　　　　　联系电话：0553-5820888

图 4-1

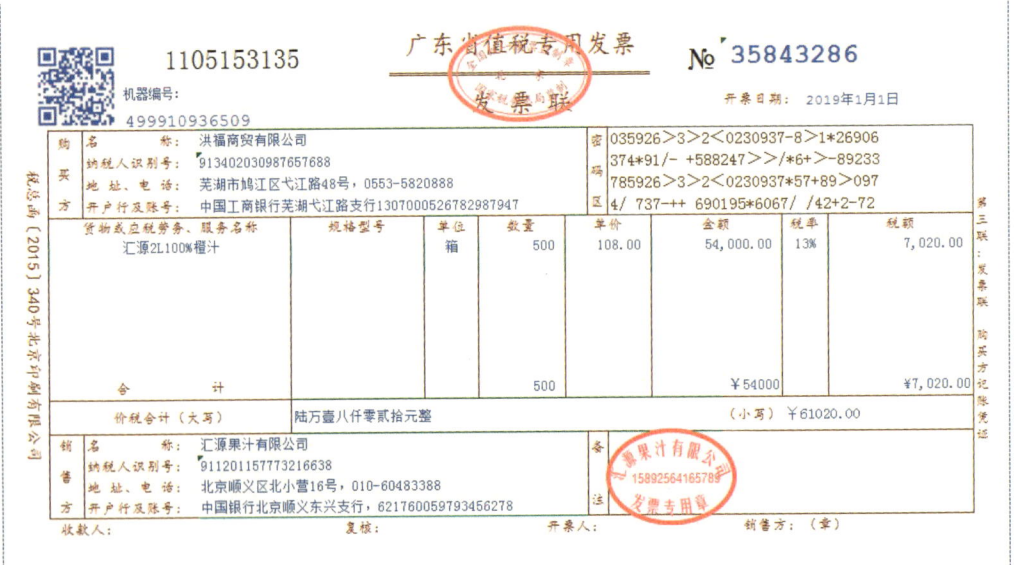

图 4-2

入 库 单

2019年 01月 01日 单号: 0001

交货部门	采购部		发票号码		验收仓库	果蔬汁库	入库日期	2019-1-1
编号	名称及规格		单位	数量		实际价格		备注
				应收	实收	单价	金额	
010202	汇源2L100%橙汁		箱	500.00	500.00			
	合 计			500.00	500.00			

部门经理：略　　会计：略　　仓库：略　　经办人：略

图 4－3

业务二、【业务描述】2019年1月2日，采购部叶敏与君乐宝乳业签订采购合同，采购君乐宝200mL优致牧场纯牛奶，货已验收入库，发票未收到。

购销合同

供货方：君乐宝乳业有限公司　　　　合同号：cg0002

购买方：洪福商贸有限公司　　　　　签订日期：2019年1月02日

经双方协议签订合同如下：

商品型号	名 称	数量	单价	总额	其他要求
1*24	君乐宝200ML优致牧场纯牛奶	500	54.24	27120	
合 计		500		￥27120	

货款合计（大写）人民币贰万柒仟壹佰贰拾元整

质量验收标准： 验收合格。

交 货 日 期： 2019年1月2日

交 货 地 点： 芜湖市镜湖区弋江路48号，洪福商贸有限公司

结 算 方 式： 电汇，支付时间：2019年2月1日。

发 运 方 式： 公路运输，运费由销售方承担

违约条款： 违约方需赔偿对方一切经济损失，但遇天灾人祸或其他不可抗力因素导致延期交货，购买方不能要求供货方赔偿任何损失。

解决合同纠纷的方式： 经双方友好协商解决，如协商不成的，可向当地仲裁委员会提出仲裁申请。

本合同一式两份，供需双方各一份，自签订之日起生效。

供货方（签章）　　　　　　　　购买方（签章）

地　　址：石家庄市石创路58号　　　地　　址：芜湖市鸠江区弋江路48号

法定代表：印天佑　　　　　　　　法定代表：李金泽

联系电话：0311-83830123　　　　联系电话：0553-5820888

图 4－4

入库单

2019年 01月 02日 单号：0002

交货部门	采购部		发票号码		验收仓库	乳制品库	入库日期	2019-1-2
编号	名称及规格	单位	数量		实际价格		备注	
			应收	实收	单价	金额		
010102	君乐宝200ml优敢牧场纯牛奶	箱	500.00	500.00				
	合计		500.00	500.00				
部门经理：略		会计：略		仓库：略		经办人：略		

图4-5

业务三、【业务描述】2019年1月3日，采购部王宏伟与喜乐食品签订采购合同，采购喜乐368mL香橙味。

购销合同

供货方：喜乐食品有限公司 合同号：cg0003

购买方：洪福商贸有限公司 签订日期：2019年1月03日

经双方协议签订合同如下：

商品型号	名 称	数量	单价	总额	其他要求
1*24	喜乐368ML香橙味	500	110.74	55370	
合 计		500		￥55370	

货款合计（大写）人民币伍万伍仟叁佰柒拾元整

质量验收标准： 验收合格。

交 货 日 期： 2019年1月3日

交 货 地 点： 芜湖市镜湖区弋江路48号，洪福商贸有限公司

结 算 方 式： 电汇，支付时间：2019年1月3日。

发 运 方 式： 公路运输，运费由销售方承担

违约条款： 违约方需赔偿对方一切经济损失，但遇天灾人祸或其他不可抗力因素导致延期交货，购买方不能要求供货方赔偿任何损失。

解决合同纠纷的方式： 经双方友好协商解决，如协商不成的，可向当地仲裁委员会提出仲裁申请。

本合同一式两份，供需双方各一份，自签订之日起生效。

供货方（签章） 购买方（签章）

地　址：广州市金华1街3号 地　址：芜湖市镜江区弋江路48号

法定代表：蒋同晨 法定代表：李金泽

联系电话：020-82821822 联系电话：0553-5820888

图4-6

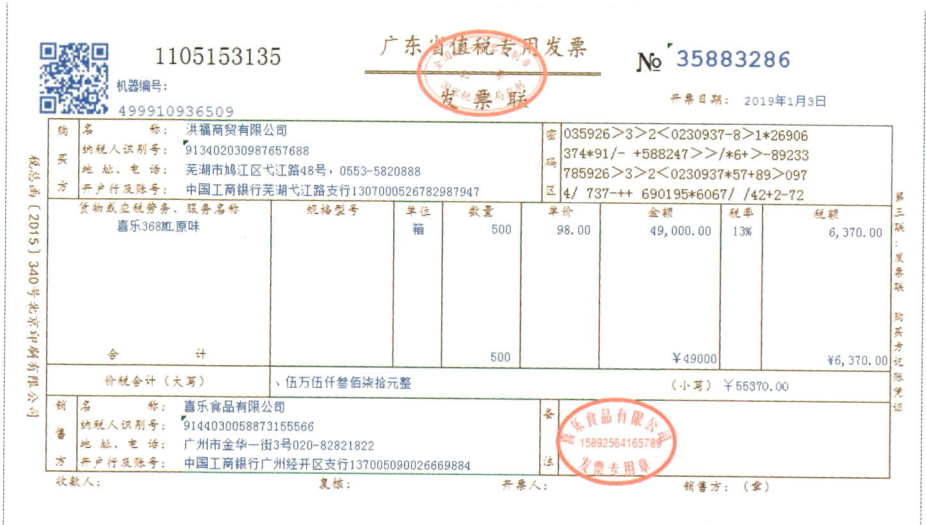

图 4-7

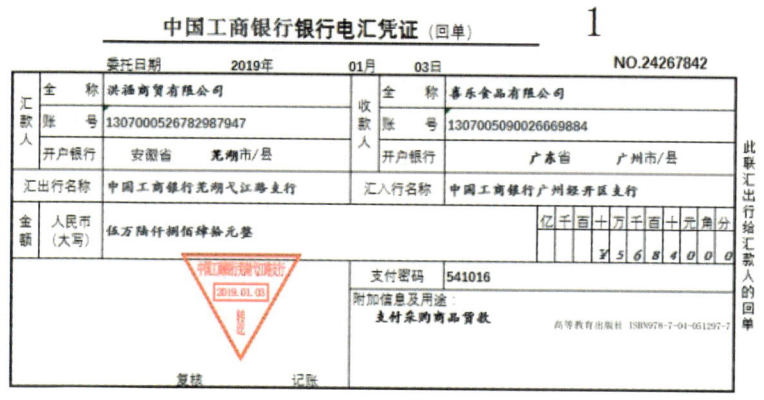

图 4-8

图 4-9

业务四、【业务描述】2019年1月4日，采购部叶敏与汇源果汁有限公司签订采购合同，采购汇源1L100％苹果汁，汇源1L100％葡萄汁。

购销合同

供货方：汇源果汁有限公司　　合同号：cg0004
购买方：洪福商贸有限公司　　签订日期：2019年1月04日

经双方协议签订合同如下：

商品型号	名称	数量	单价	总额	其他要求
1*12	汇源1L100%苹果汁	500	135.6	67800	
1*12	汇源1L100%葡萄汁	500	135.6	67800	
合计		1000		¥135600	

货款合计（大写）人民币壹拾伍仟陆佰元整

质量验收标准：验收合格。
交货日期：2019年1月6日
交货地点：芜湖市镜湖区弋江路48号，洪福商贸有限公司
结算方式：电汇，付款条件：2/10,1/20,n/30（现金折扣按货物的价款计算，不考虑增值税）。
发运方式：公路运输，运费由销售方承担
违约条款：违约方需赔偿对方一切经济损失，但遇天灾人祸或其他不可抗力因素导致延期交货，购买方不能要求供货方赔偿任何损失。
解决合同纠纷的方式：经双方友好协商解决，如协商不成的，可向当地仲裁委员会提出仲裁申请。
本合同一工两份，供需双方各一份，自签订之日起生效。

供货方（签章）　　　　　　购买方（签章）
地　址：北京顺义区北小街16号　　地　址：芜湖市鸠江区弋江路48号
法定代表：张胜广　　　　　　法定代表：李金泽
联系电话：010-60483388　　　联系电话：0553-5820888

图4—10

业务五、【业务描述】2019年1月5日，采购部王宏伟与君乐宝乳业签订采购合同，采购君乐宝200mL原味开菲尔酸奶。

购销合同

供货方：君乐宝乳业有限公司　　　　合同号：cg0005

购买方：洪福商贸有限公司　　　　签订日期：2019 年 1 月 05 日

经双方协议签订合同如下：

商品型号	名 称	数 量	单 价	总 额	其他要求
1*24	君乐宝 200ML 原味开菲尔酸奶	200	56.5	11300	
合　计		200		¥11300	
货款合计（大写）人民币壹万壹仟叁佰元整					

质量验收标准： 验收合格。双方约定，合同签订之日由洪福商贸有限公司预付伍仟元（¥5000.00）定金

交 货 日 期： 2019 年 1 月 7 日

交 货 地 点： 芜湖市镜湖区弋江路 48 号，洪福商贸有限公司

结 算 方 式： 银行承兑汇票，付款时间：2019 年 1 月 7 日。

发 运 方 式： 公路运输，运费由销售方承担

违约条款： 违约方需赔偿对方一切经济损失，但遇天灾人祸或其他不可抗力因素导致延期交货，购买方不能要求供货方赔偿任何损失。

解决合同纠纷的方式： 经双方友好协商解决，如协商不成的，可向当地仲裁委员会提出仲裁申请。

本合同一工两份，供需双方各一份，自签订之日起生效。

供货方（签章）　　　　　　　　购买方（签章）

地　址：石家庄市石创路 58 号　　　　地　址：芜湖市鸠江区弋江路 48 号

法定代表：印天佑　　　　　　　　法定代表：李金泽

联系电话：0311-83830123　　　　联系电话：0553-5820888

图 4—11

中国工商银行银行电汇凭证（回单）　1

委托日期 2019年 01月 05日　　NO.32568732

汇款人	全　称	洪福商贸有限公司	收款人	全　称	君乐宝乳业有限公司
	账　号	1307000526782987947		账　号	1307022029249363661
	开户银行	安徽省　芜湖市/县		开户银行	河北省　石家庄市/县
汇出行名称		中国工商银行芜湖弋江路支行	汇入行名称		中国工商银行石家庄石钢路支行
金额	人民币（大写）	伍仟元整		亿千百十万千百十元角分	¥500000
			支付密码		541018
			附加信息及用途：		预付货款

中国工商银行芜湖弋江路支行　2019.01.05　转讫

高等教育出版社 ISBN978-7-04-051297-7

复核　　记账

此联汇出行给汇款人的回单

图 4—12

业务六、【业务描述】2019 年 1 月 6 日，收到汇源果汁有限公司发来的汇源 1L100%苹果

汁、汇源1L100％葡萄汁和发票。验收中发现短缺2箱汇源1L100％苹果汁，属于运输部门的责任，已承诺赔偿。

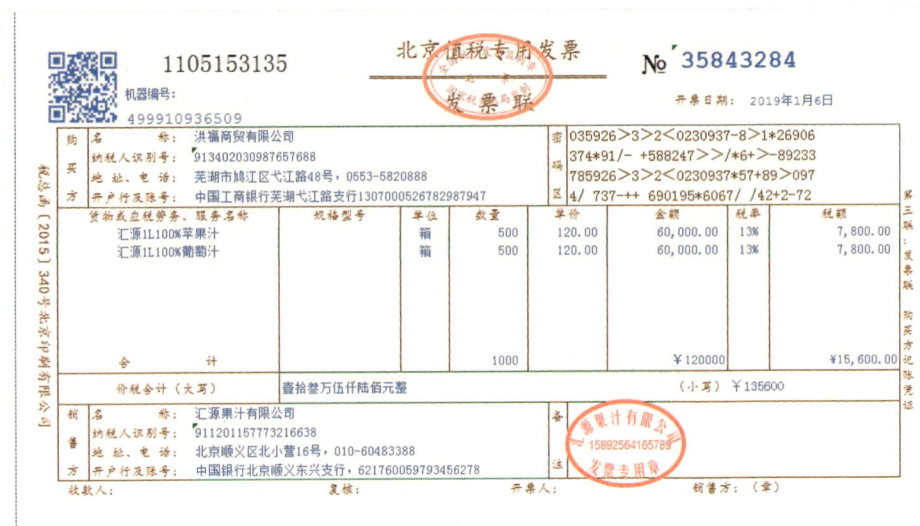

图4－13

图4－14

业务七、【业务描述】2019年1月7日，收到君乐宝乳业发来的君乐宝200mL原味开菲尔酸奶和发票，验收中发现损坏1箱，属于运输途中的合理损耗。

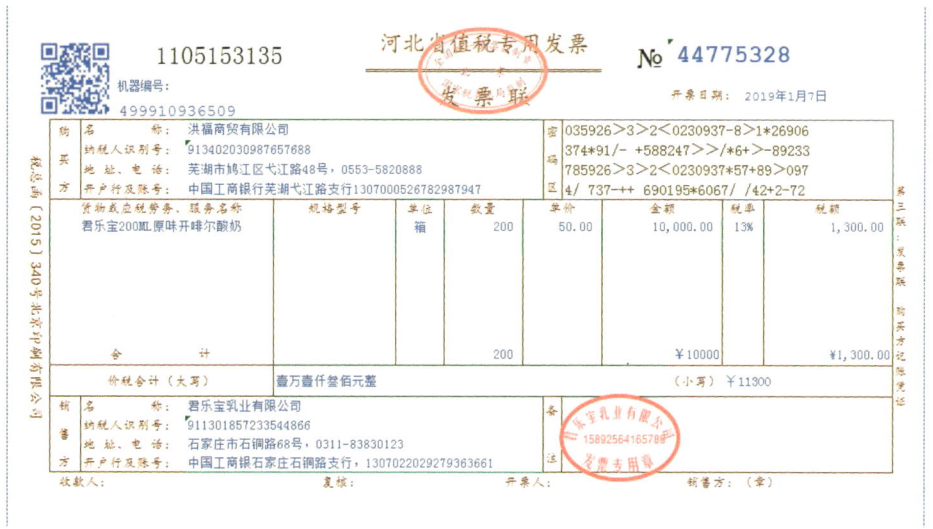

图 4—15

图 4—16

图 4—17

业务八、【业务描述】2019 年 1 月 13 日，支付采购汇源 1L100％苹果汁，汇源 1L100％葡萄汁的货款。

中国工商银行银行电汇凭证（回单） 1

委托日期 2019年 01月 13日 NO.54898738

汇款人	全 称	洪福商贸有限公司	收款人	全 称	汇源果汁有限公司
	账 号	1307000526782987947		账 号	6217600597934526278
	开户银行	安徽省 芜湖市/县		开户银行	北京省 顺义市/县
汇出行名称		中国工商银行芜湖弋江路支行	汇入行名称		中国银行北京顺义东兴支行
金额	人民币（大写）	壹拾叁万陆仟捌佰元整	亿千百十万千百十元角分		¥13680000
中国工商银行芜湖弋江路支行 2019.01.13 转讫			支付密码		541019
			附加信息及用途： 支付采购商品货款		
复核	记账				

此联汇出行给汇款人的回单

高等教育出版社 ISBN978-7-04-051297-7

图 4—18

业务九、采购使用票据背书支付 2019 年 1 月 13 日，采购部王宏伟与君乐宝乳业签订采购合同，采购君乐宝 200mL 香蕉牛奶，货已验收入库。

购销合同

供货方：君乐宝乳业有限公司　　合同号：cg0007

购买方：洪福商贸有限公司　　签订日期：2019 年 1 月 13 日

经双方协议签订合同如下：

商品型号	名 称	数 量	单 价	总 额	其他要求
1*24	君乐宝 200ML 香蕉牛奶	200	40.68	8136	
合 计		200		¥8136	
货款合计（大写）人民币捌仟壹佰叁拾陆元整					

质量验收标准： 验收合格。

交 货 日 期： 2019 年 1 月 13 日

交 货 地 点： 芜湖市镜湖区弋江路 48 号，洪福商贸有限公司

结 算 方 式： 银行承兑汇票，付款时间：2019 年 1 月 13 日。

发 运 方 式： 公路运输，运费由销售方承担

违约条款： 违约方需赔偿对方一切经济损失，但遇天灾人祸或其他不可抗力因素导致延期交货，购买方不能要求供货方赔偿任何损失。

解决合同纠纷的方式： 经双方友好协商解决，如协商不成的，可向当地仲裁委员会提出仲裁申请。

本合同一式两份，供需双方各一份，自签订之日起生效。

供货方（签章）　　购买方（签章）

地 址：石家庄市石创路 58 号　　地 址：芜湖市镜江区弋江路 48 号

法定代表：印天佑　　法定代表：李金泽

联系电话：0311-83830123　　联系电话：0553-5820888

图 4—19

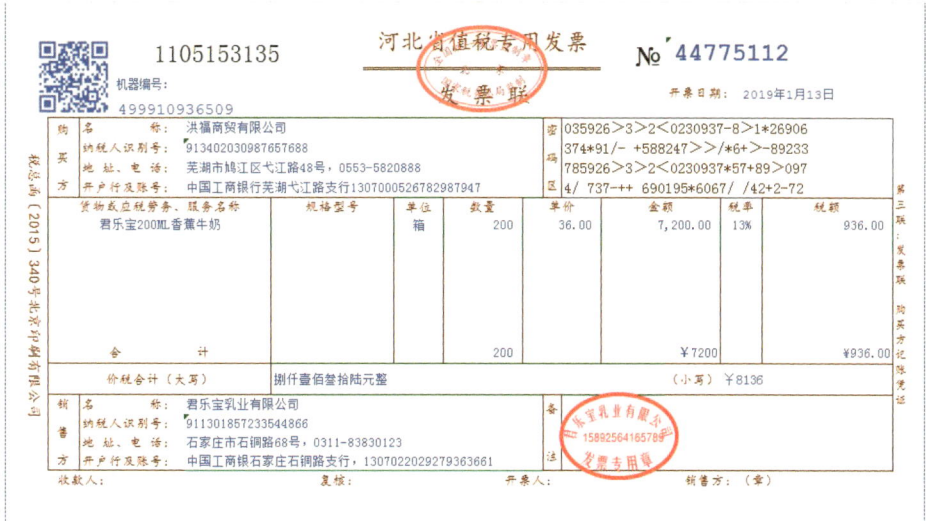

图 4-20

图 4-21

图 4-22

业务十、【业务描述】2019年1月15日,收到2018年12月18日入库的君乐宝香蕉牛奶200箱的发票。取得与该业务相关的凭证如图4-23。

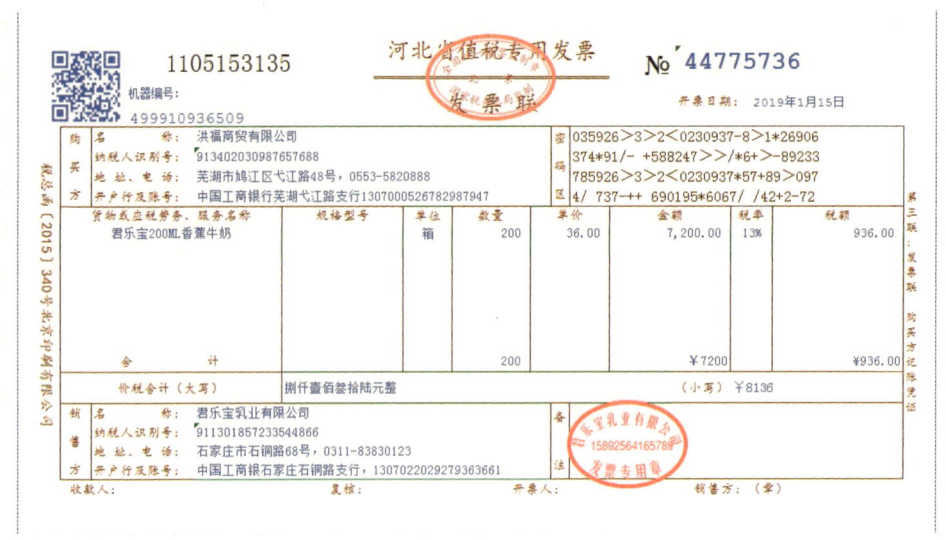

图4-23

业务十一、【业务描述】2019年1月15日,2019年1月3日,采购部向君乐宝乳业采购君乐宝200mL优致牧场纯牛奶500箱,单价48元/箱,货已验收入库,发票仍未收到。

业务十二、【业务描述】2019年1月15日,2019年1月6日从汇源果汁有限公司采购的汇源1L100%葡萄汁10件有质量问题,已协商退货。

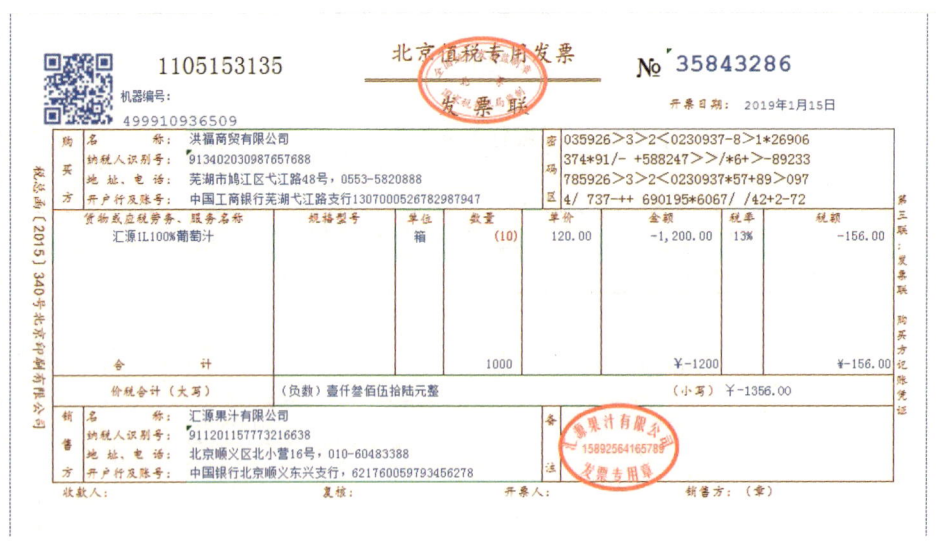

图4-24

第四章 实训资料

入库单

2019年 01月 15日 单号：0011

交货部门	采购部		发票号码		验收仓库	果蔬汁库	入库日期	2019-1-15	
编号	名称及规格		单位	数量		实际价格		备注	会
				应收	实收	单价	金额		计
010204	汇源1L100%葡萄汁		箱	-10.00	-10.00				联
	合 计			-10.00	-10.00				

部门经理：略   会计：略   仓库：略   经办人：略

图 4－25

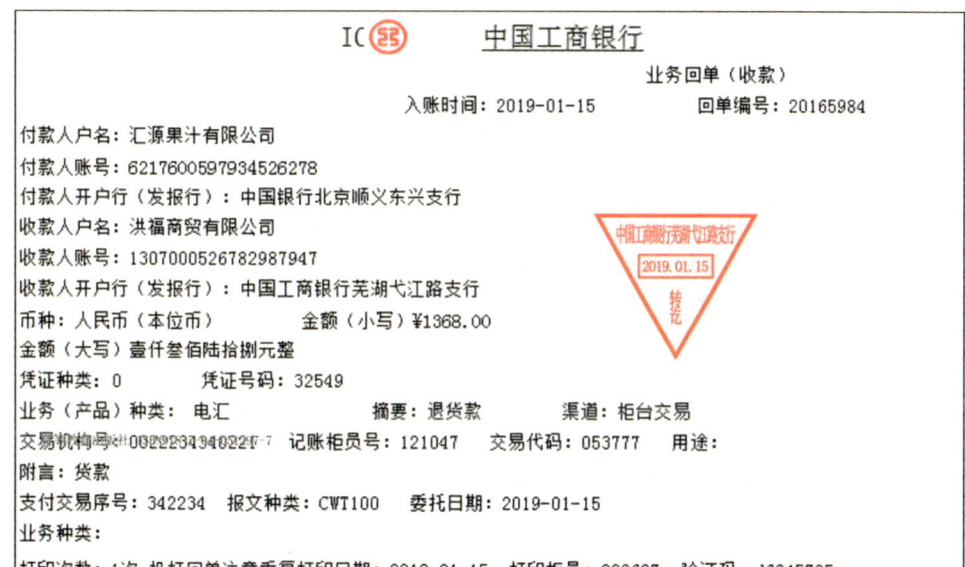

图 4－26

（二）普通销售业务处理

业务一、【业务描述】2019 年 1 月 15 日，销售部张立与沃尔玛超市销售君乐宝 200mL 优质牧场纯牛奶的销售合同，货已发出。

购销合同

供货方：洪福商贸有限公司　　　　合同号：xs0002

购买方：沃尔玛超市有限公司　　　签订日期：2019 年 1 月 15 日

经双方协议签订合同如下：

商品型号	名称	数量	单价	总额	其他要求
1*24	君乐宝 200ML 优致牧场纯牛奶	500	67.80	33900	
合　计		500		￥33900	

货款合计（大写）人民币叁万叁仟玖佰元整

质量验收标准： 验收合格

交货日期： 2019 年 1 月 15 日

交货地点： 芜湖市镜湖区中山路 339 号，沃尔玛超市有限公司

结算方式： 转账支票，付款时间：2019 年 1 月 15 日

发运方式： 公路运输，运费由购买方承担

违约条款： 违约方需赔偿对方一切经济损失，但遇天灾人祸或其他不可抗力因素导致延期交货，购买方不能要求供货方赔偿任何损失。

解决合同纠纷的方式： 经双方友好协商解决，如协商不成的，可向当地仲裁委员会提出仲裁申请。

本合同一工两份，供需双方各一份，自签订之日起生效。

供货方（签章）　　　　　　　　　购买方（签章）

地　址：芜湖市鸠江区弋江路 48 号　地　址：芜湖市镜湖区中山路 339 号

法定代表：李金泽　　　　　　　　法定代表：张之福

联系电话：0553-5820888　　　　　联系电话：0553-3137566

图 4—27

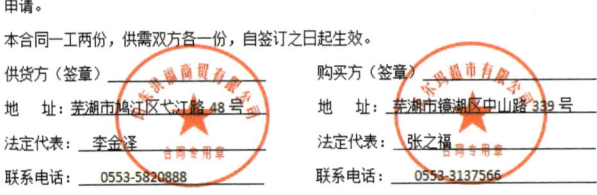

图 4—28

出库单

2019年 1月 15日　　编号：00002

理货单位	沃尔玛超市有限公司	发票号码		发出仓库 乳制品库	出库日期 2019/1/15	
编号	材料名称及型号	单位	数量		金额	备注
			应发	实发		
010102	君乐宝200ML优致牧场纯牛奶	箱	500	500		
			500	500		

主管：　　　　质量检验员：　　　　仓库验收：　　　　经办人：

图 4－29

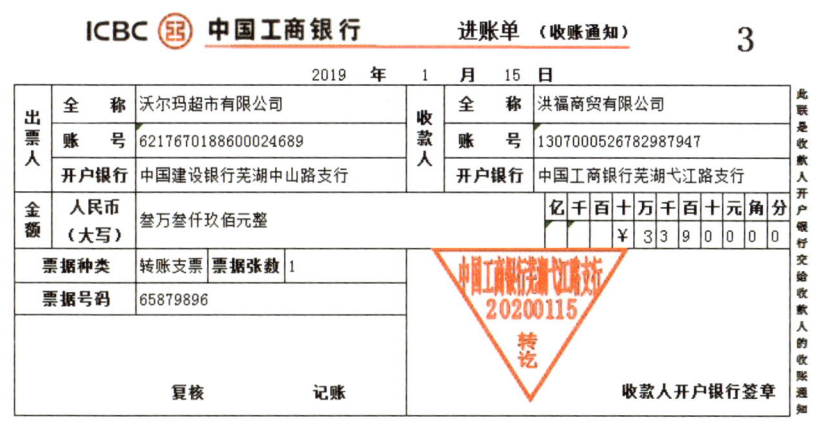

图 4－30

业务二、【业务描述】2019年1月15日，销售部张立与华联超市签订汇源1L100％橙＋苹果礼盒装，汇源1L100％桃＋葡萄礼盒装的销售合同。

购销合同

供货方: 洪福商贸有限公司　　　　合同号: xs0003

购买方: 华联超市有限公司　　　　签订日期: 2019 年 1 月 16 日

经双方协议签订合同如下:

商品型号	名　称	数量	单价	总额	其他要求
1*6*6	汇源 1L100%橙+苹果礼盒装	100	542.40	54240	
1*6*6	汇源 1L100%桃+葡萄礼盒装	100	542.40	54240	
合　计		200		￥108480	
货款合计（大写）人民币壹拾万捌仟肆佰捌拾元整					

质量验收标准: 验收合格

交货日期: 2019 年 1 月 16 日

交货地点: 芜湖市镜湖区长江路 46 号，华联超市有限公司

结算方式: 转账支票，付款条件: 2/10,1/20,n/30

发运方式: 公路运输，运费由购买方承担

违约条款: 违约方需赔偿对方一切经济损失，但遇天灾人祸或其他不可抗力因素导致延期交货，购买方不能要求供货方赔偿任何损失。

解决合同纠纷的方式: 经双方友好协商解决，如协商不成的，可向当地仲裁委员会提出仲裁申请。

本合同一工两份，供需双方各一份，自签订之日起生效。

供货方（签章）　　　　　　　　购买方（签章）

地　址: 芜湖市鸠江区弋江路 48 号　　地　址: 芜湖市镜湖区长江路 46 号

法定代表: 李金泽　　　　　　　　法定代表: 张之福

联系电话: 0553-5820888　　　　　联系电话: 0553-3617855

图 4-31

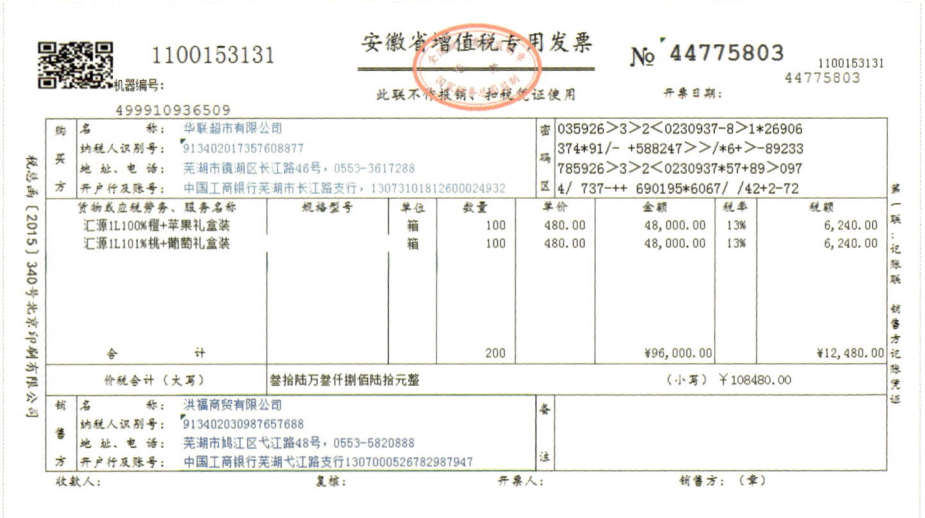

图 4-32

出 库 单

2020 年　　1 月　　16 日　　编号：00003

理货单位				发出仓库 果蔬汁库	出库日期	2020/1/16
编号	材料名称及型号	单位	数量	金额	备注	
			应发 实发			
010205	汇源1L100%橙+苹果礼盒装	箱	100　100			存根联
010206	汇源1L101%桃+葡萄礼盒装	箱	100　100			
			200　200			

主管：　　　　质量检验员：　　　仓库验收：　　　经办人：

图 4-33

业务三、【业务描述】2019 年 1 月 17 日，销售部张立与日新商贸有限公司签订购销合同，销售君乐宝 200mL 原味开菲尔酸奶。

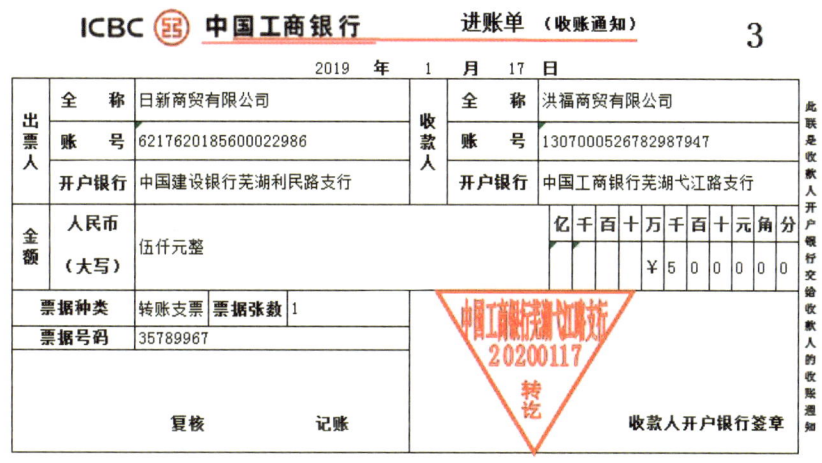

图 4-34

业务四、【业务描述】2019 年 1 月 18 日，销售部李丽珊与同福进出口公司签订销售合同，销售汇源果汁汇源 2L100％橙汁，当日汇率 6.1，货已发出。

购销合同

供货方：洪福商贸有限公司　　　合同号：xs0005

购买方：同福进出口有限公司　　　签订日期：2019年1月18日

经双方协议签订合同如下：

商品型号	名称	数量	单价	总额	其他要求
1*6*6	汇源2L100%橙汁	500	$27.12	$13560	
合计		500		$13560	

货款合计（大写）美元壹万叁仟伍佰陆拾元整

质量验收标准：验收合格

交货日期：2019年1月18日

交货地点：芜湖市鸠江区弋江路48号，同福进出口有限公司

结算方式：转账支票，付款时间：2019年2月18日

发运方式：公路运输，运费由购买方承担

违约条款：违约方需赔偿对方一切经济损失，但遇天灾人祸或其他不可抗力因素导致延期交货，购买方不能要求供货方赔偿任何损失。

解决合同纠纷的方式：经双方友好协商解决，如协商不成的，可向当地仲裁委员会提出仲裁申请。

本合同一式两份，供需双方各一份，自签订之日起生效。

供货方（签章）_____　　　购买方（签章）_____

地　　址：芜湖市鸠江区弋江路48号　　　地　　址：芜湖市镜湖区万春路支行18号

法定代表：李金泽　　　　　　　　　　　法定代表：汪怡文

联系电话：0553-5820888　　　　　　　　联系电话：0553-5617399

图 4－35

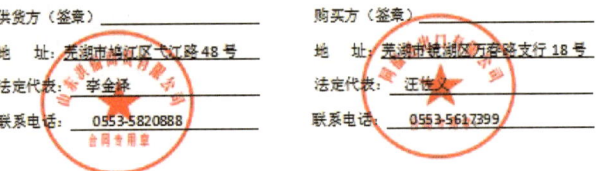

图 4－36

出库单

2020 年　1 月　18 日　编号：00004

理货单位	同福进出口有限公司		发票号码		发出仓库 果蔬汁库	出库日期	2019-1-18	
编号	材料名称及型号	单位	数量		金额	备注		存根联
			应发	实发				
010202	汇源2L100%橙汁	箱	500	500				
			500	500				

主管：　　　质量检验员：　　　仓库验收：　　　经办人：

图 4-37

业务五、【业务描述】2019 年 1 月 19 日，销售部张立与欧尚超市签订销售合同，销售汇源 1L100%苹果汁，货已发出。

购销合同

供货方：洪福商贸有限公司　　　合同号：xs0006
购买方：欧尚超市有限公司　　　签订日期：2019 年 1 月 19 日

经双方协议签订合同如下：

商品型号	名　称	数量	单价	总额	其他要求
1*12	汇源 1L100%苹果汁	500	203.4	101700	
	合　计	500		￥101700	

货款合计（大写）人民币壹拾万零壹仟柒佰元整

质量验收标准：验收合格。
交货日期：2019 年 1 月 19 日
交货地点：芜湖市弋江区花津路 20 号，欧尚商贸有限公司
结算方式：转账支票，支付时间：2019 年 2 月 19 日。
发运方式：公路运输，运费由购买方承担

违约条款：违约方需赔偿对方一切经济损失，但遇天灾人祸或其他不可抗力因素导致延期交货，购买方不能要求供货方赔偿任何损失。

解决合同纠纷的方式：经双方友好协商解决，如协商不成的，可向当地仲裁委员会提出仲裁申请。

本合同一工两份，供需双方各一份，自签订之日起生效。

供货方（签章）　　　　　　　　购买方（签章）
地　址：芜湖市鸠江区弋江路48号　　地　址：芜湖市弋江区花津路 20 号
法定代表：李金泽　　　　　　　　法定代表：夏子
联系电话：0553-5820888　　　　　联系电话：0553-4774219

图 4-38

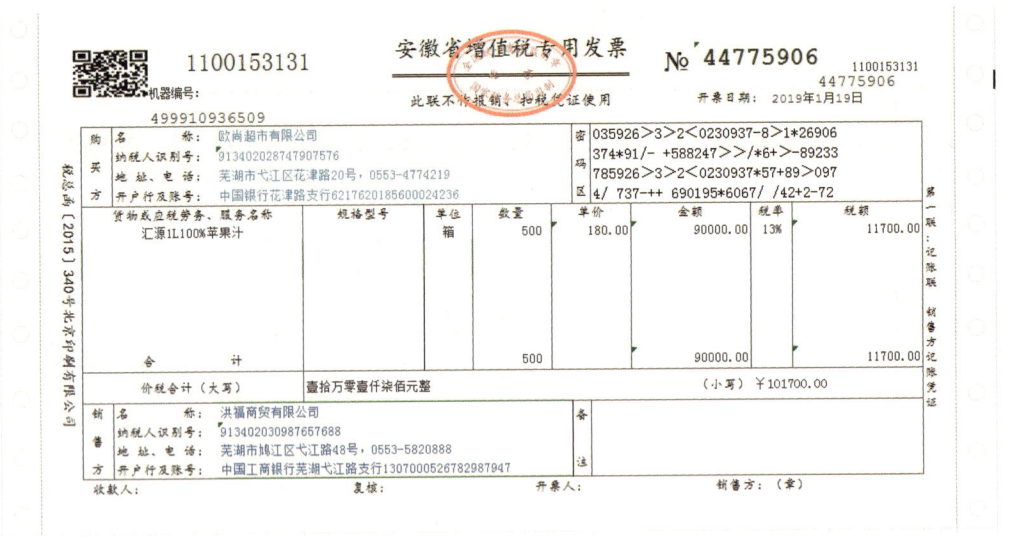

图 4-39

出库单

2020 年 1 月 19 日   编号：00005

理货单位	欧尚超市有限公司	发票号码		发出仓库	果蔬汁库	出库日期	2019-1-19
编号	材料名称及型号	单位	数量		金额	备注	
			应发	实发			
010203	汇源1L100%苹果汁	箱	500	500			存根联
			500	500			

主管：   质量检验员：   仓库验收：   经办人：

图 4-40

业务六、【业务描述】2019 年 1 月 19 日，向日新商贸有限公司发出君乐宝 200mL 原味开菲尔酸奶，同时开票。

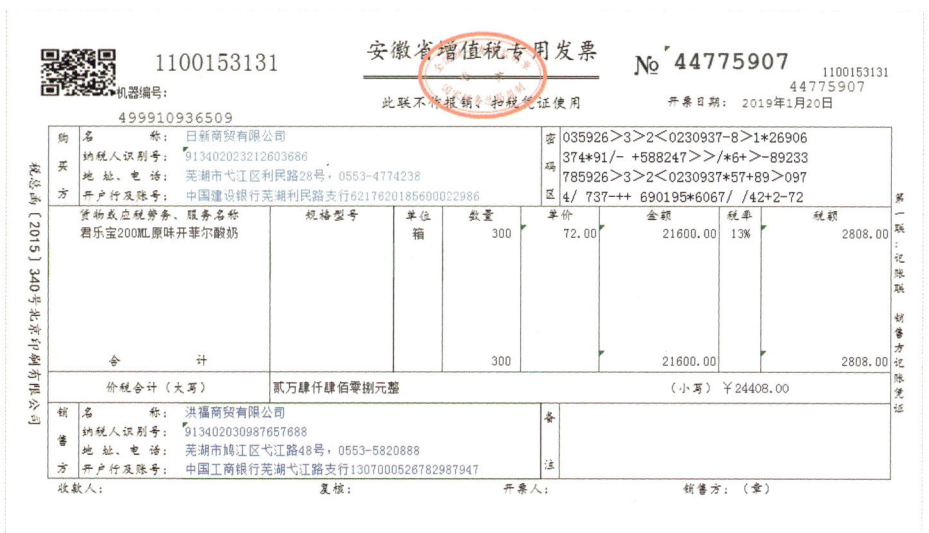

图 4-41

出 库 单

2020 年　1 月　20 日　　编号：00006

理货单位	日新商贸有限公司	发票号码		发出仓库	果蔬汁库	出库日期	2019-1-20
编号	材料名称及型号	单位	数量		金额	备 注	
			应发	实发			
010101	君乐宝200ML原味开菲尔酸奶	箱	300	300			
			300	300			

主管：　　　质量检验员：　　　仓库验收：　　　经办人：

图 4-42

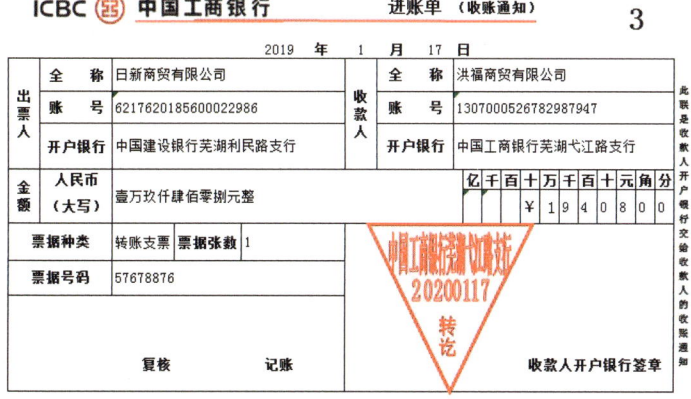

图 4-43

会计电算化

业务七、【业务描述】2019年1月21日，销售部张立与大润发超市签订销售合同，销售汇源1L100％葡萄汁，货已发出。

购销合同

供货方：洪福商贸有限公司　　　合同号：xs0007
购买方：大润发超市有限公司　　　签订日期：2019年1月21日

经双方协议签订合同如下：

商品型号	名称	数量	单价	总额	其他要求
1*12	汇源1L100%葡萄汁	500	203.4	101700	
合　计		500		￥101700	

货款合计（大写）人民币壹拾万零壹仟柒佰元整

质量验收标准：验收合格。
交货日期：2019年1月21日
交货地点：芜湖市镜湖区北京路9号，大润发超市有限公司
结算方式：转账支票，支付时间：2019年1月21日。
发运方式：公路运输，运费由购买方承担
违约条款：违约方需赔偿对方一切经济损失，但遇天灾人祸或其他不可抗力因素导致延期交货，购买方不能要求供货方赔偿任何损失。
解决合同纠纷的方式：经双方友好协商解决，如协商不成的，可向当地仲裁委员会提出仲裁申请。
本合同一式两份，供需双方各一份，自签订之日起生效。

供货方（签章）　　　　　　　购买方（签章）
地　址：芜湖市鸠江区大江路48号　　地　址：芜湖市镜湖区北京路9号
法定代表：李金泽　　　　　　法定代表：方步亨
联系电话：0553-5820888　　　联系电话：0553-3766169

图4－44

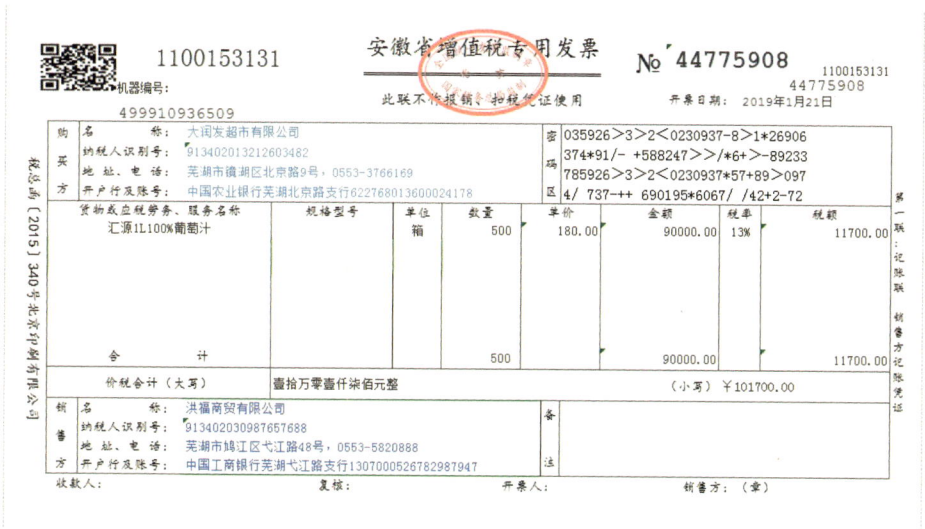

图 4-45

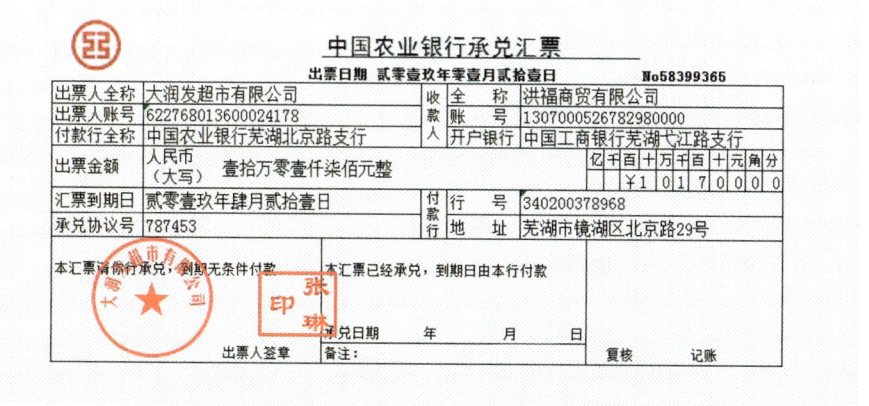

图 4-46

图 4-47

业务八、【业务描述】2019年1月21日，19日销售给欧尚超市的汇源1L100%苹果汁中有部分商品不达标，经协商，公司给予对方10%的现金折让，其余款项于当日收到。

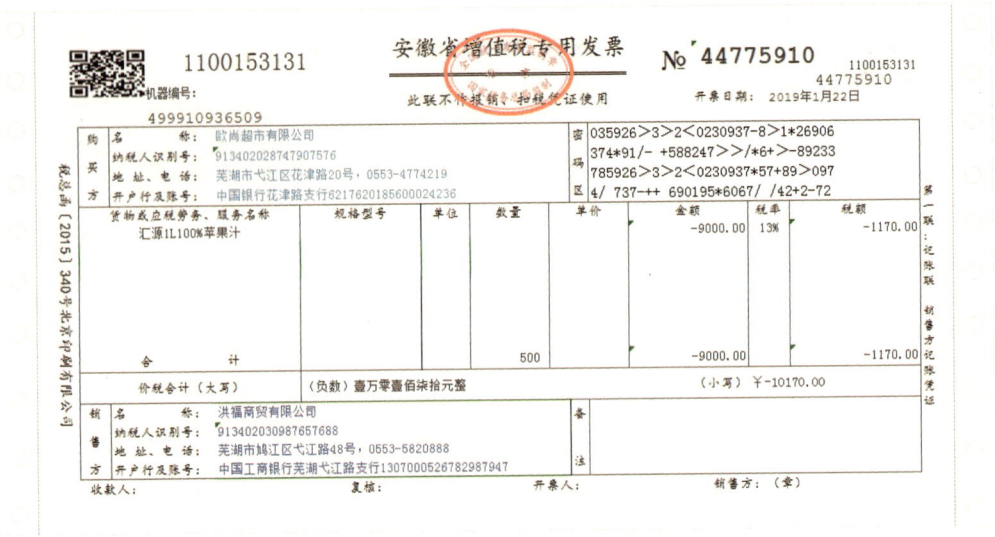

图 4-48

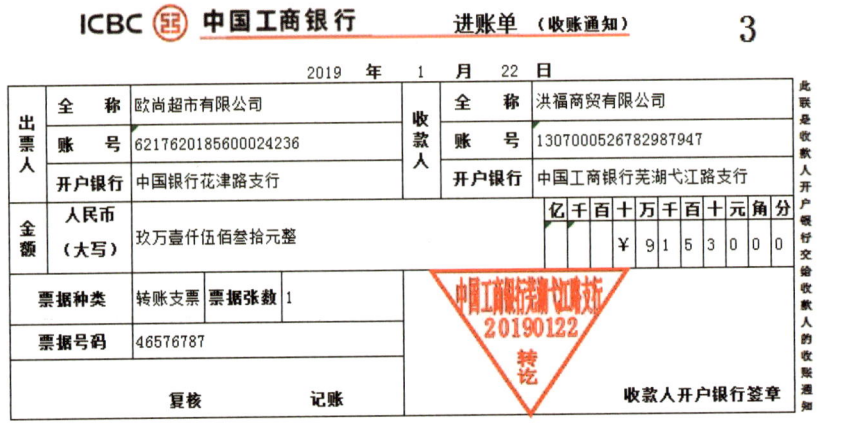

图 4-49

业务九、【业务描述】2019年1月24日，销售部张立与沃尔玛公司签订直运销售合同。

购销合同

供货方：洪福商贸有限公司　　　　　合同号：xs0008
购买方：沃尔玛超市有限公司　　　　签订日期：2019 年 1 月 24 日

经双方协议签订合同如下：

商品型号	名　称	数 量	单 价	总 额	其他要求
1*24	喜乐 368ML 蓝莓味	500	149.16	74580	
1*24	喜乐 368ML 香橙味	500	149.16	74580	
合　计		1000		￥149160	

货款合计（大写）人民币壹拾肆万玖仟壹佰陆拾元整

质量验收标准：验收合格。
交 货 日 期：2019 年 1 月 25 日
交 货 地 点：芜湖市镜湖区中山路 339 号，沃尔玛超市有限公司
结 算 方 式：转账支票，支付时间：2019 年 2 月 25 日。
发 运 方 式：公路运输，运费由购买方承担

违约条款：违约方需赔偿对方一切经济损失，但遇天灾人祸或其他不可抗力因素导致延期交货，购买方不能要求供货方赔偿任何损失。

解决合同纠纷的方式：经双方友好协商解决，如协商不成的，可向当地仲裁委员会提出仲裁申请。

本合同一式两份，供需双方各一份，自签订之日起生效。

供货方（签章）　　　　　　　　　购买方（签章）
地　　址：芜湖市鸠江区弋江路 48 号　　地　　址：芜湖市镜湖区中山路 339 号
法定代表：李金泽　　　　　　　　法定代表：张之福
联系电话：0553-5820888　　　　　联系电话：0553-3137566

图 4-50

业务十、【业务描述】2019 年 1 月 25 日，采购部王宏伟与喜乐公司签订直运采购合同。

购销合同

供货方：喜乐食品有限公司　　　　合同号：cg0008
购买方：洪福商贸有限公司　　　　签订日期：2019年1月25日

经双方协议签订合同如下：

商品型号	名称	数量	单价	总额	其他要求
1*24	喜乐368ML蓝莓味	500	132.89	66444	
1*24	喜乐368ML香橙味	500	132.89	66444	
合计		1000		¥132888	

货款合计（大写）人民币壹拾叁万贰仟捌佰捌拾捌元整

质量验收标准：验收合格。
交货日期：2019年1月25日
交货地点：芜湖市镜湖区中山路339号，沃尔玛超市有限公司
结算方式：电汇，支付时间：2019年2月25日。
发运方式：公路运输，运费由销售方承担
违约条款：违约方需赔偿对方一切经济损失，但遇天灾人祸或其他不可抗力因素导致延期交货，购买方不能要求供货方赔偿任何损失。
解决合同纠纷的方式：经双方友好协商解决，如协商不成的，可向当地仲裁委员会提出仲裁申请。
本合同一式两份，供需双方各一份，自签订之日起生效。

供货方（签章）：　　　　　　　　购买方（签章）：
地　　址：广州市金华一街3号　　地　　址：芜湖市鸠江区弋江路48号
法定代表：蒋向星　　　　　　　　法定代表：李金泽
联系电话：020-82821822　　　　联系电话：0553-5820888

图 4-51

业务十一、【业务描述】2019年1月25日，收到直运采购增值税发票，款项未付。

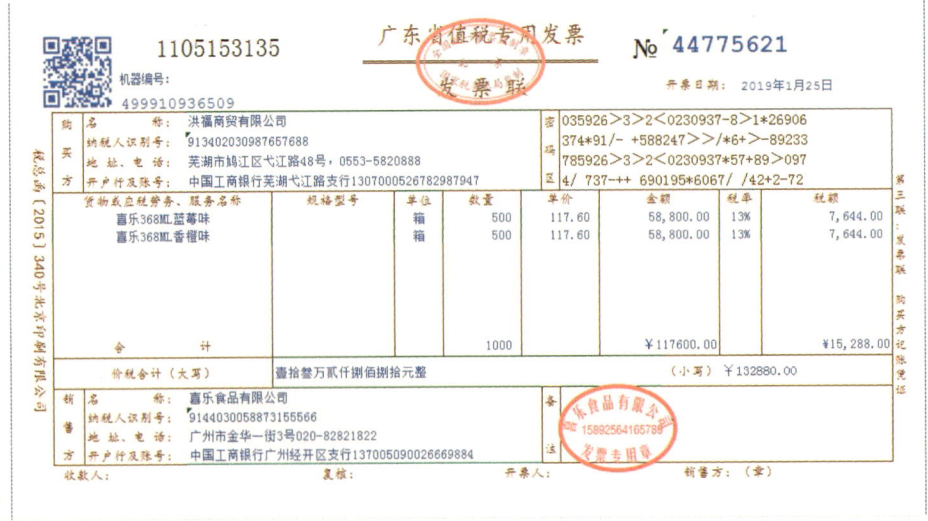

图 4-52

业务十二、【业务描述】2019年1月25日，开具直运销售增值税发票。

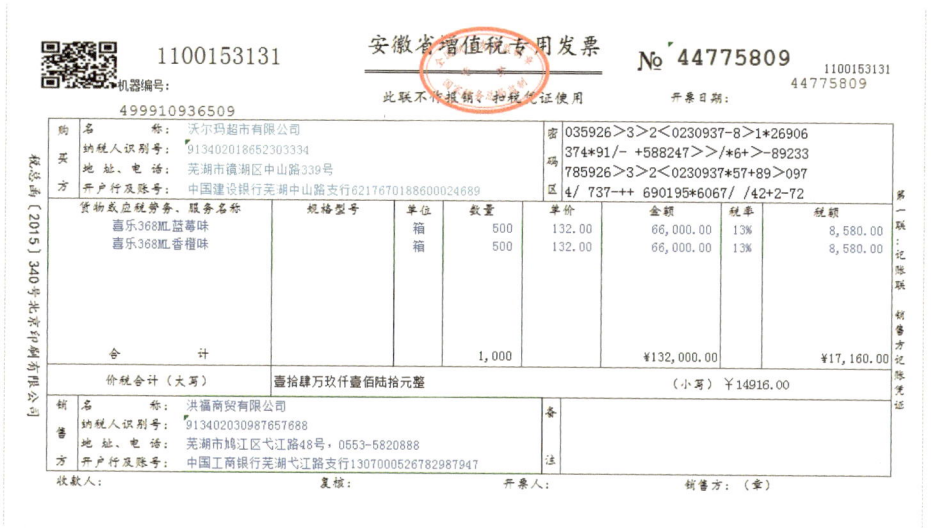

图4-53

业务十三、【业务描述】2019年1月25日，销售部李丽珊接到佳和便利店的要货电话，同时开具普通销售发票，货款现金收讫（使用现结功能）

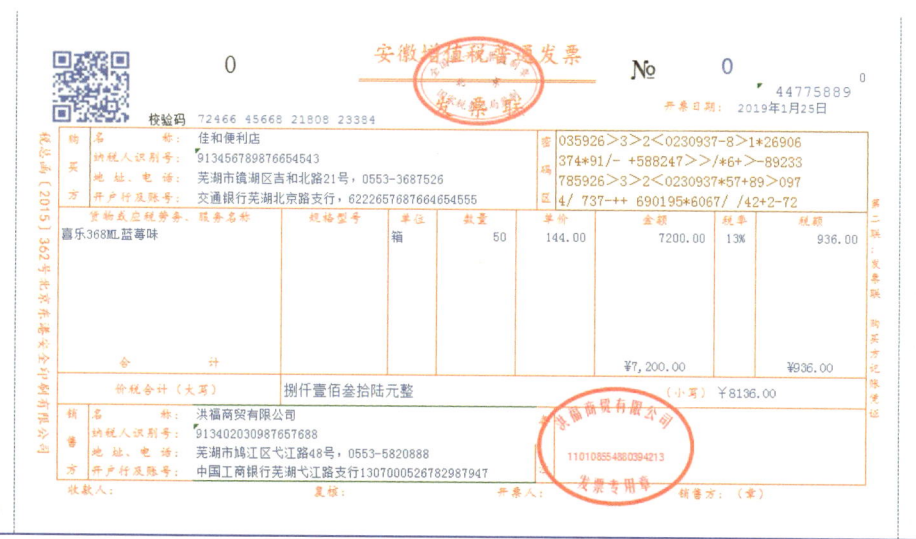

图4-54

出库单

2020 年 1 月 25 日　　编号：00008

理货单位	佳和便利店		发票号码	发出仓库	乳酸菌库	出库日期	2019/1/25	
编号	材料名称及型号	单位	应发	实发	金额	备注		存根联
010301	喜乐368ML蓝莓味	箱	50	50				
			50	50				

主管：　　质量检验员：　　仓库验收：　　经办人：

图 4-55

收款收据

2019 年 1 月 25 日　　单位：元

今收到　佳和便利店

交来　零售货款

金额：（大写）零佰 零拾 零万 壹佰 叁拾 陆元 零角 零分

￥8136.00　　√现金　支票　信用卡　其他　　收款单位签章

核准：　　出纳：　　会计：　　记账：

图 4-56

业务十四、【业务描述】2019 年 1 月 26 日，销售部张立与华联超市签订委托代销合同，商品已于当日发出。

购销合同

供货方：洪福商贸有限公司　　　　合同号：WT0002
购买方：华联超市有限公司　　　　签订日期：2019 年 1 月 26 日

经双方协议签订合同如下：

商品型号	名　称	数量	单价	总额	其他要求
1*6	汇源 2L100%橙汁	200	162.72	32544	
合　计		200		¥32544	

货款合计（大写）人民币叁万贰仟伍佰肆拾元整

质量验收标准： 验收合格。双方约定，受托方华联超市有限公司以货款（不含增值税）的 10%收取手续费

交货日期： 2019 年 1 月 26 日

交货地点： 芜湖市镜湖区长江路 46 号 ，华联超市有限公司

结算方式： 转账支票，双方约定，每月 28 日委托方收到代销清单时，开出增值税专用发票并结算货款

发运方式： 公路运输，运费由受托方承担

违约条款： 违约方需赔偿对方一切经济损失，但遇天灾人祸或其他不可抗力因素导致延期交货，购买方不能要求供货方赔偿任何损失。

解决合同纠纷的方式： 经双方友好协商解决，如协商不成的，可向当地仲裁委员会提出仲裁申请。

本合同一工两份，供需双方各一份，自签订之日起生效。

供货方（签章）　　　　　　　　　购买方（签章）
地　址：芜湖市鸠江区弋江路 48 号　地　址：芜湖市镜湖区长江路 46 号
法定代表：李金泽　　　　　　　　法定代表：张之福
联系电话：0553-5820888　　　　　联系电话：0553-3617288

图 4-57

出 库 单

2020 年　　1 月　　26 日　　编号：00009

理货单位	华联超市有限公司		发票号码		发出仓库	果疏汁库	出库日期	2019/1/26
编号	材料名称及型号		单位	数量		金额	备　注	
				应发	实发			
010202	汇源 2L100%橙汁		箱	200	200			存根联
				200	200			

主管：　　　　　质量检验员：　　　　仓库验收：　　　　经办人：

图 4-58

业务十五、【业务描述】2019年1月28日，收到华联超市交来的委托代销清单和转账支票（已扣手续费），销售数量100，货款14400.00，增值税1872.00，已开具增值税专用发票（不使用现结功能处理）。

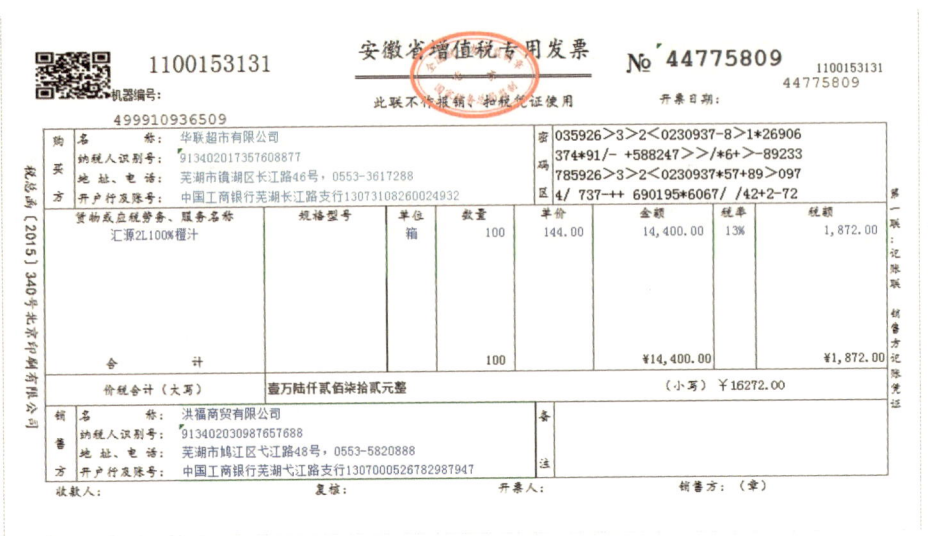

图 4-59

图 4-60

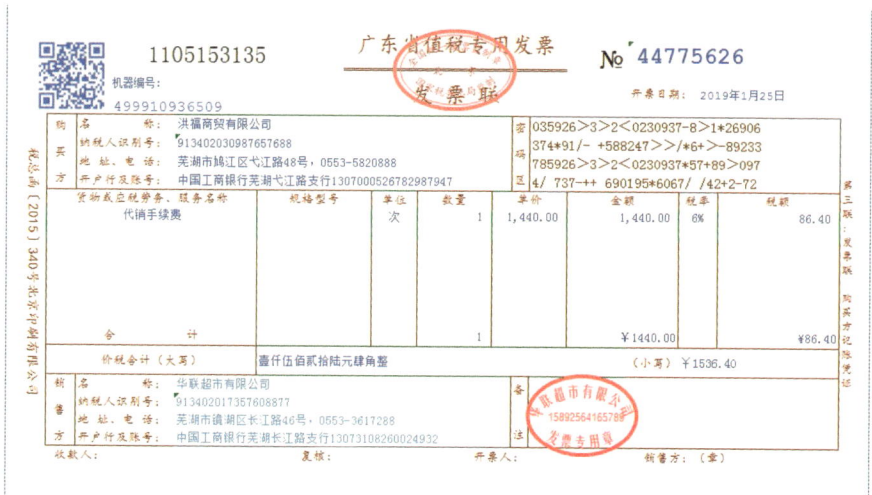

图 4-61

业务十六、【业务描述】2019年1月29日,经批准,销售部张立与沃尔玛公司签订捆绑买赠的促销购销合同买一赠一,货已发出,收到转账支票,取得与该业务相关的凭证如下:

图 4-62

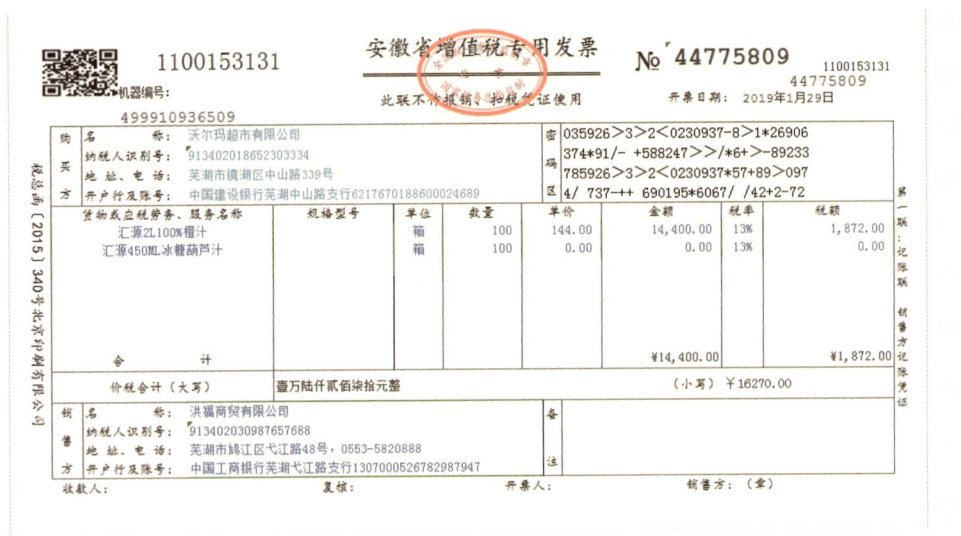

图 4－63

出 库 单

2020 年　1 月　29 日　　编号：00010

理货单位	沃尔玛超市有限公司	发票号码		发出仓库	果蔬汁库	出库日期	2020/1/29
编号	材料名称及型号	单位	数量 应发	数量 实发	金额	备注	
010202	汇源2L100%橙汁	箱	100	100			
			100	100			

主管：　　　质量检验员：　　　仓库验收：　　　经办人：

图 4－64

出 库 单

2020 年　1 月　29 日　　编号：00010

理货单位	沃尔玛超市有限公司	发票号码		发出仓库	赠品库	出库日期	2020/1/29
编号	材料名称及型号	单位	数量 应发	数量 实发	金额	备注	
010207	汇源450ML冰糖葫芦汁	箱	100	100			
			100	100			

主管：　　　质量检验员：　　　仓库验收：　　　经办人：

图 4－65

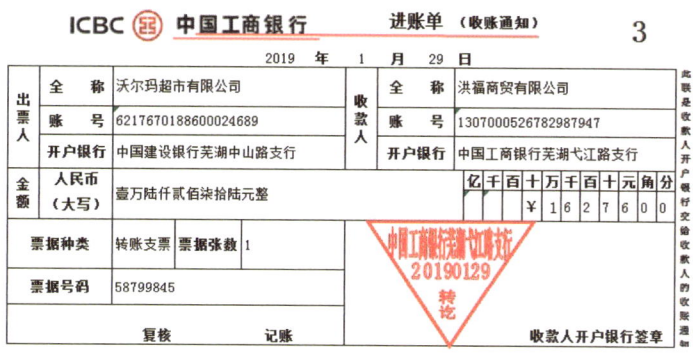

图 4－66

业务十七、【业务描述】2019年1月30日，采购部王宏伟与富光实业有限公司签订采购合同，采购富光杯，货已验收入库，取得相关凭证如图：

购销合同

供货方：洪福商贸有限公司　　　　合同号：xs0009
购买方：沃尔玛超市有限公司　　　　签订日期：2019年1月29日

经双方协议签订合同如下：

商品型号	名　称	数量	单价	总额	其他要求
1*6	汇源 2L100%橙汁	100	167.72	16272	
	汇源 450ML100%冰糖葫芦汁	100	0	0	
合　计		200		¥16272	

货款合计（大写）人民币壹万陆仟贰佰柒拾贰元整

质量验收标准：　验收合格。100箱汇源450ML100%冰糖葫芦汁为销售赠品，随货物发往沃尔玛超市有限公司　

交货日期：　2019年1月29日　
交货地点：　芜湖市镜湖区中山路339号，沃尔玛超市有限公司　
结算方式：　转账支票，付款时间：2019年1月25日　
发运方式：　公路运输，运费由购买方承担　

违约条款：违约方需赔偿对方一切经济损失，但遇天灾人祸或其他不可抗力因素导致延期交货，购买方不能要求供货方赔偿任何损失。

解决合同纠纷的方式：经双方友好协商解决，如协商不成的，可向当地仲裁委员会提出仲裁申请。

本合同一式两份，供需双方各一份，自签订之日起生效。

供货方（签章）　　　　　　　　　购买方（签章）
地　址：芜湖市鸠江区弋江路48号　　地　址：芜湖市镜湖区中山路339号
法定代表：李金泽　　　　　　　　法定代表：张之福
联系电话：0553-5820888　　　　　联系电话：0553-3137566

图 4－67

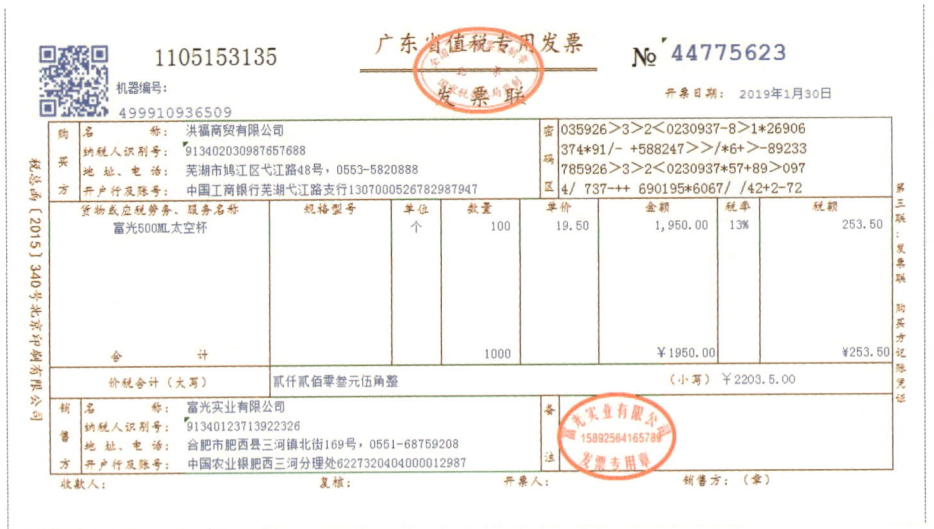

1105153135　　广东省增值税专用发票　　№ 44775623

机器编号：499910936509　　发票联　　开票日期：2019年1月30日

购买方		密码区	
名　　称：	洪福商贸有限公司		035926>3>2<0230937-8>1*26906
纳税人识别号：	913402030987657688		374*91/- +588247>>/*6+>-89233
地 址、电 话：	芜湖市鸠江区弋江路48号，0553-5820888		785926>3>2<0230937*57+89>097
开户行及账号：	中国工商银行芜湖弋江路支行1307000526782987947		4/ 737-++ 690195*6067/ /42+2-72

货物或应税劳务、服务名称	规格型号	单位	数量	单价	金额	税率	税额
富光500ML太空杯		个	100	19.50	1,950.00	13%	253.50
合　　计			1000		¥1950.00		¥253.50
价税合计（大写）	贰仟贰佰零叁元伍角整				（小写）¥2203.5.00		

销售方		备注	
名　　称：	富光实业有限公司		富光实业有限公司 15892564165789 发票专用章
纳税人识别号：	91340123713922326		
地 址、电 话：	合肥市肥西县三河镇北街169号，0551-68759208		
开户行及账号：	中国农业银肥西三河分理处6227320404000012987		

收款人：　　复核：　　开票人：　　销售方：（章）

税总函〔2015〕340号北京印刷有限公司

第三联：发票联　购买方记账凭证

图 4—68

入库单

2020 年　1 月　30 日　　编号：00012

交货部门	采购部	发票号码		发出仓库	赠品库	出库日期	2020/1/30
编号	材料名称及型号	单位	数量 应发	数量 实发	金额	备　注	
0902	富光500ML太空杯	个	100	100			
			100	100			

存根联

主管：　　质量检验员：　　仓库验收：　　经办人：

图 4—69

业务十八、【业务描述】2019 年 1 月 30 日，销售部张立与华联超市签订促销合同，销售汇源 1L100％葡萄汁 100 箱，每箱赠送一个富光 500mL 太空杯。

购销合同

供货方：<u>洪福商贸有限公司</u>　　　　合同号：<u>XS0010</u>

购买方：<u>华联超市有限公司</u>　　　　签订日期：<u>2019 年 1 月 30 日</u>

经双方协议签订合同如下：

商品型号	名　称	数量	单价	总额	其他要求
1*12	汇源1L100%葡萄汁	100	203.4	20340	
	富光500ML太空杯	100	0	0	
合　计		200		¥20340	

货款合计（大写）人民币贰万零叁佰肆拾元整

质量验收标准：<u>验收合格。100个富光500ML太空杯为销售赠品，随货物发往华联超市有限公司</u>

交 货 日 期：<u>2019 年 1 月 30 日</u>

交 货 地 点：<u>芜湖市镜湖区长江路46号，华联超市有限公司</u>

结 算 方 式：<u>转账支票，付款时间：2019 年 2 月 28 日</u>

发 运 方 式：<u>公路运输，运费由购买方承担</u>

违约条款：违约方需赔偿对方一切经济损失，但遇天灾人祸或其他不可抗力因素导致延期交货，购买方不能要求供货方赔偿任何损失。

解决合同纠纷的方式：经双方友好协商解决，如协商不成的，可向当地仲裁委员会提出仲裁申请。

本合同一式两份，供需双方各一份，自签订之日起生效。

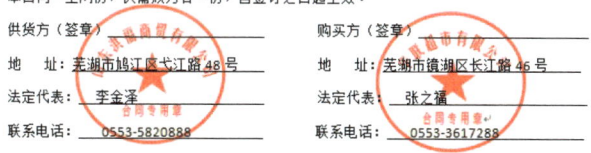

供货方（签章）　　　　　　　　　购买方（签章）

地　　址：<u>芜湖市鸠江区弋江路48号</u>　　地　　址：<u>芜湖市镜湖区长江路46号</u>

法定代表：<u>李金泽</u>　　　　　　　　法定代表：<u>张之福</u>

联系电话：<u>0553-5820888</u>　　　　联系电话：<u>0553-3617288</u>

图 4—70

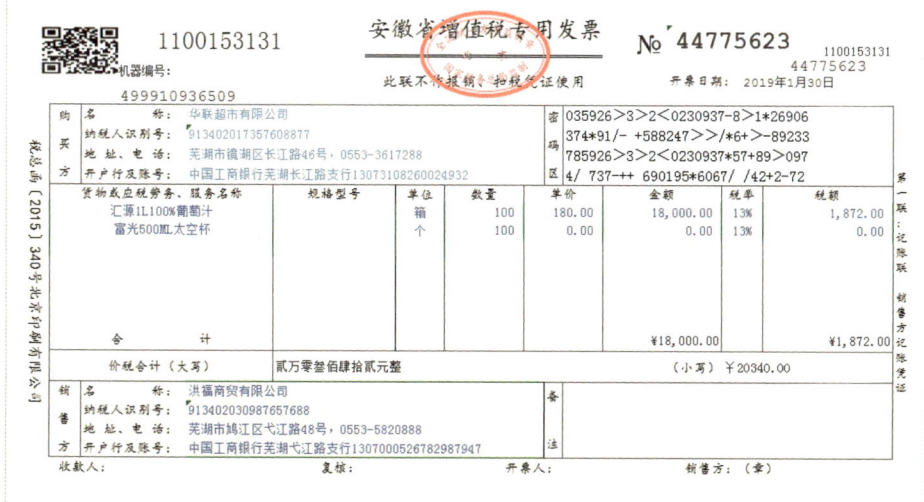

图 4—71

出库单

2019 年 1 月 29 日　　编号：00012

理货单位	沃尔玛超市有限公司		发票号码		发出仓库	果蔬汁库	出库日期	2019/1/29
编号	材料名称及型号		单位	数量		金额	备注	
				应发	实发			
010202	汇源2L100%橙汁		箱	100	100			
				100	100			

主管：　　　质量检验员：　　　仓库验收：　　　经办人：

存根联

图 4-72

出库单

2019 年 1 月 29 日　　编号：00013

理货单位	沃尔玛超市有限公司		发票号码		发出仓库	赠品库	出库日期	2019/1/29
编号	材料名称及型号		单位	数量		金额	备注	
				应发	实发			
010207	汇源450ML冰糖葫芦汁		箱	100	100			
				100	100			

主管：　　　质量检验员：　　　仓库验收：　　　经办人：

存根联

图 4-73

业务十九、【业务描述】2019 年 1 月 31 日，公司用库存商品答谢员工，公司将汇源1L100%桃+葡萄礼盒装 9 箱免费发放给员工。

出库单

2019 年 1 月 31 日　　编号：000014

理货单位	洪贸商贸有限公司		发票号码		发出仓库	果蔬汁库	出库日期	2019/1/31
编号	材料名称及型号		单位	数量		金额	备注	
				应发	实发			
010206	汇源1L100%桃+葡萄礼盒装		箱	9	9			
				9	9			

主管：　　　质量检验员：　　　仓库验收：　　　经办人：

存根联

图 4-74

业务二十、【业务描述】2019 年 1 月 31 日，沃尔玛超市退回合同编码号 xs0002 的君乐宝优致牧场纯牛奶 20 箱，原因为质量问题，即日办理退货，并于当日退还价税款及红字发票（使用现结功能处理）。

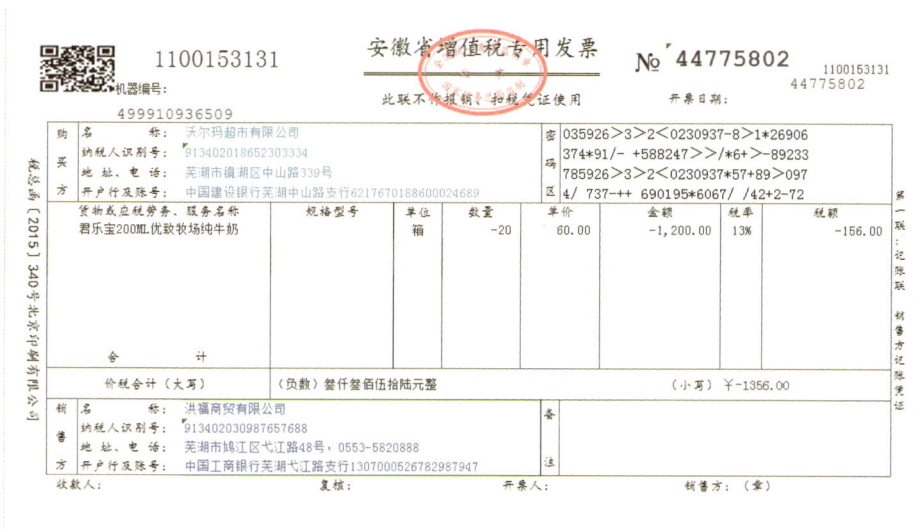

图 4—75

图 4—76

图 4—77

业务二十一、【业务描述】2019年1月31日，对乳制品仓库进行盘点，君乐宝酸奶盘亏1箱。

存货盘点表

盘点日期：2019.1.31　　　　　　　　　　　　　　　　　　　　　　　　　　　盘点人：李红

序号	存货名称	型号	账面			盘盈	盘亏	实盘		
			数量	单价	金额	数量	数量	数量	单价	金额
1	君乐宝200mL原味开菲尔酸奶	1*24	19				1	18		
2	君乐宝200mL优致牧场纯牛奶	1*24	120					120		
3	君乐宝200mL香蕉牛奶	1*24	480					480		
4										
5										
6										
7										
合计			619					618		

业务二十二、【业务描述】2019年1月31日，盘亏的存货损失申请批准计入营业外支出。

业务二十三、【业务描述】2019年1月31日，对果蔬汁库进行盘点，盘盈汇源1L100％苹果汁2箱。

存货盘点表

盘点日期：2019.1.31　　　　　　　　　　　　　　　　　　　　　　　　　　　盘点人：李红

序号	存货名称	型号	账面			盘盈	盘亏	实盘		
			数量	单价	金额	数量	数量	数量	单价	金额
1	汇源2.5L30％山楂汁	1*6	300	60	18 000			300	60	18 000
2	汇源2L100％橙汁	1*6	300	108	32 400			300	108	32 400
3	汇源2L100％苹果汁	1*12	198	120	23 760	2		200	120	24 000
4	汇源1L100％葡萄汁	1*12	130	120	15 600			130	120	15 600
5	汇源1L100％橙＋苹果礼盒装	1*6*6	60	360	21 600			60	360	21 600
6	汇源1L100％桃＋葡萄礼盒装	1*6*6	71	360	25 560			71	360	25 560
7	汇源450mL冰糖葫芦汁	1*15	140	42	5 880			140	420	5 880
合计			1199		142 800			1201		143 040

业务二十四、【业务描述】2019年1月31日，盘盈的存货请批准冲减管理费用。

业务二十五、【业务描述】2019年1月31日，由于保管不当，造成汇源2L100％橙汁损坏变质1箱，经批准，损失计入管理费用。

业务二十六、【业务描述】2019年1月31日，检查是否有入库单存货尚无价格，并给这些单据录入价格。

业务二十七、【业务描述】2019年1月31日，检查本期进行采购结算，需要进行结算成本暂估处理的单据，并对其进行暂估处理。

业务二十八、【业务描述】2019年1月31日，进行特殊单据记账，将所有特殊业务单据进行记账。

业务二十九、【业务描述】2019年1月31日，将所有正常业务单据进行记账。

业务三十、【业务描述】采购管理系统 月末结账。

业务三十一、【业务描述】销售管理系统月末结账。

业务三十二、【业务描述】库存管理系统月末结账。

业务三十三、【业务描述】存货核算月末结账。

业务三十四、【业务描述】应收款管理系统月末结账。

业务三十五、【业务描述】应付款管理系统月末结账。

业务三十六、【业务描述】总账月末结账。